D1683758

*publication PN°1*
Bibliothek der Provinz

# Das Waldviertel

*Auf festem Grund*

DAS WALDVIERTEL
*Auf festem Grund*

Herausgeber: VOLKSKULTUR NIEDERÖSTERREICH GmbH
A-3452 Atzenbrugg, Schlossplatz 1, FN 308711m, LG St. Pölten

Für den Inhalt verantwortlich: Dorothea Draxler, Dr. Edgar Niemeczek

Redaktion: Mella Waldstein
Koordination: Mag. Ulrike Vitovec
Grafik: Gottfried Eilmsteiner
Lektorat: Barbara Fink
Fotos: Manfred Horvath
    ausgenommen Bilder siehe Bildverzeichnis

ISBN 978-3-900000-08-0
EAN 9783901820465
ISSN 1680-3442
Jahrbuch VOLKSKULTUR NIEDERÖSTERREICH 2009

© KULTUR.REGION.NIEDERÖSTERREICH GmbH
Alle Rechte vorbehalten.

Verlag *publication PN°*1 Bibliothek der Provinz
A-3970 WEITRA 02856/3794
www.bibliothekderprovinz.at

*printed in Austria by* Druckerei Janetschek, A-3860 Heidenreichstein

Umschlagfoto: Thaya bei Kollmitz, Manfred Horvath

# INHALT

### ESSAY
11 „Der Landschaft durchs Haar fahren"
*Armin Thurnher*

### WALD
16 Über allen Wipfeln
*Mella Waldstein*

### BURGEN
28 Geborgen hinter Steinen
*Thomas Kühtreiber*

### SCHLÖSSER
38 Adeliges Landleben und europäischer Geist
*Friedrich Polleroß*

### VOLKSKUNST
50 Vom Hausfleiß zum Hobbykurs
*Franz Grieshofer*

### VOLKSTANZ UND VOLKSMUSIK
64 Zum Tånzn bin i gånga
*Nicola Benz*

76 Vom Wåld bin i kema
*Walter Deutsch*

### BRAUCHKULTUR
90 Braten, Bier und Blasmusik
*Helga Maria Wolf*

### SAGEN
98 Sagenhaftes Waldviertel
*Franz Stürmer*

### ZEITGESCHICHTE
110 Seismografische Schwingungen
*Niklas Perzi*

### RELIGION
120 Im Zeichen des Glaubens
*Franz Pötscher*

### TEXTILERZEUGUNG
132 Der Faden reißt nicht ab
*Andrea Komlosy*

### GLASKUNST
140 „Verfertigt zu Gutenbrunn"
*Erwin van Dijk*

### EISENBAHN
148 Kultur auf Schiene
*Otfried Knoll*

### LEBENSMITTEL
160 Schmecken, riechen, Farbenrausch
*Mella Waldstein*

170 Es braut sich was zusammen
*Conrad Seidl*

### MALEREI
174 „… die Gegend hier herum ist herrlich"
*Wolfgang Krug*

### ZEITGENÖSSISCHE KUNST
182 Ein Viertel voller Kunst
*Carl Aigner*

### LITERATUR UND MUSIK
192 „Es war alles ganz anders"
*Anna Souček*

198 Stille hören
*Mella Waldstein*

### THAYATAL
210 Ansichten einer Flusslandschaft
*Ralph Andraschek-Holzer*

### GÄRTEN
218 Lustgarten mit „Khreutern"
*Eva Berger*

225 Paradiesgärten
*Mella Waldstein*

### SOMMERFRISCHE
228 Geselligkeit im Grünen
*Bettina Nezval*

238 Literatur und Quellen
250 AutorInnen
254 Bildnachweis

## Kulturland Waldviertel

Das Bundesland Niederösterreich ist nicht nur das größte Bundesland Österreichs, sondern besticht unter anderem auch durch seine enorme landschaftliche und kulturelle Schönheit und Vielfalt. So zeichnet sich jede Region und jedes Viertel unseres Landes durch eigene und unverwechselbare Charakteristika aus. Besonders offensichtlich wird dies im Waldviertel, welches für seine aus Hochebenen und Mittelgebirgslagen ebenso wie aus Teichlandschaften und Flusstälern bestehende Landschaft genauso bekannt ist, wie für seine historische Industrie, seine liebenswerte Kleinstrukturiertheit oder auch für seine Stellung als „Heimat kreativer Köpfe" und als Ort zum Wohlfühlen, Krafttanken und Entspannen.

Gerade im heurigen Jahr, in dem die Niederösterreichische Landesausstellung im Waldviertel abgehalten wird, rückt diese Region unserer Heimat wieder verstärkt in unser Bewusstsein und auch in den Fokus der Öffentlichkeit. Daher freut es mich ganz besonders, dass die VOLKSKULTUR NIEDERÖSTERREICH ihr jährliches Buchprojekt heuer diesem Viertel Niederösterreichs widmet.

Ich danke den Verantwortlichen sehr herzlich für die Herausgabe des vorliegenden Druckwerks und hoffe, dass selbiges möglichst viele Leserinnen und Leser findet, deren Interesse am beziehungsweise deren Liebe zum Waldviertel durch die Lektüre dieses Buches noch verstärkt wird.

Dr. Erwin Pröll
Landeshauptmann von Niederösterreich

## Auf festem Grund

Auf festem Grund steht mit dem Waldviertel eine Region, die als vielfältiger Kulturraum genauso fasziniert wie als einzigartiger Naturraum. Sehr stark von der Landwirtschaft geprägt galt das Waldviertel viele Jahre hindurch als strukturschwaches Gebiet am Eisernen Vorhang. Auch sonst zeigen sich im Verlauf der Geschichte immer wieder die Spuren eines harten Überlebenskampfs: bei der Urbarmachung ausgedehnter Waldgebiete und der Schaffung von Anbauflächen, bei der Holzgewinnung, bei der Glaserzeugung, bei der Arbeit in der Textilindustrie oder bei der Erfüllung von Dienstleistungen in der Gegenwart. So positioniert sich das Waldviertel heute im sanften Tourismus, der auf Themen wie Gesundheit und Wellness setzt. Manche vielleicht etwas klischeehafte, aber durchaus sympathische Bilder zeichnen das Waldviertel als Land wertvoller Naturprodukte wie Erdäpfel oder Mohn, preisen die mittlerweile typischen Weihnachtskarpfen und versprechen erlebnisreiche Urlaubs- und Freizeitangebote mit viel Erholungswert.

Burgen, Stifte und Schlösser, Wiesen, Felder und Wälder, Teiche und Flüsse, die in den Senken angelegten Dörfer oder einzigartige Naturformationen wie die Wackelsteine sind Kennzeichen einer Landschaft, die auch viele Künstlerinnen und Künstler anzieht. Vielleicht liegt dies daran, dass das Waldviertel die Sinne bereichert und genügend Zeit zur Reflexion über Wesentliches gibt. In diesen Zusammenhang fügt sich auch das Nachdenken über die gemeinsame Geschichte von Österreich und Tschechien sowie des Raumes an der Grenze.

Die Niederösterreichische Landesausstellung 2009 in Horn, Raabs und Telč liefert für die VOLKSKULTUR NIEDERÖSTERREICH einen willkommenen Anlass zur Herausgabe des vorliegenden Buchs. Wir laden herzlich dazu ein, von der facettenreichen Geschichte des Waldviertels zu erfahren und mit allen Sinnen einige der oft verborgenen Schätze näher kennen zu lernen: Interessantes, Spannendes und Wissenswertes aus einem Land auf festem Grund.

Johannes Coreth  
Präsident der VOLKSKULTUR NIEDERÖSTERREICH

Dorothea Draxler, Edgar Niemeczek  
Geschäftsführer der VOLKSKULTUR NIEDERÖSTERREICH

Armin Thurnher

# „Der Landschaft durchs Haar fahren"

*Was streng beginnt, um dann Zuflucht zu geben und trostvoll zu enden.*

Dort wo ich nicht bin, ist das Glück. Man muss also einen gebürtigen Bregenzer, einen am lieblichen Bodensee mit einem wuchtigen Alpenpanorama im Rücken Aufgewachsenen damit beauftragen, eine Einleitung für ein Waldviertelbuch zu schreiben. Es könnte ja sein, dass es im Waldviertel außerordentlich viele Vorarlberger gibt, aber wahrscheinlich gibt es im Waldviertel außerordentlich viele Leute aus jeder österreichischen Region. Es gibt nämlich außerordentlich wenige Waldviertler im Waldviertel, und es werden immer weniger.

Das Waldviertel ist eine dünn besiedelte, wenig urbane Gegend, und man kann nicht leugnen, dass die Menschenleere, die geringe Zahl der Menschen in zunehmendem Maß ihre hauptsächliche Attraktivität darstellt. Die Waldviertler selber definieren sich ja durch ihr Wenigsein, durch Menschenarmut in jeder Hinsicht. Armut an und Armut von Menschen. Deswegen behaupten die Waldviertler auch gern von sich, ein Waldviertler wiege zwei Menschen auf, oder einfacher, ein Waldviertler sei zwei Menschen. Das muss man nicht glauben, aber es macht dem Waldviertler Mut vor Kirtagsraufereien.

In der Tat ist der Waldviertler aber zwei Menschen zugleich. Denn ebenso wie die meisten Waldviertler in Wirklichkeit andere sind, Auswärtige, also bloß zugereiste Waldviertler, so sind viele gebürtige Waldviertler mittlerweile Wiener oder Linzer, die sich am Samstag auf ihren heimischen Höfen einfinden, oder sie sind Pendler, gehören zu jenem blassen Volk, das in aller Früh die Züge, Busse und Autos bevölkert und am frühen Abend erschöpft aus der Stadt wieder zurückkehrt. Erst am Wochenende leben sie auf. Angesichts der vielen Wiener Kennzeichen vor den Waldviertler Häusern weiß man ja nicht, sind es ins Waldviertel geflüchtete Wiener, denen diese Häuser nun gehören, oder sind es aus Wien zurück geflüchtete Waldviertler, die erst jetzt ihre Häuser wirklich bewohnen.

Das Waldviertel ist ein Fluchtgebiet, aus dem und in das man flieht. Das prägt, Leute wie Landschaft. Einsamkeit ist hier kein hohes Gut, es ist die allgemeine Währung. Hier kann man gut allein sein, hier tut sich keiner schwer, ein paar Stunden nur für sich und mit sich zu sein; mag sein, dass das nicht allzu viele aushalten, dass viele darunter leiden. Aber mit der Hysterisierung der Welt, mit ihrem steigenden Tempo, mit dem zunehmenden Lärm und auch mit ihrer steigenden Bevölkerungszahl wird die Möglichkeit zu Stille und Einsamkeit eine Wohltat, sie wird zum potentiellen Reichtum.

Aber man kann von jeder Armut sagen, sie sei potentieller Reichtum. Die Kälte ist in Zeiten der Klimaerwärmung die Möglichkeit eines gemäßigten Klimas. Die Leere ist in Zeiten des Bevölkerungswachstums die Möglichkeit zu Wachstum und Wohlstand. Man kann die Waldviertler Lage mit Pessimismus betrachten, man kann über den Abwanderungsstatistiken melancholisch werden. Man kann die Politiker schelten, die sich desto weniger um einen Landstrich kümmern, je weniger Menschen, also Wähler dort wohnen. Je einschichtiger ein Gebiet ist, desto weniger Verkehrsadern legen sie zu ihm, desto weniger tun sie für seine Infrastruktur, sodass der Kreislauf der Randständigkeit zu einer, wie man sagt, Abwärtsspirale wird. Man kann auch beklagen, dass die europäische Chance noch nicht einmal ansatzweise genutzt wurde, die Tatsache, dass ein Gebiet, das einst am Rand lag, am toten Eisernen Vorhang, nun plötzlich im Zentrum Europas liegt, auf halber Strecke zwischen Wien und Prag zum Beispiel.

Man kann, um noch ein paar dunkelgraue Pinselstriche dazuzusetzen, an die historische Ausgangslage erinnern, die das Waldviertel, sagen wir es vornehm, nicht gerade zum Zentrum der Bürgerfreiheit macht. Die Untertanenmentalität hat Spuren hinterlassen. Was hier an Kultur ist, und das ist nicht wenig, ist Herrschaftskultur: Burgen, Schlösser, Kirchen, Klöster. Der Schlick und der Schlamm der Jahrhunderte muss erst aus den Mentalitäten ausgeschwemmt werden. Die agrarische Struktur des Landstrichs tut ihr Übriges dazu – nirgends im Land ist der Anteil der Landwirtschaft so hoch, nirgends jener der Industrie so niedrig.

Das kann man zum Beispiel von der Toskana auch sagen. Aber dort veredelt ein Reichtum an Kultur die Landschaft, die, ein paar Grade Durchschnittstemperatur abgezogen, nicht einmal so unähnlich der des Waldviertels wäre. Dort ist ein Reichtum einer Volks- und Bürgerkultur, die sich mit der Herrschaftskultur mischt und vom Essen, vom Wein und den Bräuchen angefangen, das ganze Leben durchzieht. Ein Reichtum einer Baukultur, die Bauernhäuser und Villen, Städte und Steindörfer in eine jeden Besucher und Bewohner bezaubernde Symbiose miteinbezieht. Im Waldviertel hingegen gibt's keine Bausünd'. Zumindest scheint das Empfinden für Sünden dieser Art zu fehlen. Wie sonst könnten Genossenschaften das Land mit ihren Bauten derart verheeren wie nur Neureiche mit ihren Tirolerhäusern einen Dorfrand?

Die Schlüsselfrage des Waldviertels lautet also: Wie steht es mit der Kultur? Hat man bis hierher gelesen, lautet die überraschende Antwort: Besser, als man denken möchte. Überall regen sich Initiativen, die das Beste aus der einsamen Lage machen. Damit meine ich weniger jene, die sich zusammentun, um an die öffentlichen Gelder heranzukommen; das Gewinnen von Huld, Hilfe und Stützung ist ja in strukturschwachen Gegenden traditionellerweise ein gewachsenes Gewerbe. Was nicht als Plädoyer zur Abschaffung von Subventionen verstanden werden soll. Subventionen haben es an sich, ungenau zu sein, und jede Hilfe, die etwas Erfreuliches zum Wachsen bringt, mag ein paar taube Nüsse wert sein.

Es wächst nämlich, wir sind ja beim Positiven, es wächst allerhand im Waldviertel. Es gibt erfolgreiche Industriebetriebe, Handwerksbetriebe, Kulturinitiativen. Es gibt Dörfer und Städtchen, die miteinander in den Wettbewerb eintreten, lebenswert für Zuwanderer zu werden und bleibenswert für Alteingesessene zu bleiben. Immer häufiger hört man von tüchtigen Bauern, die Bio- oder gar Demeterprodukte nicht nur anbauen, sondern auch erfolgreich vermarkten. Es gibt hier Lebensmittel von hervorragender Qualität, und es gibt auch mehr als einen Versuch, diese Lebensmittel in der Gastronomie so zu verarbeiten, wie es dieser Qualität entspricht. Ganz gegen den Ruf der Gegend hält sich manche Initiative, hält sich mancher erfinderische Unternehmer, gleich ob er eine Getreidemühle betreibt oder Käse herstellt, Biofische züchtet oder Kräuter anbaut, Schuhwerk oder Fertighäuser produziert.

Und dann ist da der Wald, nach dem das Viertel schließlich benannt ist; er bedeckt es noch immer zur Hälfte. Auch das kann eine Zukunftsperspektive sein, was Naturparks, was Ökologie und was Politik betrifft: Wald ist etwas, was keine Infrastrukturmaßnahme von heute auf morgen erzeugen kann; er ist über Generationen gewachsener Reichtum.

Einst diente der Wald als Rückzugsort für Räuber, als Versteck für die Rächer der Enterbten, für Robin Hood und seinesgleichen. Geblieben ist von alldem ein Refugium der Sonderlinge, der Querköpfe und Andersdenkenden.

Das führt natürlich oft zu einer Art Waldviertlerei, einer Stilisierung des bloßen Hierseins zu etwas Besonderem. Der lästige Nebel wird mystisch, die moosigen Steine magisch, die Käuze zu Weltweisen und die harten Winter wie die heißen, trockenen Sommer zum Zauber der Jahreszeiten verklärt. Man soll, wie immer, die Kirche im Dorf lassen. Es gibt Naturkatastrophen und milde Saisonen wie überall, aber das Klima ist insgesamt trocken und kontinental, was nicht einmal gebürtige Waldviertler glauben wollen, die meinen, es regne hier in einem fort, nur weil es regnet, wenn sie gerade wieder einmal heimkommen. Unter den Menschen hier gibt es Schlaucherln, die andere, vor allem Städter nur ausnehmen wollen, und es gibt Menschen, die anderen herzlich und ehrlich zugetan sind. Auch das ist beinahe wie überall.

Der Wald. Man wird ihn nicht mit Natur verwechseln, er ist ebenso Menschenwerk wie die kargen, steinreichen Felder. Dennoch ist er schön, wenn er nicht gerade zur Monokultur heruntergewirtschaftet wurde, ebenso schön wie die schmalen Feldraine, die man kaum noch irgendwo in Europa sieht und die einen so erfreulichen Kontrast bilden zu den riesigen kommassierten Äckern westlich und östlich des Waldviertels.

Schön sind die Teiche, Himmelsfenster in der Erde, die Flüsse, die Seen, die Moore und Tümpel. Schön ist das nicht Liebliche an dieser Landschaft, das sich erst auf den zweiten Blick erschließt. Diese Landschaft will ergangen, erritten oder auch erfahren werden. Wer könnte es je vergessen, wenn er an einem sonnigen Wintermorgen durch eine Waldviertler Allee raureifbesetzter Bäume fuhr, bei jedem zweiten ein Greifvogel in der Krone. Von der Morgensonne im Rücken bestrahlt, leuchtet sein Gefieder wie eine Frucht. Wer hätte nicht das Gefühl, diese Falken, Habichte, Sperber und Bussarde säßen hier – sehen wir von der Asphaltstraße ab – seit Jahrtausenden so auf Ansitz, die Sonne im Rücken?

Und dann die Wege, oft noch ohne Asphalt, bloße Wagenspuren. Verwachsene Holzwege, Wildpfade, Trampelwege. Der Philosoph Theodor W. Adorno sagt über amerikanische Landschaften, in ihnen habe die Hand keine Spur hinterlassen. „Wie sie keine Geh- und Räderspuren kennen, keine weichen Fußwege an ihrem Rande entlang als Übergang zur Vegetation, keine Seitenpfade ins Tal hinunter, so entraten sie des Milden, Sänftigenden, Uneckigen von Dingen, an denen Hände oder deren unmittelbare Werkzeuge das ihre getan haben. Es ist, als wäre niemand der Landschaft übers Haar gefahren. Sie ist ungetröstet und trostlos."

Das sollte jeder bedenken, der das Waldviertel für karg, öd und trostlos hält. Hier ist eine Landschaft, der die Menschen viel übers Haar gefahren sind, wenn auch nicht immer zärtlich. Sie mögen es rau getan haben, unbeholfen und mit unzulänglichen Mitteln. Aber sie haben es getan und sie tun es noch. Sie haben sie dabei nicht zerstört. Darum gibt uns das Waldviertel Trost und Zuflucht.

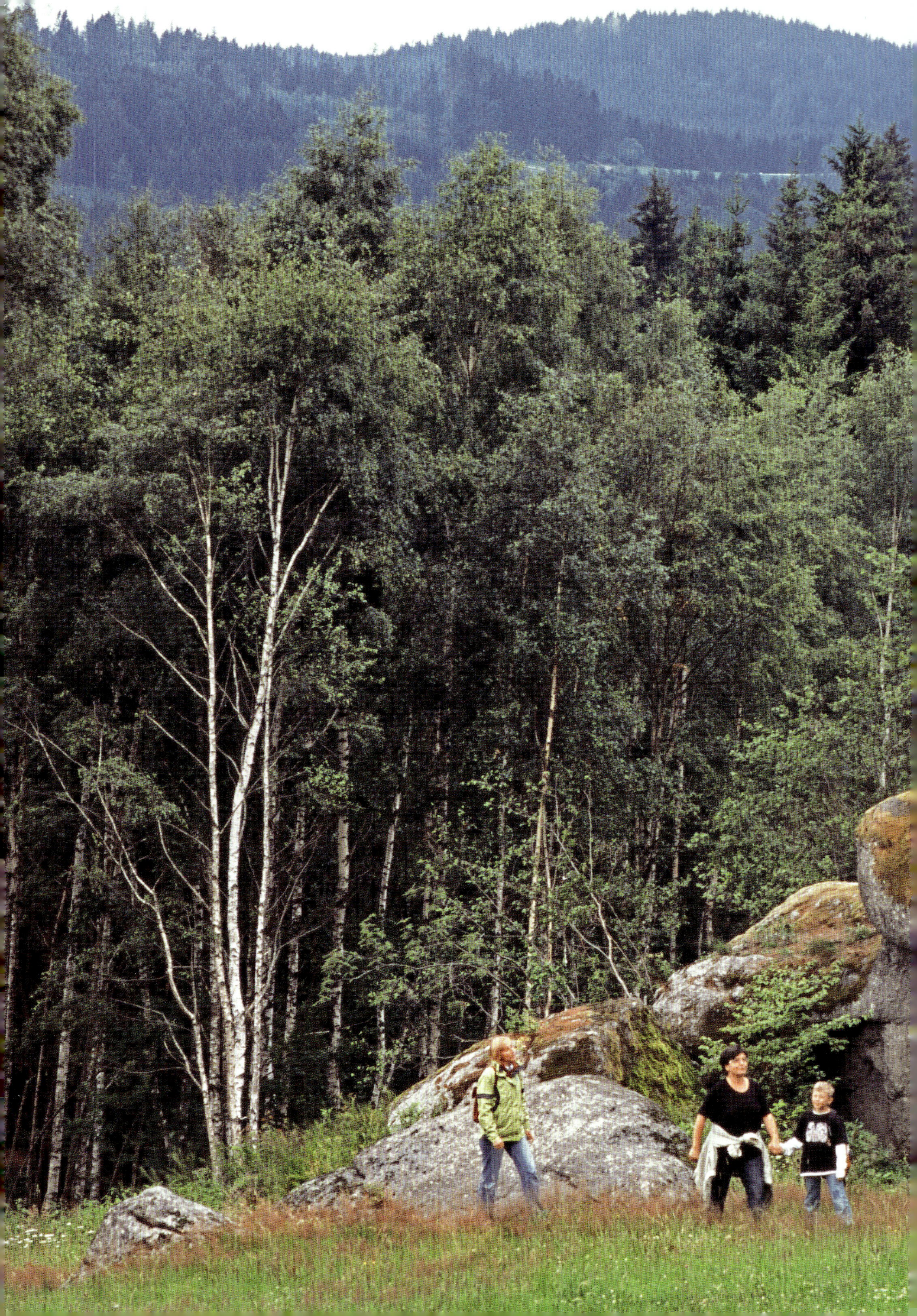

Wald

Mella Waldstein

# Über allen Wipfeln

*Der Wald gibt dem Waldviertel seinen Namen.*
*Anmerkungen zu Geologie und Geschichte, zu Mythos und Realität.*

Der Boden ist mit Sonnenkringeln bedeckt, die Luft gewürzt mit Schattenkühle, Humusatem und Sauerstofffrische. Mit dem Betreten des Waldes schließt sich die Tür zur betriebsamen Welt. Die Stimme wird leiser, der Atem ruhiger, der Schritt bedächtiger. Das Sein hinter dem Bewusstsein beginnt zwischen Schutz und Preisgabe zu schwanken.

Der Wald gibt dem Viertel seinen Namen, ohne ihm eine besonders ausgeprägte Identität zu geben. Für Waldviertler ist der Granit, der Mohn, die Kargheit wesentlich identitätsstiftender als der Wald.

Das „Waldviertel" als Name ist schon im frühen 19. Jahrhundert bei Johann Anton Friedrich Reil „Der Wanderer im Waldviertel" (1823) gebräuchlich. Die Einteilung in Viertel erfolgte unter König Ottokar im 13. Jahrhundert. Bis ins 19. Jahrhundert war Niederösterreich das Land unter der Enns und seine Viertel hießen Obermanhartsberg (Waldviertel) sowie Untermanhartsberg, Ober- und Unterwienerwald.

Das Waldviertel ist der südlichste Ausläufer eines einst riesigen Waldgebietes, das sich über Nordost-Europa bis nach Finnland erstreckte. Mit seinem Alter von rund 800 Millionen Jahren gehört das Waldviertel zu den ältesten geologischen Zonen Europas. Einst so hoch wie heute der Himalaja, wurde über die Zeit von Jahrmillionen das Gebiet durch die Erosion zu seinem heutigen Erscheinungsbild geformt. Geblieben ist ein „Rumpfgebirge" bestehend aus Granit und Gneis, dessen höchste Erhebungen Peilstein, Tischberg und Nebelstein über 1.000 Meter Seehöhe erreichen. Der Nordwald wurde von den Römern, die ihn nicht betraten, als „Silva Nortica" bezeichnet und bedeckte Teile des Wald- und Mühlviertels sowie Südböhmen. Als größtes zusammenhängendes Waldgebiet des legendären Nordwaldes ist im Waldviertel der Weinsberger Forst um die Ortschaften Bärnkopf und Gutenbrunn geblieben.

So lange der Mensch selbst „wild" war und als Sammler und Jäger vom Wald und vom Wild lebte, empfand er sich als Teil der Natur. Die Aufspaltung beginnt

*Vorangehende Doppelseite:*
*Franzosenstein bei Traunstein*

mit dem Sesshaftwerden. Damit ändert sich auch die Bedeutung des Waldes. Der Umgang mit der Natur wird durch die Trennung des eigenen Lebensraumes vom Wald neu definiert: Der Wald wird zur Wildnis. Mit dieser neuen Lebensform wird die Landschaft rund um den eigenen Lebensraum aber nicht als solche wahrgenommen, vielmehr sind es nur bestimmte Punkte in der Landschaft, die einen Mehrwert erhalten. Sei es als Wegmarke oder als spiritueller Platz. Bäume, aber auch seltsame Steinformationen – von denen es im Waldviertel viele gibt (siehe Kapitel „Sagenhaftes Waldviertel") – und Quellen werden mit Bedeutung aufgeladen und „dienen als Außenposten im wilden Wald" (Gerhard Strohmeier). Besonders Eichen und Linden sind im germanischen und slawischen Weltbild mit Göttern eng verknüpft. Die Verehrung von Bäumen und den ihnen innewohnenden Göttern wird mit der Christianisierung Europas einerseits bekämpft, andererseits sind die spirituell besetzten Bäume auch bei der Legendenbildung an Wallfahrtsorten wie etwa Maria Taferl oder Maria Dreieichen nicht wegzudenken und finden so in der christlichen Volksfrömmigkeit ihre Fortsetzung beziehungsweise ihre Umwandlung.

Das Betreten des Waldes bleibt durch die Trennung von Lebensraum und Wildnis bis ins Mittelalter eine Grenzüberschreitung. Das spiegelt sich deutlich in den Märchen wider, sei es bei „Hänsel und Gretel" oder „Brüderchen und Schwesterchen". Der Wald ist als Metapher für das Ausgesetztsein zu sehen und als Platz für Verfolgte und Entrechtete.

In den Wald ging man nur zum Sammeln von Nahrung – oder zum Wildern. Das Bejagen der Wälder war ausschließlich höher gestellten Personen erlaubt und die Jagd mit bestimmten Ritualen verbunden.

*Waldviertler Symbiose: Granit und Baum, hier in der Blockheide bei Gmünd*

*Im Weinsberger Forst*

## Besiedlung des Waldes

Der Wald selbst war – wie das Meer heute noch – ein freies Gut. Vorerst wurde der Wald von allen genutzt und nicht als Eigentum betrachtet. „Man war allgemein der Überzeugung, dass der Wald der Feind des Menschen sei, dessen Rodung und Urbarmachung eine Kulturtat darstellte. Aus dem Gedanken heraus, dass diese Rodung eine lange und schwierige Arbeit darstellte, wurde demjenigen, der diese Arbeit leistete, Sondereigentum an diesem Neubruch zuerkannt." (Elisabeth Johann) Von der Römerzeit ausgehend bis ins Mittelalter ging der ungepflügte Boden des eroberten Gebietes in das Eigentum des Königs über, bei gleichzeitiger Nutzung durch Ansiedler.

Die großen Besiedelungen beginnen unter Karl d. Großen im 9. Jahrhundert. Der Landesherr vergab ausgedehnte, unkultivierte Gründe vor allem als Lehen an Adel und Klöster, damit erreichte er neben der Urbarmachung der Waldgebiete die Christianisierung und band durch die Lehensvergabe seine eigenen Gefolgsleute fester an sich. Gegen Ende des 9. Jahrhunderts war das Königsgut schon weitgehend vergeben. Nicht vergeben wurden der Wildbann oder Bannforste, wo Jagd und Rodung verboten waren. Bannforste hatten auch strategische Bedeutung und waren gewissermaßen Militärgrenzen. Hatte der Wald seine militärische Aufgabe erfüllt, wurde er als Lehen oder Schenkung vergeben.

*Ehemaliges Holzfällerhaus in Wurzeben, Weinsberger Forst*

Auf die Zeit der ersten Besiedlung gehen die freien Siedlungen im Gebiet der alten Herrschaft Persenbeug-Weitenegg zurück. Doch die großen Urbarmachungen beginnen im Waldviertel erst mit dem 11. Jahrhundert und sind eng mit dem Geschlecht der Kuenringer verbunden, sowie mit Stiften und Klöstern wie Zwettl, Altenburg oder Geras. Die Namen vieler Orte verraten heute noch deren Ursprung als Holzschlag, wie zum Beispiel Grafenschlag, Ottenschlag und Kirchschlag.

Die Vorrechte des Königs gegenüber den Lehensträgern, die so genannten „Waldregale", wurden 1783 per Hofdekret aufgehoben.

## Waldwerdung

Waldbeschreibungen reichen selten weiter als in das 16./17. Jahrhundert zurück und dann berichten sie nur über den durch Menschen veränderten Wald, nicht aber über die Urwälder. Ihre Archive hat die Natur allerdings selbst angelegt, in Mooren und Seeablagerungen.

Während der letzten Eiszeit (Würm) war Europa von einem Gletscher bedeckt und auch in Südeuropa war Wald spärlich. Im Süden des Balkans überdauerten Tanne, Rot- und Hainbuche. Die Fichte in Ost- und Südeuropa. Mit fortschreitender Klimaerwärmung stellte sich vor 13.000 Jahren allmählich wieder Wald ein. Es waren Waldformationen mit Kiefern, wie sie gegenwärtig im hohen Norden anzutreffen sind. Danach gesellten sich weitere Baumarten dazu.

Die Entstehung der Waldgesellschaften im Wald- und Mühlviertel:
    vor 11.300 Jahren: Steppentundra
    vor 10.000 Jahren: Steppentundra und Kiefer
    vor 9.000–7.000 Jahren: Kiefer, Birke
    vor 7.000–5.400 Jahren: Kiefer, Eiche, Fichte
    vor 5.400–2.400 Jahren: Eiche, Fichte
    vor 2.400–800 Jahren: Fichte, Tanne, Buche

Das uns vertraute Waldbild ist durch Forstwirtschaft bedingt und 160 Jahre alt.

Die Gesamtfläche des Waldviertels umfasst 4.915 km². Davon sind 2.026 km² Waldfläche, das sind 41% der Fläche beziehungsweise 28% der niederösterreichischen Gesamtwaldfläche. Der Bezirk Zwettl ist mit 45% Waldfläche der waldreichste Bezirk der Region. Im Vergleich dazu weisen Alpenregionen in Kärnten und in der Steiermark 70% – 90% Bewaldung auf, der Bezirk Lilienfeld etwa 81% Waldfläche.

Die Fichte ist der häufigste Baum des Waldviertels. Mit der Fichte und der ihr in der Verbreitung nachfolgenden Weißkiefer haben die Wälder des Oberen Waldviertels einschließlich des Weinsberger Forstes einen Nadelholz-Anteil um die 85%.

In den tieferen Lagen des Bezirkes Horn steigt hingegen der Laubholzanteil auf 40%. Die Buche macht im Bezirk Krems 20% der Waldfläche aus.

Über die Jahrhunderte hat der Waldanteil – in dem vormals fast vollständig bewaldeten Gebiet – immer weiter abgenommen und hat sich im letzten Jahrhundert bei knapp unter 50% eingependelt. In den 1980er Jahren wuchs die Befürchtung eines durch Sauren Regen verursachten Waldsterbens. Das Ende des Waldviertels als solches drohte. In der Folge wurde der Klimawandel immer mehr zum Thema, dessen Ursache laut Experten unter anderem auch in der weltweiten Abnahme der Waldflächen liegt. Die Bedeutung des Waldes wurde zudem auch durch die Tatsache, dass fossile Brennstoffe „Klimakiller" sind, verstärkt: gefragt sind also $CO_2$-neutrale Energieträger wie eben Holz.

Die Bauern im Waldviertel haben schnell reagiert, denn durch den Strukturwandel in der Landwirtschaft waren sie ohnehin gezwungen, nach Alternativen zur traditionellen Landwirtschaft zu suchen. Mit der Aufforstung ihrer ertragsschwachen Flächen und der Produktion von Energieholz wollen sie die Zeichen der Zeit nutzen.

## Belebter Wald

Waldeinsamkeit war eine Vorstellung der Romantik, im reellen Leben herrschte im Wald durchaus Betriebsamkeit. Der Wald war multifunktional genützt.

Als frühe Waldnutzung wird ab 4.000 v. Chr. die Brandrodung durchgeführt. Brandäcker ermöglichen den Waldfeldbau. Ein 25- bis 40-jähriger Wald wurde abgestockt, das starke Holz verkauft und das schwächere auf dem Boden aufgeteilt. Im Sommer war das Holz trocken, die Fläche wurde abgebrannt und die Asche verteilt. Nach einer Woche wurde umgestochen bzw. gepflügt und die Fläche mit Roggen oder Hafer bestellt. Nach zwei Jahren guter Ernte ohne Einsatz von Düngung wurden die Brandäcker als Weide genutzt und dem Samenanflug der Pflanzen überlassen.

Der mittelalterliche Wald war in der Nähe von Siedlungen ein so genannter „Plünderwald". Besonders die Waldweide war verbreitet, das Vieh wurde mit Eicheln und Bucheckern gemästet. Das ersetzte die Sommerfütterung und führte zur Verschlechterung des Waldzustandes.

Als ärgster Feind des Waldes kann die Ziege angesehen werden. Sie war als „Kuh des kleinen Mannes" sehr verbreitet. Sie frisst jeden jungen Trieb und klettert auf Bäume. Ziegenverbote im Wald gibt es seit dem Mittelalter, doch sie nützten wenig. Auch noch um 1850 waren Wälder beweidet.

Weiters rechten Hirten die Blätter von den Bäumen, um sie zu verfüttern, und im Winter wurden Nadelbäume geschlagen, um die Nadeln zu verfüttern. Das am Boden liegende Laub wurde zur Einstreu im Stall genutzt. Der Boden trocknete aus, er erhielt zu wenig Nährstoffe zurück. Das hatte zur Folge, dass anspruchsvolle Baumarten – wie etwa die Buche – ausblieben.

Jeder Teil des Waldes kann genutzt werden. Die Baumrinde zum Eindecken von Hütten und junge Eichenrinde für die Gerberlohe in der Ledererzeugung. Beeren, Wurzeln, Pilze und Blätter dienten als Nahrung und Heilpflanzen wurden von kundigen Frauen gesammelt. Der Baum- oder Zunderschwamm fand zum Unterheizen Verwendung, ebenso die Zapfen der Kiefern.

Einen verschwenderischen Umgang mit dem Wald brachte die Glaserzeugung, die sich in den Waldeinsamkeiten abseits der Siedlungen niederließ. Holz oder Holzkohle wurde für das Schmelzen von Glas benötigt sowie für die Erzeugung der Pottasche, die ein Bestandteil des Glases ist. Für die Pottasche wurden vor allem Buchen verbrannt. Im 19. Jahrhundert ersetzten Kalisalze diesen Bestandteil. Im Gefolge der Glashütten ließen sich Köhler in den Wäldern nieder. War nach einigen Jahrzehnten der ringsum liegende Wald abgeholzt, wurde die Hütte abgebrochen und noch weiter in den Wald verlegt. Nach einer längeren Blütezeit erfolgte im 19. Jahrhundert aufgrund der zunehmenden Holznot der Niedergang der Waldglashütten.

Im Waldviertel wurden im bäuerlichen Nebenerwerb Weinstecken, Radfelgen, Heugabeln, Sensenstiele, Holzeggen, Flachsbrechler, Holzschuhe und Schindeln erzeugt. Diese Winterarbeit war im Raum Rappottenstein – Arbesbach verbreitet. Die Landwirtschaft wurde zum Großteil als Nebenerwerb von den Frauen und Kindern betrieben, während die Männer als Holzhacker arbeiteten. Die Herrschaft stellte den Forstarbeitern durchschnittlich zwei Hektar Grund zum Bewirtschaften zur Verfügung.

Die Nutzung der großen zusammenhängenden Waldflächen wurde erst durch die Errichtung von Triftsystemen möglich, mit deren Hilfe Holz zur Donau und weiter bis Wien geflößt wurde. Eine Holztrift gibt es in Karlstift ab 1799. Der Forstingenieur Joseph Rosenauer (1735–1804), der schon zuvor den

„Schwarzenberg'schen Schwemmkanal" (Böhmerwald) errichtet hatte, wurde mit dem Projekt betraut. Die Herrschaften Karlstift und Rosenhof nutzten die Anlage gemeinsam. Über eine Strecke von 75 km wurden mit Beginn der Schneeschmelze täglich 6.000–7.000 Raummeter Holz über die Waldaist im Mühlviertel befördert. An der Donau wurde es auf Stapelplätzen gelagert, in Plätten nach Wien transportiert und als Brennholz verkauft. Mit dem „Ziehen der Teiche" begann ein in allen Details und über Generationen verfestigter Plan abzulaufen. Dazu brauchte es Hunderte Arbeiter, die das Holz „einwarfen" und das Triften entlang der Strecke kontrollierten, um etwaige Verstopfungen zu verhindern. Die Forstämter hatten im jährlichen Turnus abwechselnd die Triftleitung inne. „Triftkurrende", welche von Kurieren bachaufwärts und -abwärts zu allen Rechnungsführern weitergeleitet wurden, setzten die Leitung über das Geschehen in Kenntnis. Die letzte Triftung fand 1953 statt. Am Stierhübelteich bei Karlstift ist ein Triftmuseum eingerichtet, sowie ein kleiner Schwemmkanal zu Anschauungszwecken.

1774 bekam der Entrepreneur der vorindustriellen Zeit Josef Weber Edler von Fürnberg (1742–1799) das Privileg, eine Holzschwemme im Weinsberger Forst zu errichten. Um 1768 kaufte er die Herrschaft Pöggstall und dann die Gebiete um Gutenbrunn, Martinsberg und den Weinsberger Forst. Er holte Holzarbeiter in das Waldviertel und errichtete in Luberegg einen Stapelplatz, sowie zur Verwaltung der Holzschwemme ein Schloss. In Leiben entstand eine

Papierfabrik. Fürnberg schlug aus den Wäldern des Weinsberger Forstes jährlich 30.000 Klafter (etwa 90.000 Festmeter). Dazu war er durch Holzlieferverträge mit Wien verpflichtet. Als er diesen nicht mehr nachkommen konnte, übernahm 1795 Kaiser Franz I. von Österreich den Waldbesitz im Familienfonds. Die Kahlschläge, die Fürnberg hacken hatte lassen, wurden vorerst nicht aufgeforstet. Durch die freien Flächen ging der Anteil an Schattholzarten, wie Tanne oder Rotbuche, zurück. Die hohen Fichtenbestände des Waldviertels sind auf die Kahlschläge und die anschließenden Aufforstungen im 19. Jahrhundert zurückzuführen.

Eine Waldbahn nach Martinsberg wurde im Weinsberger Forst nach dem Ersten Weltkrieg errichtet. Die aufgelassenen Trassen werden heute für die Loipen des Langlaufgebietes von Gutenbrunn genutzt.

*Granitformation im Wald bei Kautzen*

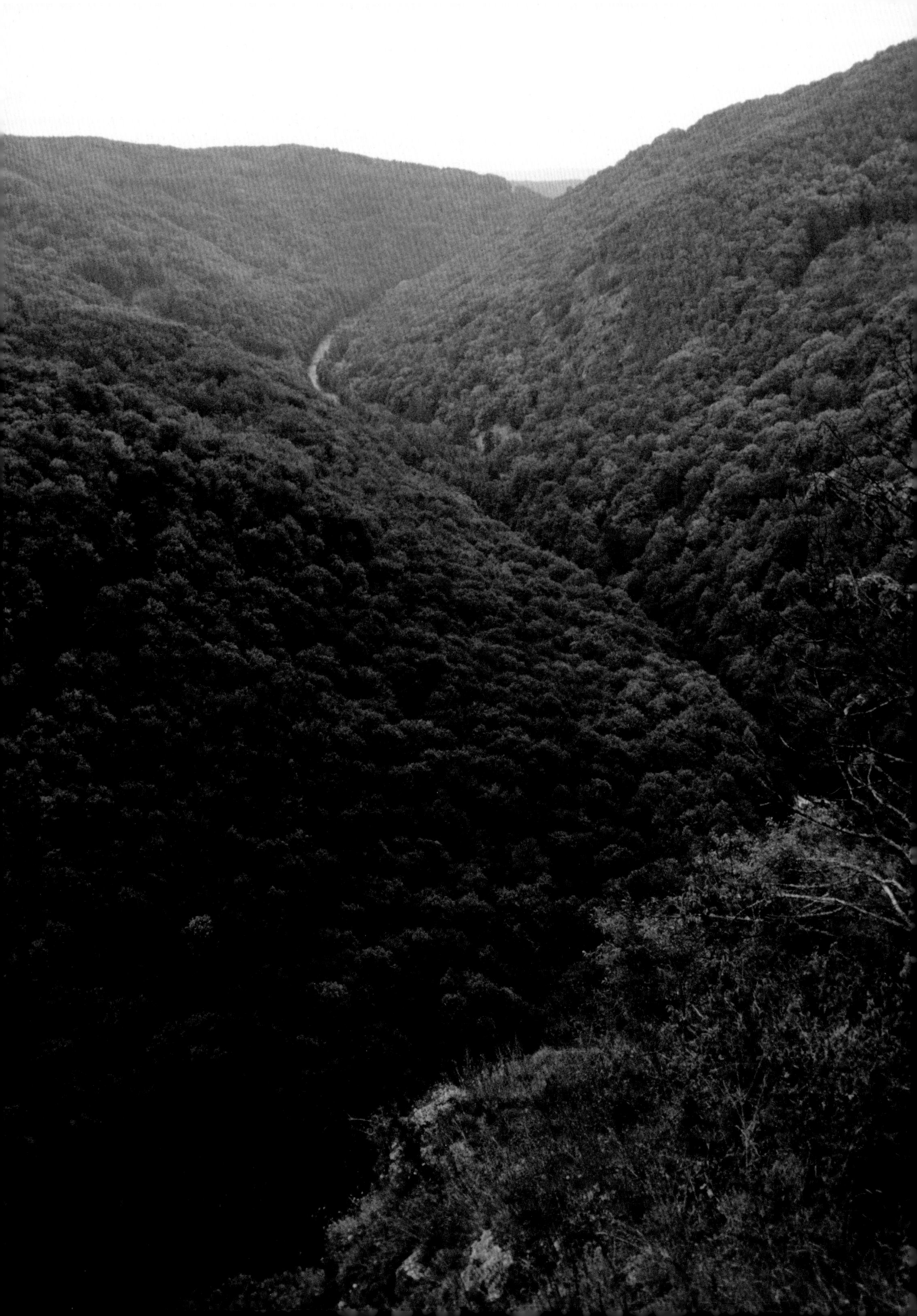

## Waldeinsamkeit

Der Wald ist voll gestopft mit Bäumen und mit Bedeutungen. Er ist eine Projektionsfläche für Gefühle und Ideologien. Er ist Symbol und Insignum von Macht. Von besonderem Symbolwert sind durch alle Kulturen und Zeiten jedoch solitär stehende Bäume oder Baumgruppen. Die Eiche steht, gefolgt von der Linde, in der Hierarchie der Bäume in unseren Breiten an erster Stelle. In unserem Klima können nur diese beiden Baumarten über 1.000 Jahre alt werden. Der Linde galt die Verehrung besonders im slawischen Raum und sie wurde ab dem 19. Jahrhundert in Tschechien bewusst im Gegensatz zur „deutschen" Eiche gesetzt. Mit Abstand folgen Buche, Ulme und Esche. Die moderne Esoterik bedient sich der Baum-Mystik ebenso wie die deutsche Romantik den Wald für sich entdeckt hat. Die Überhöhung des Waldes begann aber weit vor der Romantik. Schon Cicero suchte nach dem Tod seiner Tochter Trost in der Waldeinsamkeit. Der Wald beruhigt nicht nur, er regt ebenso an: „Silvae et solitudines cogitationis incitamenta" – Wald und Einsamkeit regen das Denken an, schrieb Plinius der Jüngere († um 113 n. Chr.).

Eduard Mörike, der nie das Waldviertel bereiste, beschrieb in der Novelle „Mozart auf der Reise nach Prag" die Eindrücke des Komponisten bei der Fahrt mit der Postkutsche. „‚Gott, welche Herrlichkeit!' rief er, an den hohen Stämmen hinaufblickend, aus. ‚Man ist wie in einer Kirche. Mir deucht, ich war niemals in einem Wald, und besinne mich erst jetzt, was es doch heißt: ein ganzes Volk von Bäumen beieinander!'"

Ein ganzes Volk von Bäumen beieinander. Diese Verknüpfung von Wald und Volk führt in die NS-Zeit. Die Umbenennung des Waldes in „NS-Baumgemeinschaft" war nicht nur ein Witz hinter vorgehaltener Hand, sondern spiegelt die Ideologie des Dritten Reiches wider. Der „Führer" wird bei Ernst Jünger zum Oberförster.

In diesem Sinne fürchtet Elias Canetti den Wald. In „Masse und Macht" erklärt er die Liebe der Deutschen zum Wald damit, dass er ein Sinnbild für das Heer sei. Dabei sah der Dichter Canetti wohl die Fichten-Plantagen, die im 19. Jahrhundert gepflanzt wurden, vor sich und nicht einen naturnahen Mischwald mit unterschiedlichen Altersklassen. Auch den Römern war der „deutsche Wald" schon nicht geheuer gewesen. Bei der Eroberung Germaniens waren die Wälder ihre eigentlichen Gegner und standen auf der Seite der Okkupierten, die sich im Dickicht verschanzten.

Der Wald ist in Anlehnung an Canetti eine Masse. Als solche kann er nur von erhöhter Position, von einem Berg oder einer Aussichtsplattform aus, wahrgenommen werden. „Über allen Wipfeln ist Ruh'" heißt es in einem Volkslied und in Anlehnung an „Wanderers Nachtlied" von J.W. Goethe. Die Wipfeln werden zum Meer, zum wogenden, zum flammenden, zum einsamen.

*Kamptal bei der Ruine Schauenstein*

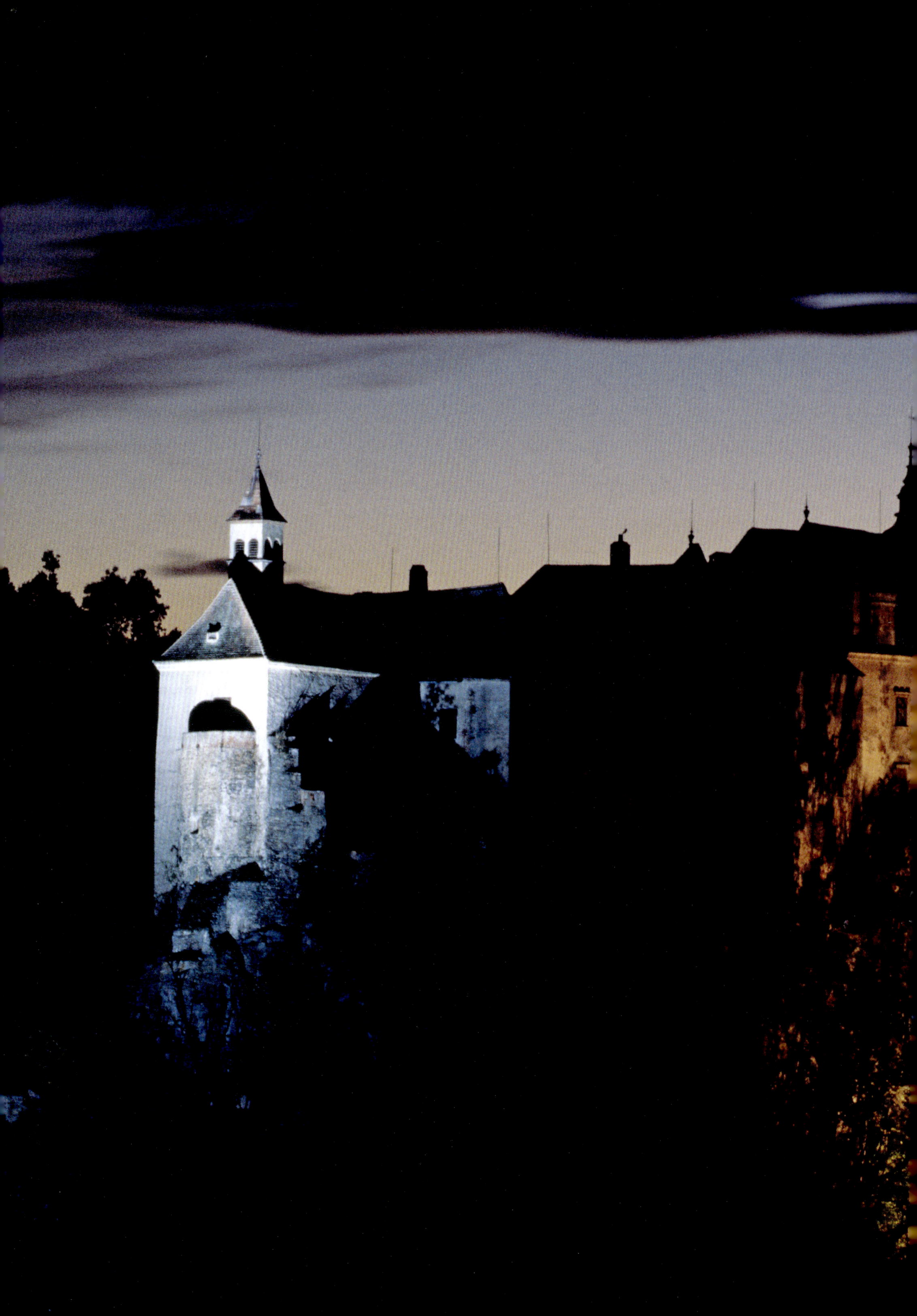

Burgen

Thomas Kühtreiber

# Geborgen hinter Steinen

*Der Steinreichtum der Region hat manche Burg
vor der Abtragung bewahrt.*

Das Waldviertel gilt, insbesondere Dank seiner vielen Burgen und Ruinen, welche in oftmals beherrschender Lage über den Hochflächen und Talniederungen thronen, als das „Burgenviertel" Niederösterreichs. Vergleicht man aber die Anzahl der historisch, archäologisch sowie baulich überlieferten Adelssitze dieser Region mit jener der anderen Landesviertel, so zeigt sich, dass die Dichte an Herrschaftssitzen im mittelalterlichen Waldviertel nicht höher war als in den Nachbargebieten. Der Eindruck der besonderen Burgenfülle dürfte zum einen im „Steinreichtum" des Waldviertels begründet liegen: Nach Aufgabe so mancher Burg fiel diese nicht wie in anderen Regionen dem Steinraub zum Opfer; das billige Baumaterial war für die Bevölkerung zum Teil aus näher gelegenen Steinbrüchen und anderen Quellen zu beziehen. Darüber hinaus ist das Waldviertel in erster Linie durch Höhenburgen geprägt, welche in der Neuzeit entweder zu Wohnzwecken adaptiert oder zugunsten talnaher Herrschaftsanlagen aufgegeben wurden – in beiden Fällen behielt aber die Burg weitgehend ihre charakteristische Silhouette. Im Wein- und Mostviertel hingegen wurden viele Niederungsburgen ab dem 16. Jahrhundert in Schlösser umgewandelt und nur dem kundigen Auge erschließt sich noch die im Grundriss erhaltene mittelalterliche Bausubstanz. Von kleineren Höhenburgen zeugen oftmals nur noch bewaldete oder grasbewachsene Höhenkuppen mit Wall und Graben – die so genannten „Hausberge".

Der Burgenbau ist keineswegs nur ein mittelalterliches Phänomen, wie vielerorts gemeint wird; berücksichtigt man, dass das Wort „Burg" von seiner Grundbedeutung her mit dem Wort „Berg" verwandt ist und so viel wie „Bergen/Schützen durch Überhöhung" bedeutet, so sind demnach auch die ur- und frühgeschichtlichen Befestigungen als Burgen anzusprechen. Diese weitläufigen Wallanlagen boten Platz für größere Menschenmengen, wobei nur flächig ausgegrabene Anlagen Aussagen zur Funktion – befestigte Höhensiedlung als Herrschaftsmittelpunkt oder Fliehburg, um nur zwei Möglichkeiten zu nennen –

Vorangehende Doppelseite:
*Burg Raabs*

erlauben. Derartige „Burgen" waren im Waldviertel bis in das 10. Jahrhundert üblich, wie die gut untersuchten Wallanlagen auf der „Holzwiese" bzw. „Schanze" bei Gars-Thunau sowie auf der Flur „Sand" bei Oberpfaffendorf westlich von Raabs an der Thaya belegen. Beide Höhensiedlungen wurden auf Geländespornen mit steil abfallenden Hängen errichtet und mit Wällen aus Holz-Erde-Konstruktionen mit vorgeblendeten Steinmauern geschützt. Innerhalb derselben konnten reiche Wohn- und Wirtschaftsbauten freigelegt werden, wobei ein von Palisaden umgebener Bereich mit Gebäuden in Pfostenbauweise und benachbartem Friedhof in Gars-Thunau als Herrenhof angesprochen wird. In „Sand" wird die Nutzung als Adelssitz vor allem durch den hohen Anteil an Jagdwild im Tierknochenmaterial angezeigt, wobei die „hohe Jagd" insbesondere durch Funde von Wisent, Elch und anderem Großwild belegt ist. Beide Befestigungen wurden im 10. Jahrhundert vermutlich im Zuge der Auseinandersetzungen mit den Ungarn zerstört.

Während in Gars die Errichtung einer Nachfolgebefestigung im Bereich der späteren Burg aufgrund von einzelnen Keramikfunden nur vermutet werden kann, erbrachten Ausgrabungen in der Burg Raabs den Nachweis einer frühen Steinburg aus der Zeit um 1000. Das massive mörtelgebundene Mauerwerk, aber auch die Kleinfunde, wie ein Spielstein aus Bein, weisen die Burg als typischen mittelalterlichen Adelssitz aus, wie er im Reich zur Zeit der salischen

*Burg Rappottenstein*

*Rittersaal in Heidenreichstein (o. li), Waffenkammer in Rappottenstein (o. re), Knappenküche in Rappottenstein (u. li), Säulensaal in Heidenreichstein (u. re)*

Könige als Herrschaftssitz üblich war. Daneben entstanden im Waldviertel des 11. Jahrhunderts auch bereits erste Kleinadelssitze, welche zumeist nur aus einem Wohnturm, kleineren, zumeist hölzernen Nebengebäuden und einer eng umlaufenden Umfassungsmauer oder Palisade bestanden. Ein frühes Beispiel konnte in Sachsendorf am Manhartsberg ausgegraben werden. Die ältesten urkundlichen und archäologischen Belege des Burgenbaus im 11. und frühen 12. Jahrhundert konzentrieren sich auf die Randbereiche des Waldviertels – die Wachau, das Horner Becken und das Thayagebiet – und zeigen damit die Grenzen der herrschaftlichen Erschließung der Region in dieser Zeit an.

## Knotenpunkte der Herrschaftsnetzwerke

Ab dem 12. Jahrhundert mehren sich nicht nur die Belege der Anwesenheit verschiedener Adelsfamilien im Waldviertel, Urkunden und bauliche Überreste zeigen ein rasches Ausgreifen der herrschaftlichen Erschließung im Zuge des mittelalterlichen Landesausbaus in das zentrale Waldviertel, wie den Raum um Zwettl und Waidhofen an der Thaya. Die „Knotenpunkte" dieses Herrschaftsnetzwerks bildeten in der Frühzeit vor allem die Burgen und Kirchen, erst ab dem Spätmittelalter traten vermehrt auch Städte und Märkte hinzu. Es überrascht daher nicht, dass die räumliche Kombination von Burg und Kirche ein

*Das Rondell von Pöggstall, erbaut um 1520*

Charakteristikum früher Zentralorte im Waldviertel, wie in Gars oder Raabs, wird. Besonders gut blieb ein derartiges Bauensemble in Stiefern am Kamp erhalten, wo in erhöhter Lage innerhalb des Ortes bedeutende Reste der romanischen Burg südlich der Kirche entdeckt werden konnten. Erst aus dem fortgeschrittenen 12. Jahrhundert sind auch größere Baukomplexe auf Burgen erhalten, welche einen Eindruck über das Aussehen hochmittelalterlicher Adelssitze vermitteln: Anlagen wie Rehberg und Imbach bei Krems und Streitwiesen im Weitental zeigen, dass die Funktionen einer mittelalterlichen Burg, wie standesgemäßes Wohnen und Repräsentation, Wehrhaftigkeit, Verwaltung und Wirtschaft, nun in unterschiedlichen Gebäuden, wie Bergfried, Palas und Kapelle, oft kombiniert mit weiteren Wohn- und Wirtschaftsbauten, ihren Raum fanden. Ein Idealbeispiel hochmittelalterlichen Burgenbaus stellt die Burg Rastenberg dar: Auf einem schmalen Felsrücken wurde um 1200 eine hochrepräsentative Anlage errichtet, deren Angriffsseite und Torweg durch einen fünfeckigen Bergfried gedeckt wird. Dahinter öffnet sich ein schmaler Hof, an dessen Nord- und Westseite – der alten Landstraße zugewandt – sich der Palas mit romanischen Zwillingsfenstern und die Kapelle, deren Apsis in einem reich gestalteten Erker integriert ist, befinden. Noch in der Spätromanik erhielt die Burg eine Vorburg mit einem weiteren Tor.

## Niederadelige Baukultur

Seltener sind Belege für die niederadelige Baukultur des Hochmittelalters: In der aufgegebenen Siedlung (Wüstung) Kleinhard östlich von Thaya an der Thaya wurde ein unbefestigter Baukörper, welcher in seiner Bauflucht einen Turm mit anschließendem Saalbau umfasst, freigelegt. Dieser Sitz integriert somit auf engstem Raum die architektonischen Ausdrucksformen für soziale Abgehobenheit – den Turm – mit dem Saal als repräsentativem Innenraum für „Öffentlichkeit" im weiteren Sinne. Insbesondere der Turm wird im Spätmittelalter zum Zeichen sozial gehobener Baukultur in ansonsten weitgehend bäuerlichen Gehöften, wobei sich dahinter eine Vielfalt unterschiedlicher Funktionen und sozialer Träger – Meierhöfe, Zehenthöfe, klösterliche Amtshöfe etc. – verbergen können. Manche dieser turmartigen Bauten weisen keinerlei Wohn- und Wehrfunktion mehr auf und sind vielmehr als repräsentative Speicherbauten für Getreide und andere landwirtschaftliche Güter anzusprechen. Einen Einblick in das bauliche Erscheinungsbild derartiger „Turmhöfe" vermitteln der Sitz Gießhübl im gleichnamigen Weiler am Jauerling sowie die ergrabenen Fundamente eines derartigen Gehöfts in der Ortswüstung Großhard bei Thaya.

Das Spätmittelalter ist darüber hinaus durch einen Konzentrationsprozess in der grundherrschaftlichen Struktur des Waldviertels gekennzeichnet: Viele kleine Herrschaften werden zugunsten großer, mehr oder weniger geschlossener Besitzungen aufgegeben, deren Inhaber in erster Linie dem Landherrenstand angehören. Die Hauptburgen dieser Herrschaftszentren werden sukzessive als Ausdruck des adeligen Selbstverständnisses monumental ausgebaut. Ein Paradebeispiel dafür ist die Burg Hardegg: Während die Wehranlage des frühen 12. Jahrhunderts von geringer Ausdehnung sowie wenig beeindruckendem Erscheinungsbild gewesen sein dürfte, erfolgte ab dem späten 12. Jahrhundert, zunächst unter den Grafen von Plain, dann unter den Grafen von Maidburg-Hardegg, ein imposanter Ausbau. Die erste Erweiterungsstufe umfasst einen gewaltigen Palas mit anschließendem Bergfried; im 13. und 14. Jahrhundert wächst das Ensemble auf bis zu fünf Türme und weitläufige Vorburgen an, sodass die Burg im Spätmittelalter annähernd die gleiche Fläche wie die ihr zu Füßen liegende Stadt einnahm.

## Prophylaktische Besetzung

In Folge der sich entwickelnden Belagerungstechniken mit Wurfgeschützen, ab dem 15. Jahrhundert auch mit frühen Feuerwaffen, zeigt sich ein Wandel in der Wehrarchitektur der Burgen, welcher im Waldviertel besonders gut zu beobachten ist. Dabei handelt es sich zunächst in erster Linie um Schutzbauten, welche durch besonders dicke Mauern und Annäherungshindernisse etwaige Angreifer auf Distanz halten und deren Kampfkraft beeinträchtigen sollten. Auf der Burg Kollmitz wurde die auf einem Sporn gelegene Kernburg um eine weitläufige Ringmauer an der Angriffsseite erweitert, welche an der höchsten Stelle einen massiven runden Geschützturm integriert. Zusätzlich wurde im Vorfeld an der schmalsten Stelle des Höhenrückens eine 150 Meter lange Sperrmauer, mit an den Flanken vorspringenden Türmen – die so genannte „Böhmische Mauer" – errichtet, welche ein einzigartiges Beispiel der Vorfeldsicherung darstellt. Häufiger sind an neuralgischen Punkten im Vorfeld der Burgen einzeln stehende, turmartige Vorwerke zu finden, welche zum einen gut geeignete Plätze für Belagerungsstellungen prophylaktisch besetzen, zum anderen aufgrund der oftmals erhöhten Lage als Warten sowie zur Sicherung von Wirtschaftsflächen und Straßen genutzt wurden. Derartige Türme blieben unter anderem oberhalb der Burg Wimberg im Yspertal und vor Schloss Leiben im Weitental erhalten; archäologisch konnte ein hölzernes Vorwerk auf dem so genannten „Tabor" oberhalb der Burg Gars festgestellt werden. In dieser Tradition ist auch das berühmte Rondell vor Schloss Roggendorf in Pöggstall aus der Zeit um 1520/30 zu sehen, welches als Barbakane den Burgweg sicherte und aufgrund seiner im Vergleich zur Burg unverhältnismäßigen Größe sicherlich auch als Repräsentationsbau anzusehen ist. Weniger bekannt ist der als Bollwerk anzusprechende große Kanonenwall an der Bergseite des Schlosses, welcher als reines Erdwerk einen effektiven Schutz vor dem Beschuss mit Feuerwaffen darstellte. Frühe Belege für den Einsatz von Erdwällen zum Schutz der Steinmauern stammen von der Burg Sachsendorf am Manhartsberg, welche 1482 zerstört und nicht mehr aufgebaut wurde.

Besonders reich ist das Waldviertel an schlosshaften Ausbauten der Burgen des 16. Jahrhunderts, wobei insbesondere die charakteristische Verschränkung spätgotischer Architekturdetails, wie Schulterbogenportale und Fenstergewände mit gestäbten Profilen, mit Renaissanceformen auffällt. Zu Letzteren zählen insbesondere die zum Teil prachtvollen Hofarkaden, so auf Schloss Roggendorf in Pöggstall, auf Engelstein, Breiteneich und Rappottenstein. Diese werden ergänzt durch repräsentativ ausgestaltete Wirtschaftsbauten mit Stallungen, Brauereigebäuden und Tavernen im Vorburgbereich bzw. im Vorfeld der Adelssitze, wofür wiederum Rappottenstein ein Paradebeispiel ist. Die steigende Bedeutung der adeligen Gutswirtschaft illustrieren auch große Meierhöfe, wie

*Burg Hardegg als Gedächtnisstätte der Khevenhüller-Dynastie und von Kaiser Maximilian von Mexiko (o. re)*

*Burg Ottenstein*

in Pöggstall und Greillenstein, die als „Kasten" bezeichneten Getreidespeicher (Niedergrünbach, Ottenstein) und weitläufige Gartenanlagen, wofür der „Turnierhof" auf der Rosenburg ein international herausragendes Beispiel darstellt. Seltener sind im Waldviertel Ausbauten von Niederungsburgen zu regelmäßigen, vierflügeligen Schlossanlagen, welche durch Ecktürme akzentuiert werden, zu finden. Zu diesen „Festen Schlössern", deren „Wehrhaftigkeit" mehr als architektonisches Zitat zu sehen ist, zählen unter anderem die Schlösser Ottenschlag und Waldreichs. Nur selten sind die mittelalterlichen Adelssitze vollkommen in neuzeitlicher Schlossarchitektur aufgegangen, deren bekannteste Vertreter Schloss Greillenstein mit der gut erhaltenen Badeanlage und das barocke Kleinod Schloss Riegersburg sind. Demgegenüber wurden spätestens im 18. Jahrhundert auch einige der großen Burgen, wie Gars, zu Ruinen. Nur Hardegg erlebte als Gedächtnisstätte für die Vorfahren der Khevenhüller-Dynastie sowie für Kaiser Maximilian von Mexiko eine Wiederbelebung und einen Wiederaufbau von 1878 bis 1905.

Nur mehr wenige Burgen des Waldviertels werden heute noch bewohnt, und wer mit Burgbesitzern spricht, weiß, welch hoher persönlicher und finanzieller Aufwand und auch welch Entbehrung hinsichtlich Komfort, insbesondere in den Wintermonaten, damit verbunden ist. Die Ruinen werden hingegen immer mehr als Ausflugsziel, oftmals auch als regionale Identifikationsstätte im Zuge von Kulturveranstaltungen wiederentdeckt. Während einige Burgen in den Sommermonaten geradezu „gestürmt" werden, harrt so manche Ruine noch immer der Wiederentdeckung. Gerade in Verbindung mit dem im Waldviertel erfolgreich propagierten „Sanften Tourismus" stellen diese eine ideale Möglichkeit dar, das Land in seiner geschichtlichen Tiefe und landschaftlichen Vielfalt kennen zu lernen.

*Burg Heidenreichstein*

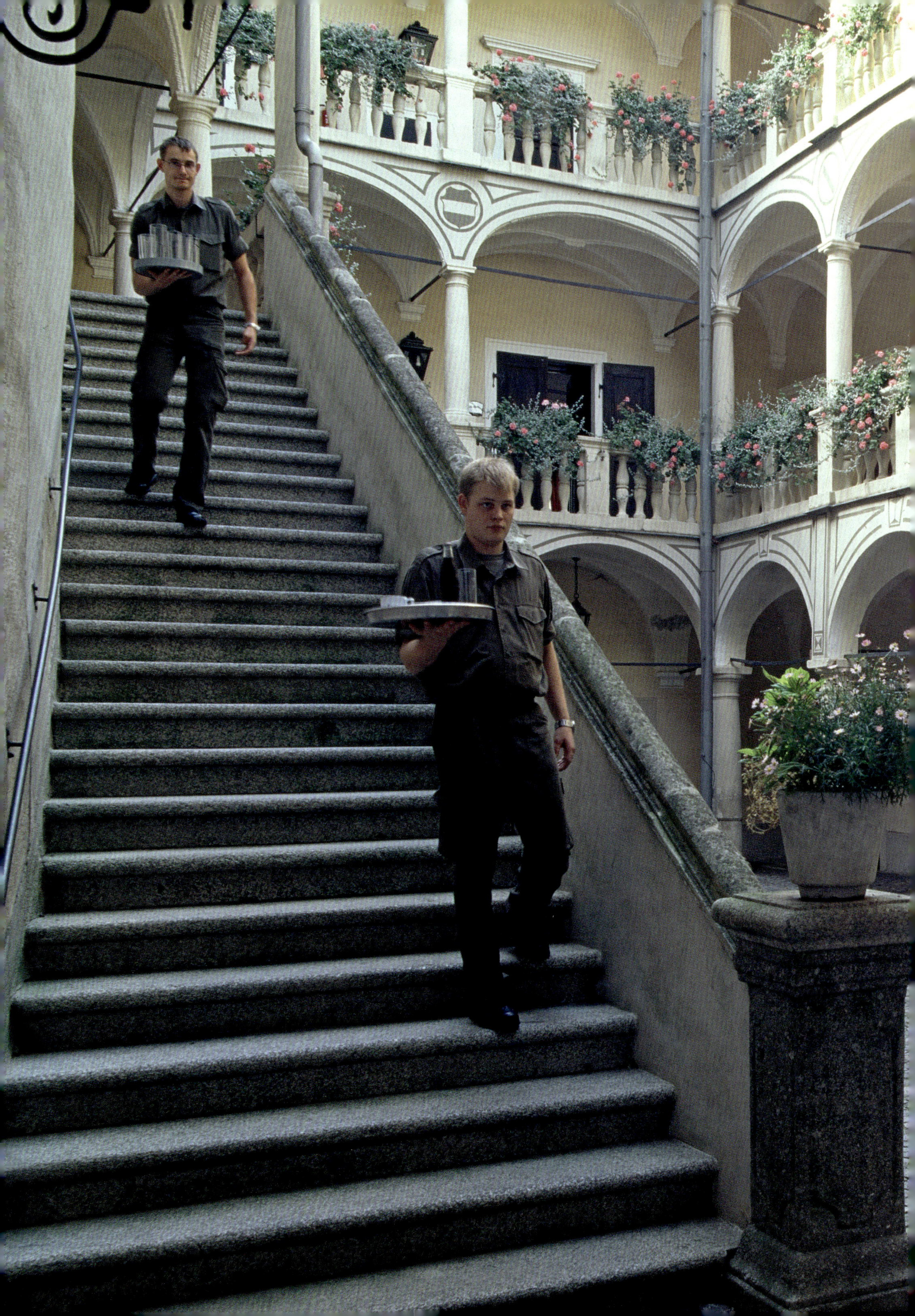

Schlösser

Friedrich Polleroß

# Adeliges Landleben und europäischer Geist

*Repräsentationsbauten im Spiegel der Zeit: Schlösser im Waldviertel.*

*Bibliothek Schloss Greillenstein*

Während im Mittelalter die Klöster Zwettl und Altenburg sowie die großen landesfürstlichen Pfarren Altpölla, Eggenburg-Gars oder Raabs die kulturellen Zentren gebildet hatten, brachte die im frühen 16. Jahrhundert das Waldviertel erfassende Reformation eine Akzentverschiebung zugunsten der Sitze des ständischen Adels. Das Land geriet damit zunehmend auch in einen politischen Gegensatz zur katholischen Regierung in der Landeshauptstadt. Die Rosenburg wurde 1610 zum Sitz der gegen den Kaiser verbündeten protestantischen Stände, in Wildberg wurde eine Druckerei eingerichtet und Horn war damals die inoffizielle Hauptstadt Niederösterreichs. Die dort bestehende evangelische Stadtschule wurde 1598 zur Landschaftsschule erhoben. Die Adeligen haben ihre humanistische Ausbildung damals durch so genannte Kavalierstouren und Studien an ausländischen Universitäten ergänzt. So unternahm Veit Albrecht von Puechheim Reisen nach Deutschland, Holland, Belgien und England. Sein Enkel Hans studierte 1589 in Padua, und dessen jüngerer Bruder Richard besuchte um 1600 Bologna, Siena, Rom, Neapel, Frankreich und sogar Moskau. Hans Ehrenreich von Kuefstein starb 1584 auf seiner Kavalierstour in Istanbul, und seine Brüder studierten um 1600 in Jena, Prag, Bologna, Siena und Padua. In dieser Tradition stand auch noch Hans Ludwig von Kuefstein, der seine Türkeireise 1628 durch einen eigenen Maler dokumentieren ließ und spanische Literatur übersetzte. Über dem Tor seines Schlosses Buchberg ließ er 1615 einen spanischen Spruch anbringen.

*Vorangehende Doppelseite:*
*Offizierscasino im Renaissance-innenhof von Schloss Allentsteig*

## Europäischer Horizont und italienische Architektur

*Schloss Greillenstein*

Parallel zu dieser Ausweitung des geographischen und geistigen Horizontes wurde auch die Architektur der Schlösser durch Arkaden zum Freiraum hin geöffnet und durch ummauerte Gärten ins Freie ausgedehnt. Die als Aussichtspunkte errichteten „Belvederes", Balkone, Terrassen, Altane oder Gartenpavillons in Wildberg, Buchberg, Greillenstein, Raabs und vor allem Rosenburg ermöglichten nicht nur einen besseren Blick auf die aus kleinteilig strukturierten und vielfältig variierten quadratischen Beeten bestehenden Ziergärten, sondern weite Ausblicke und Einsichten ins Land. Gleichzeitig wurde die Natur durch Landschaftsdarstellungen mit adeligen Liebespaaren und Bauern oder fiktive Gartenlauben mit exotischen Tieren wie Affen und Papageien ins Innere der Schlösser geholt.

Zahlreiche Schlösser des Waldviertels wurden damals um- oder neu gebaut, da man mit dem Komfort und Aussehen der mittelalterlichen Anlagen nicht mehr zufrieden war. Während die meisten Höhenburgen wie Buchberg, Rappottenstein, Dobra, Rosenburg, Ottenstein oder Raabs nur durch Zu- und Umbauten modernisiert wurden, hat man in Rosenau, Kaja und Arbesbach die alten Festungen zugunsten besser zugänglicher Neubauten aufgegeben. Das angestrebte Ideal einer regelmäßigen vierflügeligen Anlage mit Innenhof konnte jedoch nur bei wenigen Neubauten bzw. teilweise verwirklicht werden, wie in Breiteneich bei Horn, Waldreichs sowie Schwarzenau und Dačice jenseits der Grenze. Besonders schöne Arkadenhöfe entstanden im letzten Drittel des 16. Jahrhunderts etwa in Allentsteig, Greillenstein, Drösiedl und Weitra.

*Schloss Allentsteig*

Die Anregungen zu dieser Säulenarchitektur kamen ebenso aus Italien wie die von der Antike inspirierten Ornamentformen der Grotesken oder Perlstäbe und die Technik des Sgraffito. Thematisch verraten diese Dekorationen humanistische Bildung sowie evangelische Frömmigkeit, und sie entstanden oft nach Graphiken bekannter Künstler oder den Illustrationen der Lutherbibel. Eine Darstellung des hl. Eustachius auf einem Landschaftsfresko im kleinen Saal der Burg Raabs greift etwa direkt auf den bekannten Kupferstich von Albrecht Dürer zurück. Die Antikenrezeption dieser Zeit äußerte sich außerdem durch die Darstellung der Helden der römischen Geschichte sowie Mythologie und ihrer Tugenden nach den Erzählungen römischer Dichter wie Livius und Ovid. Von den zahlreichen mehr oder weniger reich geschnitzten und bemalten Kassettendecken und Wandtäfelungen haben sich nur mehr Reste in Greillenstein, Leiben und auf der Rosenburg erhalten, während das unweit der Grenze liegende Schloss Telč/Teltsch diese Dekorationsformen der Renaissance in quantitativer und qualitativer Spitzenleistung bietet.

## Sakralisierung der Landschaft und wirtschaftliche Nutzung

Mit den politisch-sozialen Umwälzungen der Gegenreformation und der katholischen Erneuerung nach der Schlacht am Weißen Berg in Prag im Jahre 1620 gingen jedoch auch wichtige Veränderungen im Verhältnis der Adeligen zur

Landschaft einher. Die nicht zum Übertritt zum katholischen Glauben bereiten Adeligen wurden hingerichtet oder ins Exil getrieben und ihre Güter konfisziert. Als Besitzer ihrer Herrschaften folgten häufig kaiserliche Beamte oder Offiziere nach, die erst nachträglich in den Adelsstand erhoben wurden und offensichtlich aufgrund ihrer beruflichen Herkunft ihren Grundbesitz, der als zweites wirtschaftliches und soziales Standbein neben dem kaiserlichen Dienst dienen sollte, mit anderen Augen sahen als ihre humanistischen Vorgänger. Schon 1614 hatte der Hofkammerrat Vinzenz Muschinger die Rosenburg erworben, 1622 kaufte er die Herrschaften Horn, Gars und Drosendorf. Hier folgte sein Schwiegersohn Ferdinand Kurz von Sennftenau, während Rosenburg in den Besitz des Juristen Joachim Enzmilner überging. Dem Vorbild des Kaiserhauses folgend, betätigten sich die neuen Herrschaftsinhaber als Stifter gegenreformatorischer Klöster, Wallfahrtskirchen, Kreuzwege sowie Marien- und Dreifaltigkeitssäulen. Der kaiserliche Oberst Ernst von Kollonitsch in Kirchberg am Wald förderte die 1621 durch ein „Wunder" wieder katholisch gewordene Patronats- und Wallfahrtskirche in Hoheneich und in der Schlosskapelle Drosendorf wurde um 1630 ein neuer Hochaltar aufgestellt. Reichsvizekanzler Kurz errichtete die „Altöttinger Kapelle", ließ in Kamegg um 1650 die „Bründlkapelle" erbauen und berief 1657 die Piaristen nach Horn. Die Gräfin Verdenberg erbaute 1666 in Straß im Straßertal eine Loretokapelle, und die Gräfin Traun von Rappottenstein gründete 1697 ein Hieronymitanerkloster in Schönbach. Die Grafen Hoyos waren Mitstifter der Wallfahrtskirche Maria Dreieichen und markierten ihr

*Schloss Weitra*

*Schloss Rosenburg (oben), Schloss Drosendorf (unten)*

Herrschaftsgebiet ebenso wie Besitzer von Schwarzenau mit Sandsteinstatuen des hl. Felix von Cantalice. Dazu kamen die Denkmäler der Wetterheiligen in den Feldern und Statuen der Heiligen Christophorus und Johannes von Nepomuk an Brücken und Furten.

Parallel zu dieser Sakralisierung der Landschaft und deren Nutzung für lokale und überregionale Pilgerwege (von Mähren nach Dreieichen oder Maria Taferl) vollzog sich jedoch auch eine zweite Entwicklung, nämlich jene der verstärkten Ökonomisierung des Landes aus einer frühkapitalistischen Wirtschaftsgesinnung, indem man das Energiepotential von Fluss und Wald intensiver nutzte. Kamp und Thaya wurden nicht mehr nur zum Antrieb von Mühlen, sondern auch zum Betreiben von Hammerwerken, Holzsägen und Papiermühlen herangezogen. Der Gföhler und der Horner Wald, die jahrhundertelang nur als kaiserliche Jagdreviere fungierten, lieferten seit dem Verkauf an den Unternehmer Lazarus Henckel von Donnersmarck im Jahre 1608 nicht nur Bau- und Brennholz für Wien, sondern auch die Rohstoffe für Köhlereien und Glashütten. Durch die Errichtung von zusätzlichen Fischteichen, Schafhöfen und Getreidespeichern wurden weitere Ressourcen für die adeligen Kassen geschaffen, die ihre Spuren in der Landschaft hinterließen. Die Schafe lieferten vor allem Wolle, und in diesem Zusammenhang ist auch die Ansiedlung von Tuchmachern aus mehreren Ländern 1650 in Horn zu sehen, für die Graf Kurz die erste Arbeiterwohnsiedlung Österreichs bauen ließ. Vielleicht ebenfalls nicht ohne Zusammenhang mit der bürgerlichen Herkunft dieser neuadeligen Herrschaftsinhaber wurde auch der modernen territorialen, d.h. vermessenen Darstellung der Landschaft in Form von Landkarten und Topographien eine besondere Aufmerksamkeit geschenkt. Den Auftakt bildete die 1656 erstmals erschienene „Topographia Windhagiana", in der der aus Süddeutschland stammende Jurist nicht nur alle seine Schlösser detailliert abbilden ließ, sondern auch der Glashütte bei Großpertholz sowie dem Eisenhammer und der Papiermühle in Rosenburg eigene Ansichten widmete. 1672 erschien die „Topographia Archiducatus Austriae inferioris" von Georg Matthäus Vischer und 1687 folgten eine kleinere Karte Niederösterreichs sowie 1695 die großen Viertelkarten dieses Topographen. Das Hauptthema aller dieser Bildbände – wie es im Einleitungstext Vischers heißt ein *Controfee aller Stätt, Klöster und Schlösser* – bilden die Herrschaftssitze der Landstände, d.h. die „politische Landschaft" im doppelten Sinn des Wortes, sowie die moderne Herrschaftsarchitektur. Die Ideologie des mit der Land(wirt)-schaft verbundenen Adeligen fand hingegen 1687 im Handbuch „Georgica Curiosa" des aus dem Waldviertel nach Süddeutschland emigrierten Wolf Helmhard von Hohberg ihren umfangreichen Ausdruck. Und es ist vielleicht kein Zufall, dass sowohl die Sakralisierung als auch die Ökonomisierung eines Herrschaftsgebietes am selben Ort ihren Höhepunkt erreichten, nämlich in Groß-Siegharts. Dort hat Graf Johann Christoph Ferdinand Mallenthein, der „Vater des Bandlkramerlandls", um 1720 200 (geplant waren 1000!) Häuser für schwäbische Weber errichten lassen. Den geistigen und architektonischen Mittelpunkt der neuen Siedlung bildete jedoch eine prachtvolle Pfarrkirche. Dafür hatte der Adelige keine geringeren Künstler als den für die Kaiserinwitwe tätigen Architekten Donato Felice d'Allio und den für Prinz Eugen im Belvedere freskierenden Maler Carlo Innocenzo Carlone ins Waldviertel berufen.

*Graf Johann Christoph Ferdinand Mallenthein, „Vater des Bandlkramerlandls", ließ die Pfarrkirche in Groß-Siegharts von Donato Felice d'Allio errichten*

## Campagne-Zeremoniell und Französischer Park

Die Beschäftigung der Wiener Hofkünstler auch auf dem Lande ist typisch für die Jahrzehnte vor und nach 1700, als sich der Lebensmittelpunkt der Aristokratie an den Wiener Hof verlagert hat. Zwar zog man sich im Sommer gerne auf die Landsitze zurück, um dem strengen spanischen Hofzeremoniell zu entgehen, da man sich in der Sommerfrische bestenfalls des einfacheren Campagne-Zeremoniells bediente. Aber da immer mit Besuchen von Freunden und Rivalen zu rechnen war, mit denen man in der Stadt in einen sozial-repräsentativen Konkurrenzkampf verwickelt war, mussten sich auch die Schlösser den ästhetischen Kriterien der Residenz anpassen. Zwei Bauten markieren die zeitlichen Endpunkte und die inhaltliche Bandbreite dieser Form höfischen Bauens auf dem Lande: der Ahnensaal in Vranov nad Dyjí/Frain an der Thaya und das Schloss Riegersburg. Der vom kaiserlichen Hofarchitekten Johann Bernhard Fischer von Erlach um 1690 jenseits der Grenze geschaffene Ruhmestempel der Grafen Althann bildet sowohl durch seine Lage als auch durch seine Ausstattung mit Ahnenstatuen und Kuppelfresko von Johann Michael Rottmayr eine singuläre Denkmalarchitektur im Einzugsbereich von Wien und nahm in gewisser Weise den Prunksaal der Hofbibliothek vorweg. Der diesseits der Thaya gelegene Herrschaftssitz des erst 1725 zum Reichsgrafen beförderten Siegmund Friedrich Khevenhüller (1666–1742), der zuvor „kein ordentliches Schloß" hatte, wurde ab 1730 von Franz Anton Pilgram unter Verwendung älterer Bauteile „gar schön alla moderna … und meistentheils neu" erbaut. Schon im ersten Vertrag mit dem Architekten war vom Auftrag die Rede, das „herrschaftliche Schloß … in die Simetterie einzurichten", also in eine hochbarocke Symmetrie zu bringen. Der Bau visualisiert dementsprechend sowohl durch seinen architektonischen Aufwand (mit prunkvollem Treppenhaus und Kapelle) als auch durch seine allegorischen Skulpturen von Tapferkeit und Gerechtigkeit, Krieg und Frieden sowie vor allem durch die Personifikationen von Ruhm und Ehre an der Fassade deutlich den Rang des Bauherrn. Der den Giebel bekrönende Herkules, der Atlas vorübergehend die Last der Weltkugel und damit die Verantwortung abgenommen hat, symbolisiert alles andere als bescheiden das Selbstverständnis des Landeshauptmannes von Kärnten und Statthalters von Niederösterreich als Stellvertreter des Kaisers.

Einen bescheideneren Anspruch verraten hingegen die Vierflügelanlagen in Gobelsburg oder Harmannsdorf. Doch auch ältere Bauten wurden damals durch aufwändige Stuckaturen und Skulpturen auf den aktuellen Stand eines standesgemäßen „Decorums" gebracht. In Ottenstein ließ Graf Lamberg anstelle älterer Bauteile eine neue Schlosskapelle sowie ein Oratorium mit den Porträts aller Päpste errichten, und Schwarzenau erhielt eine prunkvolle Kapelle mit Stuckfiguren der Apostel. In Greillenstein wurden das Portal und der Innenhof mit Vasen und Skulpturen bereichert. Der damals angelegte Barockgarten erhielt auch eine Brunnenanlage mit Drachen sowie eine Serie von grotesken Zwergen. Solche Gärten nach französischem Vorbild verraten den auf die Landschaft

*Barockschloss Riegersburg, erbaut von Franz Anton Pilgram. Am Giebel trägt Herkules die Welt und entlastet Atlas*

*Schloss Schwarzenau*

ausgeweiteten Herrschaftsanspruch und wurden durch Alleen weit in das Herrschaftsgebiet hinein ausgedehnt. Die durch Pflanzen und Skulpturen geschaffenen „Perspektiven" inszenierten das Schloss nun als sozialen und architektonischen Höhe- bzw. Endpunkt des herrschaftlichen Territoriums, während im 16. Jahrhundert der von Neugier angeregte Blick in die umgekehrte Richtung gelenkt worden war.

## Freimaurerloge und englischer Garten

Ab der Mitte des 18. Jahrhunderts kam es zu einer neuerlichen Veränderung des Verhältnisses der Adeligen zu ihrem Landbesitz. Parallel zur Verlagerung des kaiserlichen Hofes von der Hofburg nach Schönbrunn und Laxenburg wurde unter dem Eindruck der politischen Krise (vorübergehender Verlust des Kaisertitels, Erbfolgekriege) sowie der Aufklärung die teilweise oder ganzjährige Stadtflucht auch für den Adel wieder eine sozial akzeptierte Lebensform. Die vom Grafen Leopold Christoph von Schallenberg, dem Obersthofstabel- und damit Zeremonienmeister Maria Theresias, in seinem Schloss Rosenau eingerichtete Freimaurerloge verkörpert die Entwicklung in idealtypischer Weise: Die Ideen von Gleichheit und Brüderlichkeit waren weder mit der hierarchischen Ordnung eines Hofes vereinbar, noch schien es klug, solche mehr oder weniger verdächtigen Versammlungen direkt vor den Augen der Hofgesellschaft abzuhalten. Die Abkehr von den im strengen Zeremoniell zum Ausdruck kommenden hierarchischen Werten der höfischen Gesellschaft veränderte aber nicht nur den Geschmack innerhalb der Schlösser, wo plötzlich erste gotisierende Formen und Ruinendarstellungen anzutreffen waren, sondern betraf vor allem die Landschaftsgestaltung in der Umgebung. Die regelmäßigen und gestutzten französischen Parterres wurden durch den englischen Landschaftsgarten ergänzt oder ganz abgelöst, da nun scheinbare Natürlichkeit, Asymmetrie und romantische Blickwinkel gefragt waren. In diesem Zusammenhang wurden auch die hundert oder zweihundert Jahre zuvor verlassenen Burgen wieder entdeckt – sei es dass man die Architektur tatsächlich oder auch nur in gemalter Form als Denkmale alter Familientradition und malerischer Landschaftsromantik inszenierte.

Hier knüpfte auch die bürgerliche Stadtflucht der Wiener an, die die Voraussetzung für die Sommerfrischenkultur des 19. Jahrhunderts bildete. Schon 1814 hatten die Brüder Köpp von Felsenthal einen prachtvollen „Bildband" mit zahlreichen Ansichten von Burgen des Waldviertels herausgebracht, und der Hofschauspieler Johann Anton Reil beschrieb seine Stimmung bei einem Aufenthalt in Rosenburg 1815 wie folgt: „Ich saß in einer Schlucht am Kamp. […] Vor mir der braune Fluß, neben mir ein Rauschbach, um mich Eidechsen und Schlangen und hoch über mir eine herumzirkelnde Weihe, so wurde ich versucht, auf einen Augenblick zu glauben, ich säße allein in der Welt, wenigstens kam ich mir weit, weit entfernt vor."

*Freimaurerloge Schloss Rosenau*

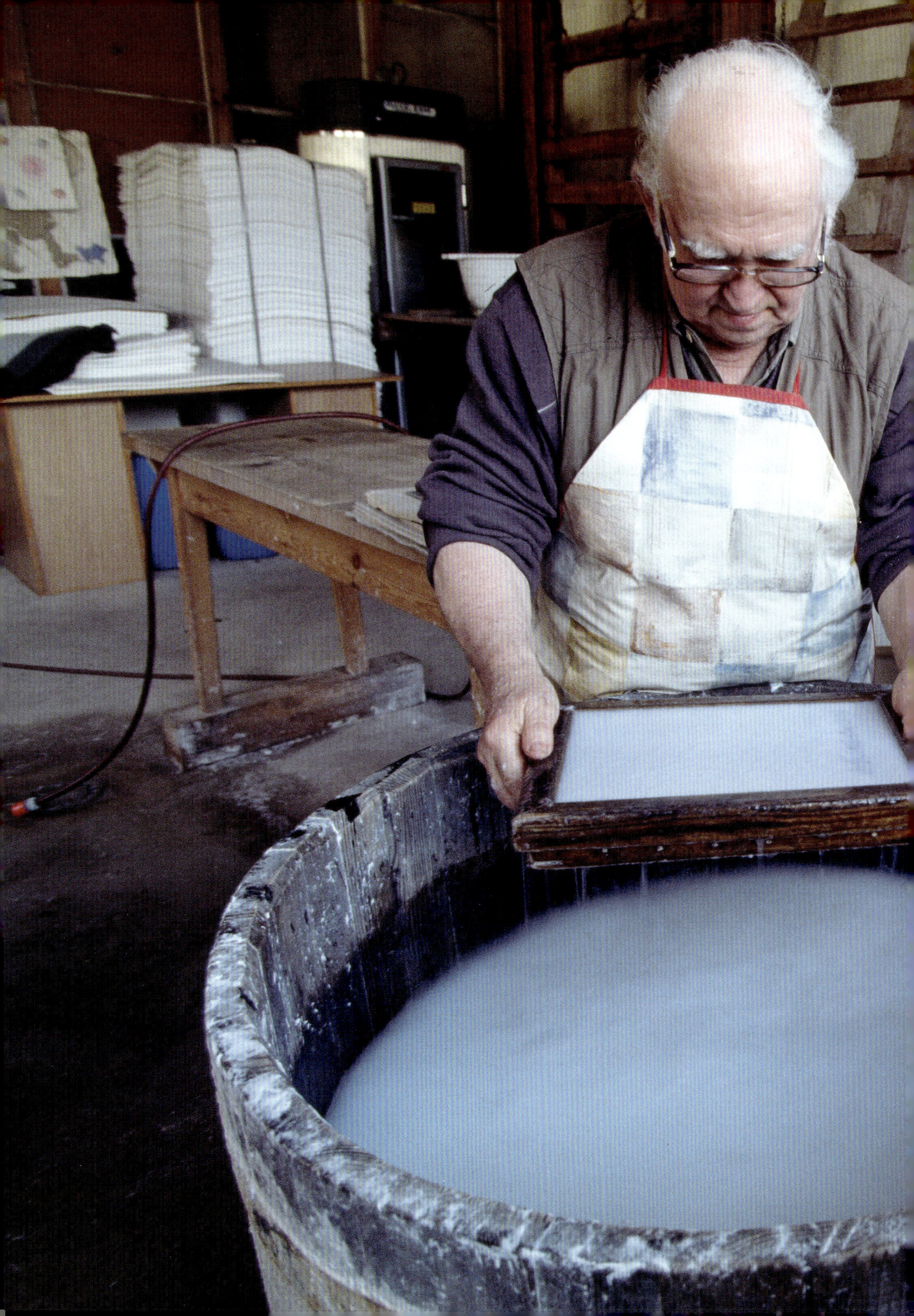

Volkskunst

Franz Grieshofer

# Vom Hausfleiß zum Hobbykurs

*Hausfleiß, Lohnarbeit, Handwerk und Hausindustrie:*
*Volkskunst im Waldviertel war Überlebenskunst.*

*In der Wurzmühle*

Vorangehende Doppelseite:
*Herr Mörzinger beim*
*Papierschöpfen in der Wurzmühle*

„Hier heroben, wo die Ackerkrume mager war und wenig Brot gab und der Bauer sich nicht damit begnügen konnte, bloß die Äcker zu bestellen, da war viel Handwerk auf den Höfen zu Hause".

Diese Feststellung trifft Imma von Bodmershof in ihrem eindringlichen, 1944 veröffentlichten Roman „Die Rosse des Urban Roithner". Sie schildert darin das harte und entbehrungsreiche Leben im Waldviertel. Noch um die Mitte des 20. Jahrhunderts waren die Menschen gezwungen, das zum Leben Notwendige selbst zu erzeugen. Die erforderlichen Materialien lieferte die Landschaft: der Wald das Holz, der Boden den Stein und der Acker Flachs und Getreide. Daraus entstanden die für die Landwirtschaft, den Haushalt und den persönlichen Bedarf notwendigen Dinge.

Auch ihr Romanheld Urban muss sich den Wagen, den er für sein zukünftiges Pferdefuhrwerk benötigt, selbst bauen. Entsprechend ihrer Härte und Eigenschaft verwendet er unterschiedliche Hölzer: Esche, Rotbuche, Fichte, Weißbuche.

Beim Rechen bestehen der Stiel aus Fichtenholz, das Haupt aus Ahorn und die Zähne aus Esche. Um das Haupt mit dem Stiel zu verbinden, wird es mit einem Bügel aus einem Fichtenast stabilisiert. Ähnlich penibel wird das Holz für die Herstellung der Heugabeln, der Sensen- und Hackenstiele, der Schaufeln und Hauen ausgesucht. Das gilt auch für die Anfertigung von Trögen, Mulden, Mohnstampfen, Holztellern und Löffeln. Aus den Wipfeln der Christbäume werden Quirl gefertigt.

Das Wissen um die Eigenheiten und die sichere Beherrschung des Werkstoffes ließ einfache, für den Gebrauch bestimmte, in ihrer Art jedoch formschöne Dinge entstehen. Das trifft auch für jene Geräte zu, die zur Herstellung der Textilien benötigt werden: für die Brechel, Rocken, Spindeln beziehungsweise Spinnräder, ebenso für die Haspeln und Spulräder, auf denen schließlich das in einem langen und mühsamen Prozess aus der Faser des Flachses, dem so genannten Haar, gesponnene Garn aufgewickelt wird. Am Webstuhl entstand daraus *rupfernes* und *habernes* Leinen, aus dem man Bettzeug und Wäsche fertigte. Aus Wolle entstanden Socken und Westen und Loden für die Kleider.

Hinsichtlich ihrer Produktionsweise lassen sich die am Hof mit eigenem Material erzeugten Gegenstände unter dem Begriff Hausfleiß zusammenfassen. Für Alois Riegl, der eine erste Theorie der Volkskunst erstellte, sind es in erster Linie diese Produkte, die das Prädikat Volkskunst verdienen.

## Erzeugnisse aus Handwerk, Lohnarbeit und Hausindustrie

Auf den Bauernhöfen wurde freilich nicht alles selbst erzeugt. Möbel ließ man vom nächstgelegenen Tischler anfertigen, das irdene Geschirr kaufte man von Töpfern, die ihre Ware auf den Märkten feilboten. Bis zur Mitte des 20. Jahrhunderts hatte das Gewerbe durch die stete Nachfrage noch eine weitgehend gesicherte Existenzgrundlage. Die Wagner erzeugten oder reparierten die üblichen Leiterwagen. Auch an Gasslschlitten und Rodeln gab es Bedarf. Auf den Drehbänken wurden nicht nur die Naben der Räder, sondern ebenso Mohnnabeln (Stampfen) hergestellt. Die Spinnräder waren ebenfalls ein Werk der Drechsler. Die Binder lieferten die notwendigen Fässer und Schaffeln, die Zimmerleute fertigten neben Dachstühlen auch die mächtigen Tore der Dreiseithöfe, auf denen sie symbolhaft die Sonne aufgehen ließen.

Gebrauchsgüter, die einer starken Abnutzung unterlagen, bezog man hingegen von Besenbindern, Rechenmachern oder Korbflechtern. Es waren das in der Regel Kleinhäusler oder Taglöhner, die sich mit der Herstellung von Reisigbesen, Rechen oder Flechtwaren wie Körben aus Weiden, Schwingerln aus Haselruten oder Simperln aus Stroh ein geringes Einkommen sicherten.

Ein Großteil der Bevölkerung war jedoch auf Lohnarbeit angewiesen. Solcherart erwarb sich das Waldviertel den Ruf des „Bandlkramerlandes". In

*Adventkranzflechten in Gföhl*

*Keramikatelier von Jutta und Janos Szabo in Klein Raabs*

den meisten Häusern standen Webstühle. Der Verleger lieferte das Rohmaterial und nahm die fertige Ware ab. Im 18. Jahrhundert wurde der Flachs durch Baumwolle ersetzt und es entstanden in der Folge auch eigene Industriebetriebe, die gegen geringen Lohn Arbeit boten.

Im so genannten „Horologenlandl", der Gegend um Karlstein, war noch um die Mitte des 19. Jahrhunderts in fast jedem Haus eine Uhrmacherwerkstätte zu finden. Hier war ebenfalls ein Großteil der Familie in den Produktionsprozess eingebunden, ähnlich wie im oberösterreichischen Sandl und im böhmischen Buchers, wo in vielen Häusern Hinterglasbilder erzeugt wurden. Vom Verleger, der die Materialien oder die Bestandteile bereitstellte, wurden die Produkte eingesammelt und von Verlagsstützpunkten aus in die ganze Welt vertrieben.

Eine typische Verlagsarbeit war die Herstellung von Zwirnknöpfen. „Die erste Arbeit, die ich mit meinen Händen gemacht hab – ich war vielleicht vier oder fünf – war Knopferlnähen. Fast alle Kinder haben damals knopferlgenäht, sobald ihre Finger die Nadel überhaupt halten konnten. Knopferlnähen war Heimarbeit." Ringerln und Zwirn wurden vom Verleger zur Verfügung gestellt und in täglich stundenlanger Arbeit – sommers und winters – wurden daraus Zwirnknöpfe gefertigt. Bezahlt wurde pro Umschlag, das waren 960 Knöpfe.

Diese Sätze stammen von einer betagten Waldviertlerin, deren Erinnerungen Lida Winiewicz 1986 in dem Band „Späte Gegend. Protokoll eines Lebens" festgehalten hat. Darin heißt es weiter: „Mein Vater war Steinmetz. Meine Brüder sind auch Steinmetze geworden. Es hat, außer Steinmetz, für Männer keinen Beruf gegeben, wo sie was verdienen konnten, bei uns in der Gegend. Steine waren genug da: Granit. Es war ein ganzes Tal, da sind die Steinmetze gesessen, jeder in einer Art Verschlag, viereckig, an zwei Seiten offen, und haben geklopft. Das waren die richtigen, die gelernten. Die anderen haben die Blöcke im Steinbruch herausgehaut. Die haben auch Steinmetze geheißen, aber nur dem Namen nach.

Steinmetze sind jung gestorben. Das hat man gewusst, das hat niemand gewundert: die schwere Arbeit, der Steinstaub, das viele Bier. Staub macht durstig. Keiner meiner Brüder ist älter als vierzig Jahre geworden, und der Vater, den hat obendrein der Krieg invalid gemacht."

Granit war allgegenwärtig. Er kam beim Straßen- und Hausbau zum Einsatz und er diente zur Herstellung von Tür- und Fenstergesimsen, von Pfosten für den Gartenzaun und von Wasser- und Futtertrögen, letztere in zweifacher Größe, dem „Nuasch" für die Schweine und dem „Granter" für Rinder. Auch die zahlreichen Bildstöcke und die Grabsteine wurden aus Granit hergestellt.

Der Granit liefert auch die Grundlage für einen weiteren wichtigen Produktionszweig: für die Erzeugung von Waldglas. In Pochwerken, denen das reichlich vorhandene Wasser die erforderliche Antriebskraft verlieh, wurde Granit zum benötigten Quarzsand zerstoßen. Zusammen mit Pottasche wurde daraus im Brennofen flüssiges Glas gewonnen. Brennstoff lieferte der umliegende Wald. War das Holz aufgebraucht, zog man an einen anderen Standort weiter. Später wurde der reichlich vorhandene Torf zur Feuerung herangezogen. In über 100 Glashütten wurde Hohlglas und schweres Kristallglas hergestellt, das von Händlern aufgekauft und an anderen Orten der Veredelung durch Schleifen oder Ätzen unterzogen wurde. Im 19. Jahrhundert gelang es der Familie Stölzle nach und nach die Hütten zu erwerben und an zahlreichen Orten diesseits und jenseits der Grenze zu konzentrieren. Das Waldviertler Glas bot den Menschen nicht nur eine passable Existenz, sondern zählte neben den Textilprodukten zu den künstlerischen Exportschlagern der Region.

## „Volkskunst": künstlerische und wissenschaftliche Wahrnehmung

Alois Riegl, der eine Differenzierung hinsichtlich der Produktionsweise vornimmt, unterscheidet zwischen den Produkten des Hausfleißes, der Lohnarbeit, des Handwerks und jenen des Verlagswesens, für das auch der Begriff „Nationale Hausindustrie" geprägt wurde. Als Volkskunst hätten nach Riegl freilich nur die aus eigenem Material im Haus selbst hergestellten Erzeugnisse zu gelten. Wobei der Begriff zu relativieren ist. Die Hersteller und Benützer achteten nämlich kaum auf die Formschönheit und die besondere Ästhetik der Gegenstände. Für sie waren es Dinge des täglichen Gebrauchs und oftmals stumme Zeugen widriger Lebensumstände.

Zum Beweis sollen hier abermals die bereits erwähnten literarischen Quellen aus der Zeit vor und während des Zweiten Weltkrieges herangezogen werden. In den von Lida Winiewicz aufgezeichneten Lebenserinnerungen einer Waldviertlerin, die als Kleinhäuslerkind und im Dienst bei Bauern ihre Jugend verbrachte, dominiert der gottergebene Daseinskampf. In ihrer Wahrnehmung sucht man vergeblich nach Volkskunst. In der kleinen Stube stehen der Tisch, das große Bett, in dem die Eltern stets mit dem jüngsten Kind schlafen, die Truhe, die Bänke, der Wandschrank mit dem Geschirr, das Brennholz, der Wasserzuber, der Besen, kurz, was man so braucht. Es gibt für sie kein eigenes Bett, kein Bettzeug, keine Schuhe, nur Arbeit von klein auf. Sie geht sonntags nicht zur Kirche, weil sie sich schämt.

Auch Imma von Bodmershof lenkt in der dramatischen Szene, in der die Tochter wegen ihrer Liebe zu Urban des Hofes verwiesen wird, schlaglichtartig das Augenmerk auf die wenigen Habseligkeiten, die auf den Wagen geladen werden: „Zuerst das Bett und de[r] Kasten, welche[n] die Großmutter Barbara vermacht hatte, alte, geräumige Stücke mit Blumen und bunten Vögeln bemalt. Dann Barbaras eigenes Bett, die Truhe mit dem Leinen von der Mutter und die andere mit dem Wäschezeug, das sich die Barbara im Lauf der Jahre für die Aussteuer gesammelt hatte. Das Bettzeug legte sie obenauf." Auch die Wiege, in der als Letzte sie selbst gelegen war, kam mit.

Beide Schilderungen geben Einblick in den bescheidenen Besitz, der von der jeweiligen sozialen Stellung geprägt ist. Während in dem einen Fall die persönliche Betroffenheit spürbar wird und die Erinnerung bar jeder Sentimentalität ist, erscheint die Darstellung bei Imma von Bodmershof, wiewohl auch hier die Situation im Waldviertel treffend beschrieben wird, ins künstlerische abgehoben. Bei Imma von Bodmershof gerät das Schicksal der Menschen im Waldviertel zu einem Kunstwerk, zu einem expressiven Sittengemälde.

An diesem Bild wirkt auch die darstellende Kunst mit. Zur selben Zeit als der Roman von Imma von Bodmershof entsteht, gehen Künstler daran, die karge Welt des Waldviertels bildlich festzuhalten. Und der Anlass hätte nicht widersprüchlicher sein können. Die Künstler treten nämlich just zu dem Zeitpunkt auf den Plan, zu dem ein großer Teil der Bewohner gezwungen wurde, ihre Höfe zu verlassen. Aufgabe der 1938 gegründeten „Arbeitsgemeinschaft Waldviertel" war es, die materielle Hinterlassenschaft vor dem Verschwinden noch zu dokumentieren. Angestrebt wurde eine möglichst wirklichkeitsgetreue Wiedergabe der alten Gehöfte mit ihren gekreuzten Giebeln, den ausgeschnittenen Windbrettern, den Türen und Toren samt den steinernen Gesimsen und Stürzen. Die Künstler lieferten detailgetreue Einblicke in die „schwarzen Kucheln" und deren Gerätschaften, in die niederen Stuben mit ihrem sparsamen Interieur. Die dokumentarische Absicht unterstreichen Blätter, auf denen man die unterschiedlichen Formen der Stuhllehnen zusammengestellt findet. Eine Sonderstellung nehmen die zahlreichen aquarellierten Konstruktionszeichnungen ein, auf denen man die bemalten Kästen und Truhen der Region wiedergegeben findet.

Insgesamt umfasst das erstellte Konvolut an die 500 Einzelblätter, die sich in Museums- und Privatbesitz befinden. Die Blätter zeigen das vielfältige Inventar einer Landschaft, das durch die künstlerische Wiedergabe eine Ästhetisierung erfährt und dadurch zur Volkskunst stilisiert wird.

Es mussten freilich über 40 Jahre vergehen, ehe Nora Czapka-Witzmann diesen „Bilderschatz" entdeckte. Ihr kommt das Verdienst zu, die realen Stücke, also jene Kästen und Truhen mit den „bunten Blumen und Vögeln" in den Stuben, auf Dachböden und in Museen aufgespürt und in einer umfangreichen Diplomarbeit der Öffentlichkeit vorgestellt zu haben. In der Ausstellung „Waldviertler Heimat-Bilder" präsentierte sie einen Teil dieses „papierenen Museums", wie Nora Czapka-Witzmann die zeichnerischen Dokumente nennt. Sie erläutert im Katalog die Umstände der Entstehung und macht mit der Künstlerin Milly Niedenführ und den Künstlern Hans Neumüller, Helmut Deringer, Franz Bilko und Friedrich Stadler bekannt, die diese Werke schufen. Und Nora Czapka-Witzmann verweist auf die Diskrepanz zwischen der harten Realität, die das Dargestellte für die Betroffenen bedeutete, und ihrer idealisierten, subjektiven Bewertung durch Außenstehende. Außerdem gilt es zu bedenken, dass es sich bei dem Dargestellten um eine Auswahl handelt, dem dadurch das Prädikat Volkskunst verliehen wird.

## Tradition und „lebendes Museum"

40 Jahre nach den Zeichenblock-Künstlern macht sich Elfriede Hanak mit dem Fotoapparat auf die Reise durch Niederösterreich, um „traditionelles Handwerk und lebendige Volkskunst" aufzuspüren. Im Waldviertel trifft sie die Besenbinder und Rechenmacher, die Korbflechter und Schindelmacher, die Tischler und Zimmerleute, Wagner, Drechsler, Fass- und Geschirrbinder, die Weber, Töpfer und Glasbläser nach wie vor in ihren Werkstätten und Betrieben an. Abermals 20 Jahre später haben – wie meine Erkundungen ergaben – viele von ihnen inzwischen die Arbeit aus Altergründen und wegen zu geringer Nachfrage allerdings eingestellt. Andererseits lässt sich seit einigen Jahren eine Rückbesinnung nach handgefertigten Naturprodukten konstatieren.

*Irmgard Franke aus Heidenreichstein gestaltet Bilder aus Naturprodukten wie Sand oder Lehm*

Der „Bauernmarkt" in Thaya bietet alljährlich am zweiten Wochenende im Juli eine Heerschau an gegenwärtiger Waldviertler Handwerks- und Kleinkunst. Da finden sich ein Radelbock ebenso wie eine Hoanzelbank, Rechen und Sensenstiele, Holzteller, Zeitungsständer, Blumentische, Schaukelpferde und anderes Kinderspielzeug aus Holz. Ihre Produzenten sind in der Regel gelernte Handwerker, die wegen des Strukturwandels nach der Lehre in andere Berufe wechseln mussten, in der Pension ihre erlernte Profession aber neuerlich unter Beweis stellen möchten. Einer von ihnen ist Leopold Pöppel in Thaya. Er schloss seine Wagnerlehre 1952 mit der Meisterprüfung ab, ging anschließend nach Wien zur Eisenbahn und fertigt seit seinem Ruhestand in seiner kleinen Werkstatt in Thaya traditionelle Holzgeräte. Ein weiteres Beispiel ist Heinz Kretschmer in Thaya. Er hatte in der Seidenweberei Schiel in Dietmanns das Handwerk gelernt, wurde dann nach Silz in Tirol versetzt, wo er 32 Jahre in der dortigen Textilfabrik tätig war. Nach der Pensionierung kehrte er in seinen Heimatort Thaya zurück, erwarb von der Webereischule Groß-Siegharts einen Webstuhl und produziert nun darauf aus Abfallprodukten der Weberei JIL SILK in Dietmanns breite, bunte Fransenteppiche. Nebenbei begann er zusätzlich mit der Teppichknüpferei.

Auf dem Webstuhl, auf dem schon der Großvater arbeitete, werden die Woll- und Fleckerlteppiche der gelernten Weberin Hedwig Erhart in Artolz erzeugt, wobei Frau Erhart, die mit ihrem Mann einen Bauernhof bewirtschaftet, für die

*Briefbeschwerer aus „geschundenem Glas", Glas-Atelier Schmidt, Alt-Nagelberg (o. li); Glashütte Apfelthaler, Alt-Nagelberg (o. re), Maria Bauer aus Kleingöpfritz häkelt Blumen (Mitte li); Granit als Identitätsmerkmal des Waldviertels in jedem Garten (Mitte re); Fleckerlteppiche von Hedwig Erhart, Artholz (u. li); Puppen von Ingeborg Hanisch in ihrem Puppenmuseum in Rudolz (u. re)*

geschmackvolle, farblich abgestimmte Zusammenstellung der „Fleckerln" verantwortlich zeichnet und ihr Bruder für die Verarbeitung am Webstuhl.

Hinter diesen Aktivitäten von Einzelpersonen, die alle nicht mehr zu den Jüngsten zählen, steckt das Bemühen, alte Fertigkeiten nicht in Vergessenheit geraten zu lassen. Daraus entstand die Idee des „Lebenden Museums" in Kautzen und in St. Leonhard am Hornerwald, wo vom Mai bis Anfang November an jedem ersten Sonntag im Monat von ortsansässigen, erfahrenen Handwerkern gezeigt wird, wie – laut Prospekt – man früher mit einfachen Werkzeugen Produkte des Alltags erzeugte und wie man sich sein tägliches Brot erarbeiten musste. Bei diesen Vorführungen kann man zusehen, wie Bänder gewebt, Spitzen geklöppelt, Körbe geflochten und Schaufeln gehackt werden. Im ehemaligen Kloster in Schönbach können sich Besucher in der Erlebniswerkstatt an alten Handwerkstechniken erproben und in der Kloster-Schul-Werkstätte bei der Produktion von Korbwaren, Holzspielzeug und Seifen zuschauen.

In der „lebenden Werkstätte" der „Waldviertler Hoar- und Weberstubn" in Dietmanns bei Groß Gerungs werden alle Arbeitsvorgänge der Handweberei gezeigt. Das Museum ist Teil der Waldviertler Textilstraße, die Geschichte und Gegenwart der Textilwirtschaft mit allen Facetten der Produktionsweise und ihres Sozialgefüges Interessierten nahebringt. Durch die Musealisierung werden herkömmliche Fertigkeiten als kulturelles Erbe bewahrt und tradiert. Altes Wissen wird zum wertvollen Kapital. Handgefertigtes avanciert zur Rarität, zum außergewöhnlichen Nischenprodukt.

Exemplarisch seien hier die Zwirnknopferzeugung in Weitra und die Produktion von Perlmuttknöpfen in Felling erwähnt. Beide Betriebe, die sich als einzige der einst im Waldviertel weit verbreiteten Hausindustrie erhalten konnten, erweiterten ihr Angebot hin zum Accessoire und zum Schmuckdesign und können damit eine neue Käuferschicht ansprechen.

Eine Spezialität und gleichzeitig touristische Attraktion bietet die Waldviertler Papiermühle Mörzinger in Bad Großpertholz, wo man gegen Voranmeldung den gesamten Produktionsweg vom Hadern zum handgeschöpften Papier mitverfolgen und selbst ein Blatt schöpfen kann.

Zu einem Erlebnis gestaltet sich auch der Besuch der drei übrig gebliebenen Glashütten des Waldviertels in Alt- und Neu-Nagelberg. In Alt-Nagelberg, einst Sitz des mächtigen Glasimperiums der Familie Stölzle, bietet die „Nagelberger Glaskunst Apfelthaler" Einblick in die Kunst der Glasbläserei. In der Glashütte kann man zusehen, wie aus dem glühenden Rohstoff unter Zuhilfenahme von hölzernen Modeln verschiedenartiges Hohlglas entsteht. Eine Besonderheit bilden die bunt gestreiften und gefleckten Vasen, Schüsseln und Zierkugeln sowie Vögel für den Hausgarten. In diesem Familienbetrieb, dem auch ein reichhaltiges Glasmuseum angeschlossen ist, das über die Geschichte der regionalen Glashütten informiert, entsteht durch das Schleifen, Gravieren und Bemalen des Glases ein überaus vielfältiges, kunstvolles Angebot, das keine Wünsche offen lässt. Formschönes Glas für den festlich gedeckten Tisch wird auch in der Neu-Nagelberger Waldglashütte R&K Zalto hergestellt. Es ist faszinierend zu beobachten, mit welcher Geschwindigkeit und Präzision die Glasbläser arbeiten, jedes Glas ein Einzelstück und in der Serie doch keines vom andern zu unterscheiden. Auch das Glasstudio in Neu-Nagelberg steht dem Besucher offen. In der Verkaufsausstellung kann die Schönheit der Gläser bewundert werden, darunter auch das typische Waldviertler Warzenglas, das hier noch (wieder) erzeugt wird.

Neben den in der so genannten „Glasregion" zusammengeschlossenen Glashütten, sind auch die Glasveredelungsbetriebe entlang der Grenze zu Böhmen in Weitra, Eisgarn, Moorbad Harbach, in Zwettl und Bad Großpertholz zu nennen. Hier erhalten die Kristallgläser ihren einzigartigen Schliff. Eine Besonderheit bilden die aus „geschundenem Glas" in spezieller Technik von den Glasbläsern in ihrer Freizeit hergestellten Briefbeschwerer, die bei Schmidt-Glas in Alt-Nagelberg in reicher Auswahl zu finden sind. Welche Bedeutung das Glas für die Region hatte, erfährt man im Glasmuseum der Stadt Gmünd, und in Echsenbach gibt es das erste und einzige Schnaps-Glas-Museum, in dem Glaskunstwochen veranstaltet werden.

## Kreatives Kunstgewerbe und Hobby

Anknüpfend an die alte Tradition der Glaserzeugung und -veredelung wandelt sich die traditionelle Glasindustrie zum kreativen Kunstgewerbe. Ein Beispiel dafür liefert die „Waldviertler Glaskunst Werkstätte" in Gmünd. Hier wird unter anderem eine Vielzahl an gläsernen Accessoires in der Schmelzglastechnik angefertigt. Auch in Pöggstall hat sich ein Glaskünstler etabliert, dem man in seinem Atelier bei der Arbeit zuschauen kann.

Für Künstler besitzt das Waldviertel mit seiner herben Landschaft eben eine große Anziehungskraft. Aus der naturnahen Lebensweise lässt sich Kraft und Inspiration schöpfen.

Ein Beispiel ist der aus Griechenland stammende Künstler Makis Warlamis, der zusammen mit seiner Frau in Schrems sein IDEAHaus verwirklichte, in dem die nach ihrem Design hergestellten Kunstgewerbeprodukte zum Verkauf angeboten werden.

Auch Keramikerinnen und Keramiker zog es ins Waldviertel, wo sie eine künstlerische Heimat fanden. Am bekanntesten ist wohl Merle Kulenkampff, die am „Amselhof" in Mostbach ein offenes Haus mit vielen Tieren führt. Zu nennen wäre weiters das Ehepaar Szabo in Neupölla. Ihre Steinzeugprodukte sind mit einer bunten, fließenden, matten Lehmglasur bedeckt. Aus dem Weinviertel zog es Günter Lang nach Steinegg bei Altenburg. Er ist sehr stark von der japanischen Keramik inspiriert. Sein Sortiment umfasst Sushi-Platten und alle Arten von Schalen, die durch die opalisierenden Glasuren einen changierenden Glanz erhalten. Hingegen sind die Produkte von Walter Wondrak in Maißen, Eva Kaindl-Dallaji in Amaliendorf und Albert Beneder in Arbesbach von der traditionellen Waldviertler Irdenware beeinflusst. Matthias Schawerda wiederum setzt seine Bindung an die Region in der Verwendung einer Granitglasur um, mit der er seine auf der Töpferscheibe gedrehten Gefäße, Schüsseln und Teller überzieht. In letzter Zeit hat er sich auf die Herstellung von Kachelöfen spezialisiert. Er ist auch Teil des „Lebenden Museums" von Kautzen, wobei er die jüngere Generation vertritt.

*Bemalte Milchkannen von Margarethe Fischer aus Thuma*

Einer, der ebenfalls seinen Traditionsbetrieb aus Wien ins Waldviertel verlegte, ist Rudolf Effenberger. In seiner Metalldrückerei bei Waidhofen an der Thaya stellt er formschöne, runde Gefäße aus Buntmetall her. Es handelt sich hierbei um Handwerksarbeit im besten Sinn.

Von Hand geformte, außergewöhnliche Tonarbeiten stellt Eva Schindl in Pürbach her. Sie ist Autodidaktin, experimentiert mit Material und Farben und sucht in ihre Arbeiten Erfahrungen aus der Esoterik einfließen zu lassen. Das Streben nach dem Schönen bewog sie, mit Gleichgesinnten vor über 20 Jahren die Gruppe „Linum – Verein für Handwerk & Kunst unserer Zeit" ins Leben zu rufen. Es handelt sich um Einzelpersonen, die durch ihre künstlerisch-handwerkliche Neigung verbunden sind und die ohne eigenes Vertriebsnetz arbeiten. Sie zeigen ihre Kreationen ausschließlich bei Kunstmärkten. Einen Fixpunkt bildet dabei der Adventmarkt in Weitra.

Ein Kontrastprogramm dazu liefern die diversen „Bauernmärkte". Zusammen mit den Oster- und Adventmärkten sind sie Teil einer neuen Volkskultur. Auf diesen Märkten findet man von ehemaligen Professionisten in der herkömmlichen Technik produzierte Erzeugnisse, die in die Kategorie traditionelles Handwerk einzuordnen sind. Sie verdanken einem neuen Materialbewusstsein und einem wiedererwachten Nostalgiebedürfnis die nötige Nachfrage. Unter den AusstellerInnen und VerkäuferInnen trifft man jedoch noch auf eine zweite Gruppe, deren Produkte unter die Kategorie Hobbykunst fällt. Zu ihrem Angebot zählen die mit Blumen oder naiven Landschaftsmotiven bemalten Milchkannen, Flaschen, Schirmständer, Schützenscheiben, verzierte Kerzen, Seidenmalereien, Serviettenklebebilder und gehäkelte Zierblumen. Auch die verschiedenen, aus Trocken- oder Kunstblumen arrangierten Gestecke sind auf den Märkten anzutreffen. Dabei kommen besonders Mohnkapseln, die ja eine Spezialität der Region darstellen – man denke nur an das Mohndorf Armschlag –, zur Verwendung.

Alle diese Produkte entsprechen den heute gängigen Vorstellungen von „Volkskunst". Sie treffen offensichtlich den Geschmack der heimischen Bevölkerung, da sie im Waldviertel in vielen Wohnungen als Dekorationsobjekte anzutreffen sind. Hergestellt wird diese Art von „Volkskunst" vorwiegend von älteren Frauen, die ihr künstlerisches Talent auf diversen Hobbykursen entdeckten. Einen Markstein in dieser Entwicklung bilden die Hobbykurse des Stiftes Geras, die sehr wesentlich zur Popularisierung von „angewandter Volkskunst" beigetragen haben. Bei diesen Kunst- und Handwerkskursen werden sämtliche Maltechniken auf Holz, Glas, Blech, Seide, weiters die Kunst des Schnitzens und Restaurierens gelehrt.

Davon angeregt, begannen auch Fortbildungswerke und die bäuerlichen Interessenvertretungen Hobbykurse anzubieten, etwa Malkurse für Bäuerinnen.

Einige der Teilnehmerinnen und Teilnehmer brachten es zu einer beachtlichen Fertigkeit. Zu nennen ist die „malende Bäuerin" Leopoldine Prock in Schönbach, die vorwiegend Keramikrohlinge glasiert und bemalt, aber auch Textiltaschen werden von ihr verziert. Im Aquarell oder mit Kohlestift hält sie Impressionen des Waldviertels fest. So genannte Bauernmalerei ist auch die Spezialität von Margarethe Fischer in Thuma. Sie schmückt Milchkannen,

*Heimat, Hof und Heilige: Kratzputzbild von Friedrich Frühwirth aus Eugenia*

Flaschen, Glaskugeln, Holzteller, Luster und Kerzen. Sie erfüllt außerdem individuelle Wünsche und malt treffsicher Porträts, Tiere, Bauernhöfe oder Lieblingsgegenstände auf alle möglichen Geschenkartikel. Martha Kainz, die ebenfalls auf den einschlägigen Märkten anzutreffen ist, arbeitet in ihrem kleinen Haus in Ehrenhöbarten/Schrems, wo sie Milchkannen oder die von ihrem Mann gefertigten Kästen mit Blumen- oder Jahreszeitenmotiven versieht. Ihre Spezialität sind Schützenscheiben.

In der alten Schule in Rudolz trifft man Ingeborg Hanisch inmitten ihrer Puppen an. Ihrer Leidenschaft frönt sie im eigenen Puppenmuseum und bei der Erzeugung so genannter „Fetzenpuppen". Die „Puppenmutter" absolvierte die Textilfachschule in Wien, Spengergasse, brachte es im Beruf bis zur Webmeisterin und verlegte sich, nachdem sie eine Familie gegründet und mehrere Kurse in Geras besucht hatte, auf die Erzeugung von Hinterglasbildern und die Bemalung von Möbeln und Spanschachteln. Gegenwärtig dominieren freilich die Puppen.

*Kunstkurse mit Tradition: seit 1970 im Stift Geras beheimatet*

Nach dreißigjähriger Berufstätigkeit bei der Textilfirma Hermann begann Maria Bauer in Kleingöpfritz (Pfaffenschlag) zu häkeln. Es gelingt ihr mit dieser Technik Sonnenblumen, Weihnachtssterne oder Nelken von verblüffender Natürlichkeit hervorzubringen.

Franz Fegerl in Heinrichs (Weitra) hat neben seinem Hauptberuf als Landwirt seine Neigung zum Schnitzen entdeckt. Als Autodidakt brachte er es inzwischen zu einer beachtlichen Fertigkeit, mit der er es versteht, seinen Heiligenfiguren und Kruzifixen stilsichere Proportion und Schwung zu verleihen. Reliefschnitzereien sind hingegen die Spezialität von Wolfgang Kaindl in Amaliendorf. Josef Wahlmüller in Altmelon lässt Skulpturen mit der Motorsäge entstehen.

Abschließend seien noch zwei Phänomene erwähnt, die als Charakteristika der „Volkskunst" im Waldviertel anzusprechen sind: die Vorliebe für Wandbilder und die Liebe zum Garten.

Bei einer Fahrt durch das Waldviertel fällt auf, dass viele Häuser an den Wänden und rund um die Toreinfahrten Bilder und Ornamente aufweisen. Sie thematisieren die eigene Scholle („Sonne ist Leben, Erde ist Kraft"), pflügende und säende Bauern („Von uns die Arbeit, von Gott der Segen"), die Heimat (Ansicht vom alten Hof) oder Heilige als Schutzpatrone. Sie sind entweder in Kratzputztechnik oder in Sgraffitotechnik hergestellt. Bei Letzteren findet man die Signatur „O. Kargl, Lüftlmaler". Es handelt sich dabei um Otto Kargl aus Krems, der nach einer Kunsttischlerausbildung ab 1976 zur Malerei wechselte. Die Kratzputzbilder stammen hingegen durchwegs von Friedrich Frühwirt aus Eugenia.

Die Liebe zum Garten lässt Lida Winiewicz spürbar werden, wenn sie schildert, welche Szene im Gedächtnis der Bäuerin haften blieb, nachdem die Eltern ein kleines Haus gekauft hatten: „Das Haus war eine Keusche, aber mit genug Grund für eine Kuh und einen Küchengarten. Ich hab gedacht, die Mutter wird sofort Erdäpfel pflanzen, stattdessen hat sie als erstes Blumen gesetzt, neben der Haustür." Solche „Bauerngärten" sind im Waldviertel durchaus noch anzutreffen. Häufig treten jedoch Ziergärten mit üppigem Blumenschmuck und gepflegtem Rasen an ihre Stelle. Und in fast keinem dieser Gärten fehlen Granitsteine als dekoratives Gestaltungselement. Der Granit bekommt damit eine neue Funktion und einen neuen Stellenwert. Er wird gärtnerisch domestiziert. Kein Dorfplatz und kein Vorgarten, in dem nicht die alten granitenen Granter und Sautröge mit Blumenarrangements anzutreffen sind. Der von Männerhand ehemals bearbeitete und von Frauen gegenwärtig zum Blühen gebrachte Granit darf als Symbol für das Waldviertel angesehen werden, das sich von einer „Späten Gegend" zur mythischen Landschaft wandelte, in der das Einfache zum Besonderen und das Natürliche zum Kunstvollen mutiert. Und in dem das Kreative reichlich gedeiht.

Volkstanz und Volksmusik

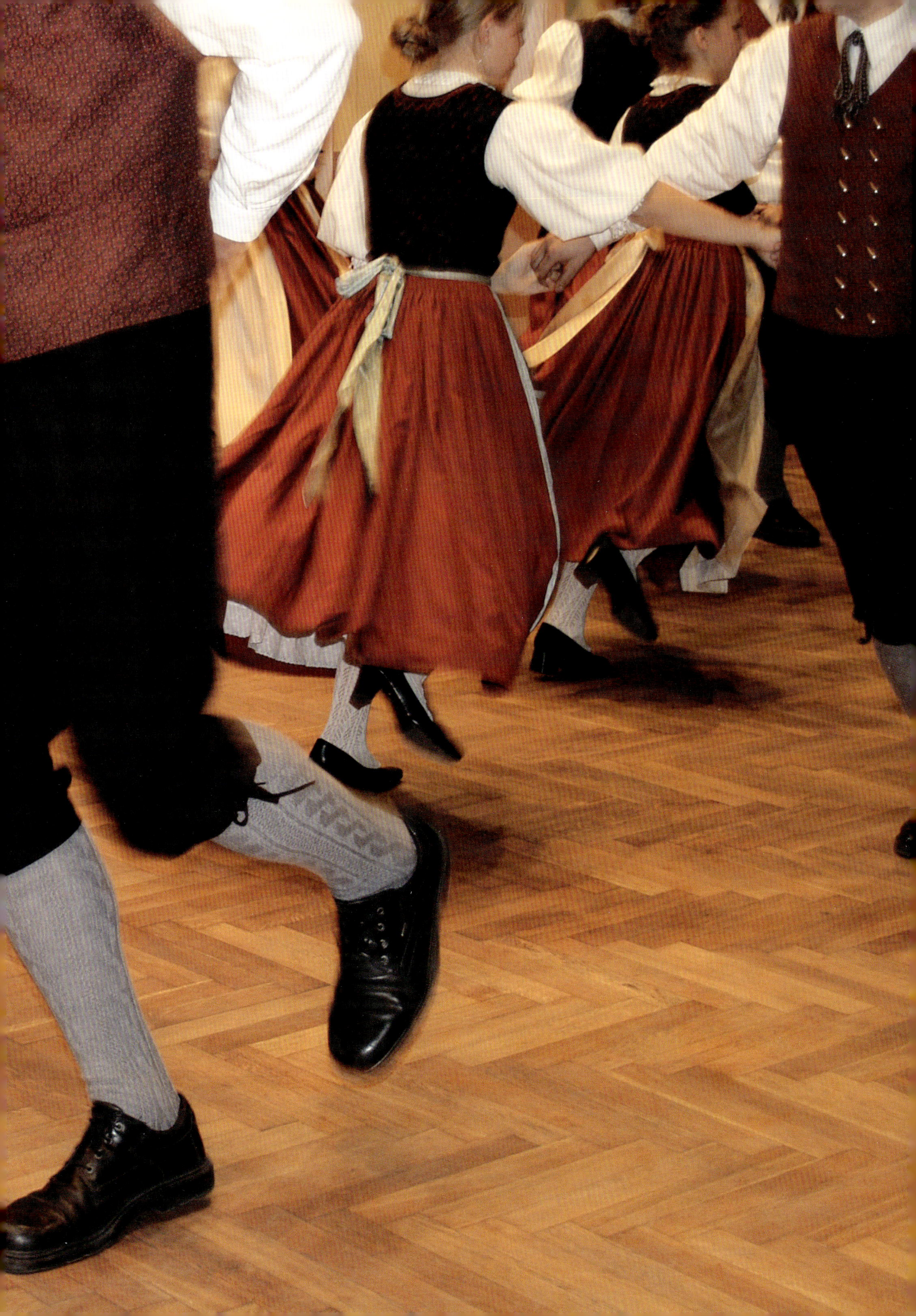

Nicola Benz

# Zum Tånzn bin i gånga

*Tanzforschung und Volkstanzpflege im Waldviertel.*

*Tanzgruppe „Folklórní soubor Radost" aus Südböhmen beim 27. Waldviertler Volkstanzfest in Großschönau, 2008*

Beim 27. Waldviertler Volkstanzfest 2008 in Großschönau konnte man Tänzer aus Südböhmen bewundern. Immer mehr Feste und Tanzveranstaltungen werden in Kooperation mit dem südböhmischen Folkloreverband Jihočeské folklorní sdružení durchgeführt. Die Waldviertler Volkstanzpflege erweitert die Region und öffnet die Grenzen zu ihren unmittelbaren Nachbarn. Dieses ist jedoch nicht unbedingt etwas Neues bei Volkstanzveranstaltungen in Niederösterreich. Viele Jahre war die Stadt Krems Austragungsort der Internationalen Volkskunstfestspiele, wo sich Tanz- und Musikgruppen aus der ganzen Welt trafen und die Stadt in ein buntes, pulsierendes Tanzfest verwandelten. Auch Gruppen aus dem Waldviertel zeigten hier ihre Tänze.

In Österreich sind Tanzforschung und Volkstanzpflege von Beginn an eng miteinander verbunden. Den Impuls für eine systematische Forschung gab zu Beginn des 20. Jahrhunderts das im städtischen Bildungsbürgertum entstehende Interesse an Tänzen der ländlichen Bevölkerung. Es gab bis dahin nur sehr wenige und meist auch nicht tänzerisch nachvollziehbare Tanzbeschreibungen. Erst Raimund Zoder (1882–1963) notierte den ersten Tanz im Jahr 1904, der mit Hilfe dieser Niederschrift exakt tänzerisch rekonstruierbar ist. Hierfür musste er sich jedoch alle Voraussetzungen selbst schaffen, denn es gab bis dahin noch keine wissenschaftlich entwickelte Herangehensweise für Tanzaufzeichnungen. Das Ergebnis seiner Überlegungen zur Methode und Notation einer systematisch orientierten Tanzforschung bündelte er in seinem Aufsatz im Jahr 1911 „Wie zeichnet man Volkstänze auf?". Damit wurde für Österreich der Grundstein einer wissenschaftlich orientierten Tanzforschung gelegt.

Um den Tanzforscher Raimund Zoder entwickelte sich die so genannte Zoder-Schule. Für Zoder war nicht nur das Sammeln von Tänzen für die Wissenschaft wichtig, sondern auch die Reaktivierung dieser Tänze in der städtischen und ländlichen Bevölkerung, und so scharte er viele tanzbegeisterte junge Leute um sich – im Urania-Volkstanzkreis –, denen er die aufgezeichneten Tänze vermittelte. Diese Volkstanzkurse bildeten das Zentrum der Wiener Volkstanzpflege und waren Ausbildungsstätte für spätere Volkstanzleiter und Tanzforscher. Im Jahr 1922 erschien seine Tanzpublikation „Altösterreichische Volkstänze" und damit gab er dieser neu aufkommenden Volkstanzbewegung einen Grundstock an Tänzen in die Hand, auf dem aufgebaut werden konnte. Dieser Sammlung folgten bis ins Jahr 1934 noch drei weitere Hefte, die Vorbild für alle folgenden Tanzsammlungen in Österreich waren.

Die Schüler von Raimund Zoder unternahmen ihre ersten Fahrten vielfach in Niederösterreich. Ein Grund für die Erforschung der Tänze in dieser Region war die Tatsache, dass die Aufzeichner dort als Volkstanzlehrer unterwegs waren. Ein weiterer, ganz pragmatischer Grund für die Erforschung der unmittelbaren Region um Wien war die leichte Erreichbarkeit für die Studierenden, die vor allem mit der Eisenbahn unterwegs waren. Somit war Niederösterreich zu Beginn der Tanzforschung in Österreich ein verhältnismäßig gut erforschtes Bundesland.

Es war vor allem Herbert Lager (1907–1992), der in Niederösterreich Tanzforschung betrieb. Aber auch Ludwig Berghold (geb. 1948), Wolfgang Geitner, Anni Stöger (1888–1983) und Sissy Banner sind zu nennen. Lager kam im Jahr 1925 in Kontakt mit Raimund Zoder. Erste Aufzeichnungen im Waldviertel seinerseits geschahen am 9. Mai 1934 in Lembach. Das Ehepaar Binder, vulgo Häuslbinder, und der Musikant Josef Brunner zeigten Herbert Lager zwei Tänze: einen Landler und eine Masur. Nach zahlreichen Forschungsfahrten in andere österreichische Regionen rückte fast 40 Jahre später das Waldviertel wieder ins Zentrum seines wissenschaftlichen Interesses. Ab dem Herbst 1972 machte er zahlreiche Befragungen zu und Niederschriften von verschiedenen Tänzen und Tanzbräuchen in diesem Gebiet. Er zeichnete einen Schottischen und Neubayrischen in der Ortschaft Zemling auf. Mehrere Tanzformen notierte er jeweils in Emmersdorf, Gossam, Gutenbrunn, Pöggstall, Schönbach, Dorfstetten und Altenmarkt. In den Jahren 1977–1980 begleitete ihn dabei eine kleine Forschungsgruppe bestehend aus Hilde Seidl (1919–1996), Bewegungsbeobachtungen, und Erich (1926–2004) und Ernst Spirk, Kameramänner. Einen Forschungsbericht zu diesen umfangreichen Studien publizierte er im Jahr 1981 im „Jahrbuch des Österreichischen Volksliedwerkes". In den Jahren 1990 und 1991 bereitete er die Waldviertler Tänze für den praktischen Gebrauch in der Volkstanzpflege im vierten und fünften Band der „Schriftenreihe Volkstanz" auf. Auch Ludwig Berghold veröffentlichte seine Tanzaufzeichnungen aus Großschönau, die er im Jahr 1973 von Franz Neugschwandtner vorgetanzt bekommen hatte, für die Praxis in seiner Tanzpublikation „Niederösterreichische Volkstänze" – Rosenwalzer und Landler .

Neben Forscherpersönlichkeiten wie Herbert Lager gab es immer wieder Einzelpersonen, vor allem Lehrer und interessierte Volkstänzer, die vereinzelt Tänze aus dem Waldviertel beschrieben haben. Anna Müllner aus Korneuburg zeichnete beispielsweise im Mai 1930 einen Siebenschritt, Neubayrischen und Neudeutschen aus Dorfstetten auf. Hans Wanko aus Kautzen dagegen führte eine Befragung bei einem alten Tanzlehrer namens Eduard Baier durch. Baier unterrichtete jedoch in keiner Tanzschule, sondern führte die Jugend bei den verschiedenen Tanzgelegenheiten in das Tanzen ein. Die Befragung brachte 16 verschiedene Tanzformen zutage, die dokumentiert wurden. Einen Bärentanz notierte Anton Pillgrab in St. Oswald bei Ysper. Auch der Nigltanz (Igltanz), der laut seinen Angaben noch im Jahr 1934 rund um Persenbeug zu sehen war, wurde publiziert. Pillgrab hat ihn am 23. September 1934 von Johann Fellnhofer aus St. Oswald bei Ysper übernommen. August Kain dokumentierte einen Eckerischen in Dorfstetten bei Ysper und ein Herr Freisl, Schuhmachermeister in Dietmanns, zeigte Hans Schölm, Lehrer aus Gmünd, am 13. Februar 1935 eine Landlerform. Emmerich Hackl aus Schwarzenau publizierte eine Wechselpolka und Anni Stöger, Lehrerin und Volkstanz- und Volksliedforscherin, zeichnete in Thunau bei Gars im Kamptal in den Jahren 1934, 1936 und 1938 mehrere Tänze und Melodien auf. Ihre ersten Gewährspersonen waren die Tänzerinnen Barbara Stadler, Marie Höbarth, Frau Steiner, Frau Schachinger und deren Schwiegermutter. Stadler zeigte ihr eine Siebenschrittvariante, den Guggutanz und das Backschüssel Drahn. Gemeinsam mit Marie Höbarth tanzte sie einen Schottischen vor und die Mutter des Schneidermeisters Schachinger konnte noch einen Neubayrischen. Insgesamt konnte Annie Stöger von elf Tänzen berichten. Beim zweiten Besuch in Thunau im Jahr 1936 waren es Johanna Berger (geb. 1851), Hans Rehrl und der Mundharmonikaspieler Johann Maukner (geb. 1859), die Annie Stöger acht Tanzformen zeigten. Maukner wurde nochmals im Jahr 1938 bezüglich zweier Tanzformen befragt. Aber auch in Göpfritz führte Annie Stöger eine Feldforschung beim Musikanten Josef Danzinger und Kapellmeister Diem durch. Das Ergebnis waren drei Tanzmelodien und Mitteilungen zu zehn Tanzformen. Der Zoder-Schüler Peter Netolitzky dokumentierte im Jahr 1935 mehrere Tänze und Tanzmelodien aus drei Ortschaften im Waldviertel. Der Korbflechter Eduard Hawle aus Klein Gloms bei Vitis zeigte eine Masur. Herr Mautner (geb. 1859) aus Tautendorf bei Gars stand für eine Judenpolka, einen Schottischen und einen Neudeutschen Pate, und Gottfried Habenicht aus Groß Burgstall bei Horn zeigte ihm handschriftliche Noten, von denen Netolitzky zehn Tänze abschrieb und dem Zoder Volkstanz Archiv übermittelte. Außer den Tanzmelodien sind auch zwei Niederschriften von Tanzformen zu finden. Neben solchen Tanzbeschreibungen wurden auch andere Informationen rund um das Tanzen festgehalten. Maria Streitberger dokumentierte zwei Strophen zum Siebenschritt aus Altenburg bei Horn. Anni Stöger berichtet über Tanzhütten in Göpfritz und Thunau bei Gars, die einerseits für den Kirtag und andererseits für die ganze Tanzsaison errichtet wurden.

In Österreich ist die Volkstanzpflege in drei großen Organisationen verankert. Neben vielen anderen Aufgaben kümmern sich die Bundesarbeitsgemeinschaft Österreichischer Volkstanz, der Bund der österreichischen Trachten- und Heimatverbände und die Landjugend um die Erhaltung des heimischen Tanzgutes. Die niederösterreichischen Landesverbände dieser Bundesinstitutionen sind: die Niederösterreichische Arbeitsgemeinschaft für Volkstanz, die VOLKSKULTUR NIEDERÖSTERREICH und die Landjugend Niederösterreich. Aber auch das Niederösterreichische Bildungs- und Heimatwerk ist im Zusammenhang mit der niederösterreichischen Volkstanzpflege zu nennen. Gemeinsam mit anderen kleineren Vereinigungen haben diese vier Organisationen im letzten Jahrhundert die Volkstanzpflege in Niederösterreich vorangetrieben – sehr oft in Kooperation miteinander – und somit das tanzkulturelle Leben in der Stadt und auf dem Land maßgeblich beeinflusst.

*Aloisia Wagner, Karl Heckl, Josef Wagner und Mimi Heckl (v. li n. re), Ende der 1970er Jahre*

## Von Wien in die Region

Im Jahr 1965 wurde die Niederösterreichische Arbeitsgemeinschaft für Volkstanz gegründet, die entwicklungsgeschichtlich auf Raimund Zoder und sein Wirken zurückgeht. Dieser hatte für seine systematische Tanzforschung mehrere Motive. Einerseits forschte er für die Wissenschaft. Andererseits hatte sein Sammeln das Ziel, der Landbevölkerung ihre Tänze zurückzugeben. In diesem Zusammenhang organisierte er mit dem damaligen Landesreferenten für Volksbildung in Niederösterreich Karl Lugmayr (1892–1972) so genannte Volksliedabende. Eine bewusste Volkstanzpflege in Niederösterreich setzte mit Zoders ausgebildeten Tänzern aus dem Urania-Volkstanzkreis ein, die ab dem Jahr 1923 von ihm angeregt wurden, als Tanzlehrer im ländlichen Umfeld tätig zu werden. Eine wichtige Rolle in dieser Volkstanzbewegung nahm die Volkskunstwoche in Hubertendorf ein (seit 1931). Nach dem Zweiten Weltkrieg kam es dann zu einer Institutionalisierung der Volkstanzpflege. Es wurde die Bundesarbeitsgemeinschaft Österreichischer Volkstanz im Jahr 1960 gegründet. Ihr folgte die Bildung von Landesarbeitsgemeinschaften. Richard Bammer (1910–1978) prägte über viele Jahre die Niederösterreichische Arbeitsgemeinschaft für Volkstanz. Er stellte für die praktische Volkstanzarbeit die so genannte „Bammer-Mappe" – Volkstänze aus Niederösterreich – im Jahr 1969 zusammen, die 2006 ihre zweite Auflage erfuhr. Die Tanzleiter der Zoder-Schule waren von Beginn an Ausbildner der Tanzbegeisterten gewesen. Sie unterstützten – von Wien aus – die Bildung von Volkstanzgruppen und die Ausbildung der Tanzlehrer vor Ort. Diesen Weiterbildungsgedanken eines Aufbaus von Multiplikatoren in den Regionen führte nach dem Zweiten Weltkrieg die Bundesarbeitsgemeinschaft Österreichischer Volkstanz mit jährlichen Werkwochen fort. Auch der niederösterreichische Landesverband verfolgte dieses Ziel. Dies geschah vielfach in Zusammenarbeit mit den einzelnen Verbänden in Niederösterreich.

So kam es in den ersten Jahren der Volkstanzbewegung auch im Waldviertel zur Gründung von Tanzgruppen mit Hilfe dieser tatkräftigen Unterstützung

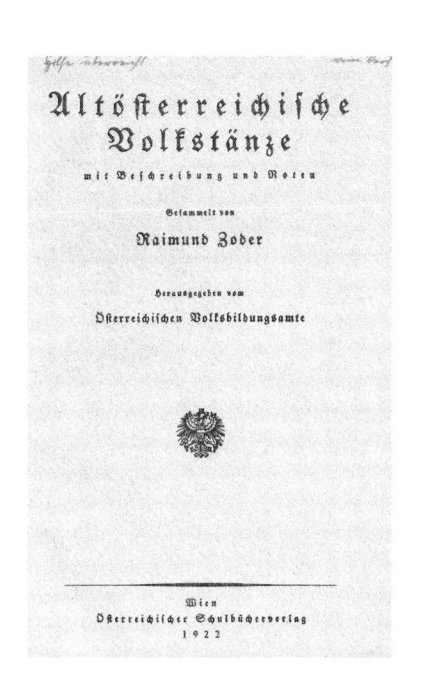

*Volkstänzer aus Schönbach am Bauern- und Gesellschaftsball 1956*

aus Wien. Im Juni 1930 wurden in den „Blättern für Volkstanzgruppen" bereits 44 existierende niederösterreichische Volkstanzgruppen genannt. Darunter befand sich auch die Waldviertler Tanzgruppe aus Allentsteig. Ein Jahr später kam es zur Gründung der Tanzgruppe in Schönberg am Kamp. Im Waldviertel schien sich jedoch die Volkstanzpflege im Vergleich zu den anderen niederösterreichischen Regionen nicht so rasch zu entwickeln. Karl Lugmayr berichtet ausführlich im Jahr 1931 über das Wachsen der Volkstanzgruppen in der Zeitschrift „Das deutsche Volkslied". Lediglich übers Waldviertel schreibt er: „Das eigentliche Waldviertel ist für uns noch etwas schwer zu erreichen, kann aber jederzeit aufgeholt werden." So war es, denn bereits ein Jahr später konnte er erfolgreich über die zweijährige Landwirtschaftsschule in Edelhof berichten, dass nun auch hier Volkstanz unterrichtet wird. Weiters nennt er die drei bereits bestehenden Gruppen im Umkreis: Friedreichs, Eschenbach und eben Allentsteig. Von Raimund Zoder selbst wurde beispielsweise im Jahr 1933 die Altenburger Volkslied- und Volkstanzgruppe gegründet, die ein Jahr später ihren ersten Auftritt hatte. Maria Streitberger berichtet darüber in den „Blättern für Volkstanzgruppen": „Am Jugendsonntag, den 27. Mai 1934, trat dieselbe zum erstenmal öffentlich auf. Es wurden zehn Volkstänze getanzt. Abgeschlossen wurde mit dem Bandltanz. In den Pausen sang die Gruppe Volkslieder aus den ‚30 Volksliedern'. Die Gruppenführer unserer Vereine leiteten auch die Volksjugendspiele. Wettspiele mit Preisverteilung fanden dabei den besten Anklang. Am gleichen Tage wurden auch Volkstänze im Markte Gars am Kamp vorgeführt. Volkstanzabende hielt dortselbst unser Oberlehrer Palkowitz im Verein mit Lehrerin Hauer und dem Stiftbeamten Steinhauser im Christlich-deutschen Turnverein Gars und Umgebung." Im Jahr 1935 ist in den „Blättern" über Horn und Umgebung zu lesen: „Vom 3. Februar bis 4. April veranstaltete der Museums-Verein der Stadt Horn auf Anregung des Museumsdirektors Höbarth in sieben Ortschaften des Bezirkes Lehrgänge zur Wiederbelebung des Volkstanzes

*Schuhplattlergruppe beim Waldviertler Volkstanzfest in Grafenschlag 2003*

und Volksliedes. Der Leiter dieser Übung cand. med. Peter Netolitzky, Mitglied des Wiener Urania-Tanzkreises, war bemüht, nicht nur österreichische Volkstänze zu lehren, sondern die noch wahrhaft bodenständigen Lieder und Tänze aufzuzeichnen und im Orte wieder zur Geltung zu bringen. An mehreren Orten war bereits vorgearbeitet worden, so besonders in Gars (durch Frau Anni Stöger), Altenburg und Horn."

Hier wird eine weitere Intention der Zoder-Schule beschrieben, die nicht nur in der Vermittlung der aufgeschriebenen Tänze aus Zoders Publikationen bestand. Auch das Bemühen um die Erhaltung von Tanzformen, die vor Ort zu finden waren, stand gleichberechtigt im Fokus der Tanzlehrer. Herbert Lager brachte beispielsweise noch in den 1970er Jahren in Schönbach den ortsansässigen Jugendlichen im Rahmen eines Dorfabends die Tänze bei, die er zuvor dokumentiert hatte.

## „taktvoll"

Als Ausgangspunkt der Geschichte des Verbandes für regionale Kulturarbeit in Niederösterreich kann man das Jahr 1871 ansehen. In diesem Jahr ist die Gruppe „D'Almbrüder z' Graz" gegründet worden, eine Gesellschaft zur Erhaltung der steirischen Sitten und Trachten. Es ist der Beginn der Geschichte der Trachtenerhaltungsvereine in Österreich, so wie sie etwas später (1883) auch in Süddeutschland, insbesondere Bayern, einsetzte. Von diesen jedoch ging ein stärkerer Impuls aus, als von der bereits erwähnten steirischen Gesellschaft. So kam es im späten 19. Jahrhundert auch in Niederösterreich zur Bildung von solchen Trachtenerhaltungsvereinen; vor allem aber nach dem Ersten Weltkrieg. Diese widmeten sich nicht nur der Kleidung, sondern wandten sich in erster Linie dem Schuhplatter als tänzerischer Ausdrucksform zu. Sie kultivierten diesen ursprünglich Werbecharakter besitzenden Tanz zu einem reinen Männertanz mit perfekt vereinheitlichten Bewegungen, der als Vorführ- und Schautanz dient. Die Zuwendung zu anderen österreichischen Tanzformen kam erst in der Mitte des 20. Jahrhunderts, mit dem Kontakt zur Zoder-Schule um das Jahr 1955. Das Erlernen und Vorführen von den Tänzen, die Zoder und seine Schüler aufgezeichnet hatten, wurde vom im Jahr 1956 gegründeten Landesverband der Trachten- und Heimatvereine für Niederösterreich vorangetrieben. Diesen breiteren Zugang zu überlieferten Tanzformen in Österreich übernahmen etwas später auch der Dachverband und die anderen Landesorganisationen. Seither finden auch hier zahlreiche Tanzschulungen statt, die unter anderem vom Verbandsmitglied und Tanzforscher Ludwig Berghold durchgeführt wurden. Als Arbeitsgrundlage erstellte dieser zusammen mit Walter Deutsch (geb. 1923) zwei wichtige Tanzsammlungen: die „Volkstänze aus Niederösterreich" 1 und 2.

Derzeit sind 36 Volkstanzgruppen im Waldviertel Mitglied bei der VOLKSKULTUR NIEDERÖSTERREICH, dem Verband für regionale Kulturarbeit in Niederösterreich. An diese Gruppen und zahlreiche andere Volkstanzinteressierte richtet sich die neueste Publikation der VOLKSKULTUR NIEDERÖSTERREICH im Bereich Volkstanz: die fünfteilige CD-Reihe „taktvoll", ergänzt um

*Tanznachwuchs aus Jahrings beim 25. Waldviertler Volkstanzfest in Eisgarn, 2006*

*25. Waldviertler Volkstanzfest in Eisgarn, 2006*

Noten, Griffschrift für Steirische Harmonika und Tanzbeschreibungen zum Download im Internet.

Die volkstänzerischen Aktivitäten in der Landjugend Niederösterreich – Ländliches Fortbildungswerk (LFW) – sind auch hier im Zusammenhang mit den Impulsen aus Wien zu betrachten. Durch das Wirken der Zoder-Schüler auch in Schulen und speziell in Ausbildungsstätten für die Arbeit in landwirtschaftlichen Betrieben konnte sich eine Begeisterung für das Volkstanzen auch in den Landjugendgruppen entwickeln. Waren es doch meist die Fachlehrer dieser Schulen, die bei der Gründung von so genannten Sprengeln beim Ländlichen Fortbildungswerk ausschlaggebend waren. Zudem lernten die jungen Menschen das Volkstanzen bereits während ihrer Ausbildung an diesen Schulen, die schon sehr früh in der Volkstanzbewegung in Niederösterreich einen eigenen Tanzunterricht anboten. Karl Lugmayr berichtete im Jahr 1932 von den vier „Volkstanzschulen" in Niederösterreich: Hubertendorf, Bruck an der Leitha, Pyhra und Edelhof. Von der Ackerbauschule in Edelhof ist zu lesen: „Der gesamte Lehrkörper hält mit. Bei der großen Entfernung von Wien aus muß mit Besuchen natürlich gespart werden. Das hat eine Art Betrieb am ‚laufenden Band' zur Folge. Letztesmal haben wir Sonntag abends angefangen und bis 23 Uhr geübt, mit dem Lehrkörper eigentlich noch bedeutend länger. Montag nachmittag darauf von 14 Uhr mit einer Pause für das Abendessen bis 22 Uhr, also regelrechter Achtstundentag!"

Das Ländliche Fortbildungswerk in Niederösterreich wurde im Februar 1946 gegründet und hatte die fachliche Weiterbildung und Unterstützung der bäuer-

*Auftanz beim 21. Waldviertler Volkstanzfest in Ottenschlag, 2002*

lichen Jugend zum Ziel. Aber auch das Erhalten von Brauch und Kulturgut stand immer im Vordergrund. Mit dieser inhaltlichen Ausrichtung entstanden in ganz Niederösterreich mehrere Sprengel, so z.B. auch jener in Schönbach im Waldviertel, der am 27. März 1953 zum Abschluss des zweiten Lehrganges der Fortbildungsschule gegründet wurde. In dieser Jugendgruppe wurden anlässlich ihres dritten Bauern- und Gesellschaftsballs am 12. Februar 1956 von sieben Paaren Volkstänze an vier Übungsabenden einstudiert und am Ball vorgeführt.

Diese Bauern- und Gesellschaftsbälle werden ein Mal im Jahr von den Landjugendgruppen ausgerichtet und sind wichtige Veranstaltungen der Landjugend Niederösterreich, die auch der tänzerischen Selbstdarstellung dienen. Bereits das Beispiel aus Schönbach zeigt, dass sich speziell für diese eine Veranstaltung einzelne Mitglieder trafen, um Volkstänze zu lernen. Bei vielen Landjugendgruppen ist dies bis heute noch so; die punktuelle Volkstanzpflege für die Gestaltung eines Festaktes. Jedoch haben sich im Laufe der Geschichte in einigen Sprengeln auch Gruppen entwickelt, die regelmäßige Tanzproben durchführen, und man kann hier von Volkstanzgruppen im engeren Sinn sprechen. Dies geschah teilweise wieder unter dem Einfluss der Wiener Volkstanzpflege. So zog beispielsweise der Volkstanzlehrer und Zoder-Schüler Karl Josef Heckl (1913–1981) aus Wien nach seiner Pensionierung ins Waldviertel, nach Schönbach. Dort baute er mit Hilfe des Musikanten Josef Wagner vulgo Fichtenbauer (geb. 1924) ab 1972 eine konstante Volkstanzgruppe auf, die bis heute aktiv ist. Wagner erlernte die vielen Volkstänze mit Hilfe von drei Kassetten, die der Wiener Volkstanzmusikant Johann Priegl (1904–1986) einspielte. Diese durch vermehrte Auftritte bei den verschiedensten Veranstaltungen in der Region nach außen immer deutlicher sichtbar werdende Gruppenarbeit fasste auch in anderen Ortschaften des Waldviertels Fuß. Dies wurde nicht direkt von Karl Heckl beeinflusst, sondern Dreh- und Angelpunkt dieser Entwicklung war der Volkstanzmusikant Josef Wagner. Er ermöglichte durch sein Spielen die kontinuierliche Probenarbeit und Auftritte vieler Gruppen in der Region. Er begleitete über 30 Jahre lang sieben Volkstanzgruppen des Bezirks Zwettl: Grafenschlag, Kirchschlag, Kottes, Martinsberg, Rappottenstein, Purk und Schönbach. Auch der Volkstanzlehrer Franz Höfer, der in den Jahren 1988–1995 die Schönbacher Volkstanzgruppe leitete, war am Aufbau von weiteren Gruppen im Waldviertel maßgeblich beteiligt, arbeitete er doch viele Jahre als Volkstanzreferent der VOLKSKULTUR NIEDERÖSTERREICH und führte in dieser Funktion zahlreiche Tanzschulungen durch. In den letzten Jahren ist vor allem Franz Steininger aus Langschlag zu nennen, der sich intensiv auch um die Ausbildung von Tanzleitern in der Region verdient gemacht hat. Die Landjugend Niederösterreich kann derzeit im Waldviertel zwölf aktive Tanzgruppen verzeichnen – Volkstanzgruppen im engeren Sinn.

Bei den Bauern- und Gesellschaftsbällen der einzelnen Landjugendgruppen in der Faschingszeit haben die Volkstanzgruppen – ob speziell dafür gebildet oder fix bestehend – eine wichtige Funktion. Das volkstänzerische Ballprogramm besteht aus einer feierlichen Eröffnung mit Einzug der Volkstanzgruppe und Vorführung mehrerer Tänze. Oft ist eine zusätzliche Tanzeinlage vorgesehen, wie z. B. in Langschlag, wo zu Mitternacht ein in den 1950er Jahren choreographierter Landler aufgeführt wird. Dieser wurde von einem Tanzlehrer aus verschiedenen überlieferten Landlerfiguren neu zusammengestellt. Einige Tanzgruppen binden auch die anwesenden Ballgäste durch ein so genanntes Publikumstanzen mit in das Volkstanzgeschehen ein. Durch die Ansage und das Vortanzen meist leichter Figurentänze können alle Ballgäste diese Tänze mittanzen und so wird der Schautanz zum geselligen Tanz aller am Ball Anwesenden.

## Umidrahn & Auftånz

Auftrittsmöglichkeiten für die Volkstanzgruppen gibt es im Waldviertel mannigfach, wobei viele im Zusammenhang mit den Aufgaben einer Landjugendgruppe zu sehen sind. So gehört beispielsweise die Ausrichtung und Gestaltung von verschiedenen Brauchveranstaltungen im Jahreslauf dazu. Dabei gestalten die Tänzer das Maibaumsetzen sowie Muttertags- und Sonnwendfeier. Aber auch die Vorbereitung und die festliche Gestaltung des Erntedankfestes gehört in den Wirkungsbereich der Landjugend, sowie Auftritte bei Geburtstagsfeiern, Seniorennachmittagen, Heimatabenden, Musikantentreffen, Dorffesten und zu anderen Anlässen, wie z. B. das Wachtsteinfest in Traunstein oder der Bauernmarkt in Ratschenhof.

Jedoch nicht nur die diversen Tanzauftritte sind für die Gruppen eine Herausforderung und Motivation zur regelmäßigen Probenarbeit, sondern auch das Sich-Messen im Wettkampf. Seit dem Jahr 1964 finden in Niederösterreich für die Volkstanzgruppen der Landjugend Tanzwettbewerbe statt. Dieser Volkstanzwettbewerb wurde zu Beginn LFW-Wertungstanzen genannt. Den Wer-

*Auftanz beim Waldviertler Volkstanzfest, Eggern 2001*

tungsrichtern stellten sich in den Jahren 1964–1984 folgende Volkstanzgruppen aus dem Waldviertel: Geras, Gföhl, Groß Gerungs, Großschönau, Langschlag, Langau, Martinsberg, Pöggstall, Raabs, Schönbach, Schweiggers, Straß, Yspertal und Zwettl. Dem Volkstanzwettbewerb, der meist am Nationalfeiertag stattfand, folgte ein Volkstanzfest, zu dem alle Teilnehmer des Wettbewerbs, aber auch alle Mitglieder der LFW und interessierte Zuschauer geladen waren. Unter dem Titel „Umidrahn" wurde der Wettbewerb viele Jahre von der VOLKSKULTUR NIEDERÖSTERREICH zusammen mit der Landjugend Niederösterreich organisiert. Seit dem Jahr 2007 veranstaltet die Landjugend diesen Wettbewerb unter dem Namen „Auftånz" mit der fachlichen Beratung durch das Tanzforum Niederösterreich. Das Tanzforum Niederösterreich setzt sich aus Fachreferenten für Volkstanz zusammen, die sich zum Ziel gesetzt haben, Volkstänzer in Niederösterreich zu betreuen und zu unterstützen. Seit 2006 erstellt das Tanzforum Niederösterreich, eingebettet in die Struktur der VOLKSKULTUR NIEDERÖSTERREICH, Schulungsprogramme und arbeitet an konkreten Projekten, wie beispielsweise den Waldviertler Dorfspielen oder eben dem Jugendvolkstanzwettbewerb „Auftånz", mit.

## Waldviertler Volkstanzfest

Das erste Waldviertler Volkstanzfest fand am 14. August 1982 in Heidenreichstein statt. Seither treffen sich Volkstanzgruppen aus ganz Niederösterreich, Wien und auch aus dem Ausland (ca. 200–300 aktive Volkstänzer), Kinder-, Jugend- und Seniorenvolkstanzgruppen und manchmal auch Schuhplattler ein Mal jährlich in einer Ortschaft im Waldviertel zum Tanzen. Der Auftanz mit allen beteiligten Tänzern bildet den Auftakt des Festes. Es folgen gemeinsame Tänze aller Beteiligten. Anschließend zeigen die einzelnen Gruppen ihr Können durch die Vorführung verschiedener Tänze. Aber auch das Publikum wird miteinbezogen und so werden zwischen den Schaublöcken Publikumstänze angeleitet (siehe dazu die Ausführungen zum Ball). Das gesamte Fest wird zumeist von zwei Musikgruppen und von den Musikanten der Volkstanzgruppen musikalisch gestaltet. Die lokale Blasmusikkapelle des Veranstaltungsortes musiziert zur allgemeinen Unterhaltung und eine Tanzmusik animiert zum Tanzen. Dieses Fest wandert von Ort zu Ort quer durch das Waldviertel. Im Jahr 2008 fand es in Großschönau bereits zum 27. Mal statt, der Austragungsort für das Waldviertler Volkstanzfest 2009 ist in Kooperation mit der NÖ Landesausstellung 2009 die Stadt Raabs.

*Festzug beim 21. Waldviertler Volkstanzfest, Ottenschlag 2002*

Neben diesen Tanzvorführungen beim Waldviertler Volkstanzfest kann man die Volkstanzgruppen aus dem Waldviertel auch bei anderen Festivals in Niederösterreich bewundern. So z.B. in den Jahren 1965–2001 in Krems bei den Internationalen Volkskunstfestspielen. Auch beim Volksmusikfestival aufhOHRchen, das seit 1993 von der VOLKSKULTUR NIEDERÖSTERREICH durchgeführt wird, präsentierten sich die Tänzer, vor allem wenn der Austragungsort des Festivals im Waldviertel lag. So konnte man bereits am 26. April 1998 beim ersten aufhOHRchen in der Region bei der Tanzmatinee zahlreiche Tanzvorführungen der ansässigen Volkstanzgruppen bewundern. aufhOHRchen gastierte

*20. Waldviertler Volkstanzfest in Eggern, 2001*

seither noch zwei Mal im Waldviertel: 2000 nochmals in Zwettl und 2006 in Horn. 2009 macht aufhOHRchen im südlichen Waldviertel Station: in der Marktgemeinde Pöggstall.

Die Geschichte der Volkstanzpflege in Niederösterreich und speziell im Waldviertel zeigt, dass eine klare Trennung der Aktivitäten der einzelnen Landesverbände nicht möglich ist. Sie sind in Geschichte und Gegenwart eng miteinander verzahnt. Auch spiegeln sich in ihrer Entwicklung zeitgenössische ideologische Muster wider. Aber im Rahmen einer generellen Aufarbeitung und Bewältigung der Vergangenheit konnte man sich bald von derartigen ideologischen Vereinnahmungen distanzieren. In den letzten Jahren sind es vor allem die VOLKSKULTUR NIEDERÖSTERREICH – Verband für regionale Kulturarbeit in Niederösterreich und die Landjugend Niederösterreich, die gemeinschaftlich in der Volkstanzpflege in Niederösterreich aktiv sind. Zahlreiche Tanzworkshops werden von ihnen angeboten und Tanzveranstaltungen in der Region unterstützt. Das Streben nach einer qualitativ hohen Ausbildung von Tanzleitern, das von Beginn an ein wesentlicher Punkt in der Volkstanzbewegung in Niederösterreich war, führte schließlich zur Gründung der Niederösterreichischen Tanzleiterakademie. Seit dem Jahr 2007 können in dieser Akademie Interessenten in fünf Modulen sowohl Fachwissen, als auch Kompetenzen im persönlichen Umgang mit Menschen erwerben. Die ersten Absolventen dieses Lehrgangs, ein großer Teil davon aus dem Waldviertel, sind inzwischen als Referenten tätig – sie halten Schulungen ab, begleiten Schulprojekte und stehen Volkstanzgruppen bei konkreten Anliegen mit Rat und Tat zur Seite.

Äußerst vielfältig ist ein Volkstanzjahr im Waldviertel, wo rund 50 Volkstanzgruppen aktiv sind. Im Jahr 2008 halfen Tanzgruppen aus Afrika, Australien, Asien und anderen europäischen Ländern, die Region in ein buntes Volkstanzzentrum zu verwandeln. So beispielsweise am 27. Waldviertler Volkstanzfest in Großschönau und beim Weitraer Bierkirtag, wo Volkstanzgruppen aus Südböhmen gastierten.

*Tanznachwuchs beim Bandltanz,*
*Waldviertler Volkstanzfest,*
*Eisgarn 2006*

Walter Deutsch

# Vom Wåld bin i kema

*Vom Singen und Musizieren im Waldviertel.*

*Auf zu aufhOHRchen,*
*Rossatz-Arnsdorf und Spitz, 2007*

Das waldreiche Land, das einstmals „Viertel ob dem Manhartsberg" genannt wurde und in der jüngeren Geschichte als „Waldviertel" eine kulturell und wirtschaftlich wesentliche Region des Landes Niederösterreich geworden ist, war das Land der Holzknechte, der Weber, der Bandlkramer, der Glasbläser und der Bauern. Aus diesen unterschiedlichen Bevölkerungsgruppen wurden uns Lieder und Tänze überliefert, die heute als Volkslieder und Volksmusik bezeichnet in Kleingruppen und Chören, in Volkstanzgruppen und Familienmusiken eine zeitgemäße und begeisternde Pflege erfahren. Das Waldviertel war und ist eine Musiklandschaft mit eigenen Gesetzen und eigenen Überlieferungssträngen.

Kenntnis über das traditionelle Lied- und Musikgut des Waldviertels vermitteln die Sammlungen, die seit 1819 kontinuierlich bis zum heutigen Tag durchgeführt werden. Volkslied und Volksmusik lebten bei Sängern und Musikanten nur in der mündlichen Weitergabe übers Hören und Erinnern. Nur selten gab es persönliche Niederschriften von Liedtexten und Tanznoten. Lied- und Musiksammler waren es, die nach dem Munde musikalischer Männer und Frauen Lieder und Tänze in Noten aufzeichneten, dem so genannten „Volksliedarchiv" zur Bewahrung überließen und einige Teile davon nach bestimmten Kriterien in Heften und Büchern veröffentlichten.

Dieses Sammeln und Forschen begann 1819. Joseph Sonnleithner, der Sekretär der „Gesellschaft der Musikfreunde" in Wien, verfasste einen Aufruf zur Sammlung „profaner Volksgesänge und Melodien der Nationaltänze", der an alle Kreisämter des Landes verschickt wurde. Zur Sammlung beauftragt wurden die Pfarrer, Chorregenten und Schulmeister. Auch der damalige Pfarrer von Arbesbach, Franz Koppauer, hat sich an der Sammlung beteiligt und schickte der Gesellschaft der Musikfreunde in Wien unter anderem folgende Aufzeichnung:

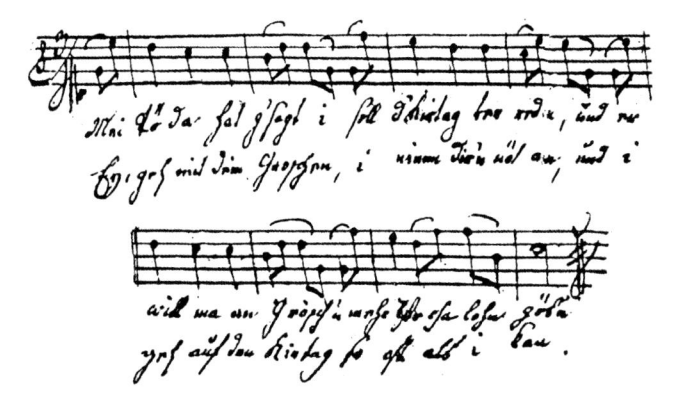

Mei Vöda hat gsagt, i soll d' Kirtag verred'n
Und er will ma an Grosch'n mehr Wochalohn göbn …

„Die Melodie samt dem Texte wird durchaus gedudelt. Es ist aber nicht Leichtes, die Dudler natürlich nachzuahmen; man muß sie selbst hören, und sich darin üben …"

Derartige „Gstanzln" haben im Waldviertel eine lange Tradition. Sind sie doch eine willkommene und leicht realisierbare Form für ein geselliges Singen, bei welchem mit Rede und Widerrede, mit Text und Gegentext, aber bei gleichbleibender Melodie eine Freundesrunde spontan und schöpferisch einen ganzen Abend lang tätig sein kann.

Eine frühe Aufzeichnung zu den Tänzen im Waldviertel ist auch dem Pfarrer Franz Koppauer zu verdanken. Er schrieb 1819:

„Bey den Landlern stampft der Vorgeiger mit beyden Füßen gewöhnlich den Tact, und wenn manchmahl die übrigen Musikanten mitstampfen, und das Trappen der Tänzer und Tänzerinnen mitunter eintritt, so ist das ein Tumult, daß man sein eigenes Wort nicht hört …"

Die Geige war damals erst wenige Jahre im Gebrauch der Dorfmusikanten. Darüber berichtete 1819 der Sakristan von Maria Taferl, Johann Michael Binder:

„Nachfolgende Melodie eines Ländlertanzes war vor vielen Jahren, da die Violin noch nicht so sehr bekannt, sondern die Leyer und die Sackpfeife auf den Dörfern die gewöhnlichste Musik war, sehr beliebt, und wurde nur auf diesen zwei Instrumenten gespielt:"

Die Drehleier und der Dudelsack wurden in der dörflichen Spielpraxis von der Geige und von der Klarinette abgelöst. Später kamen noch die Flügelhörner und die anderen Blechblasinstrumente hinzu. Beeinflusst von der „K. u. k. Militärmusik" gab es bald in vielen Dörfern auch eine „Blech", eine kleine Blasmusik, welche mit sechs bis zwölf Mann das Musikleben im Ort lenkte. Gegenüber dem heutigen Blasmusikwesen mit seinen großen Trachtenmusikkapellen war dies damals ein bescheidener Beginn für die Musik im Dorf. Aber auch der einzelne Musikant war ein wichtiger Träger des Musiklebens. Dieser kam aus der Tradition seines Umfeldes und trug entsprechend seinen Fähigkeiten das Wissen und Können weiter. Ein besonderes Beispiel dafür ist der Webergeselle Kaspar Schrammel aus Hörmanns bei Litschau. Dieser 1811 geborene Waldviertler Klarinettist war ein herausragender Spieler der überlieferten Ländlerweisen. Diese waren einstmals die Hauptform auf dem dörflichen Tanzboden. Aber dem Webergesellen Kaspar Schrammel brachte die Arbeit am Webstuhl zu wenig ein, deshalb zog er es vor, mit seiner Klarinette nach Wien zu wandern, um dort mit seinem musikalischen Können vielleicht einen besseren Stand zu erreichen. Im Vorort Neulerchenfeld wurde er ansässig und entwickelte sich zum vielgefragten Ländlerspieler.

*Zwei Klarinetten-Ländler aus dem Waldviertel.*

Kaspar Schrammel wurde in Wien Vater von zwei genialen Söhnen: Johann und Josef Schrammel. Mit ihrem Quartett bildeten sie gegen Ende des 19. Jahrhunderts den Höhepunkt der eigengeprägten volkstümlichen Musik in Wien.

Zahlreiche Melodien von Waldviertler Ländlern finden sich in Handschriften anonymer Musikanten. Die dazugehörenden Tanzbewegungen und Figuren wurden aber erst im 20. Jahrhundert erfragt und aufgeschrieben. Inzwischen ist neben den Ländlern eine große Zahl traditioneller Tanzformen verfügbar geworden, welche von den vielen Volkstanzgruppen des Waldviertels zu Unterhaltung und Repräsentation getanzt werden.

Zu den Liedern, die aus dem 19. Jahrhundert stammen, ist im 20. Jahrhundert eine Vielzahl kaum bekannter Gesänge hinzugekommen. Es sind oft lokale Formen, wobei sich jene im mittleren Waldviertel von den Liedern in den Landschaften des nördlichen Landesteiles unterscheiden. Im südlichen Teil hat besonders das Yspertal und seine Umgebung eine ganz eigene Liedtradition, die sich hier auch länger hielt als in anderen Gebieten. Auch Jodler und Jodlergesang haben sich erhalten, die gegenüber den Jodlerformen in den alpinen Regionen eine oft bescheidenere Gestalt aufweisen.

*aufhOHRchen, Zwettl 2000, mit Schulen, der Gruppe Landstreich mit Krzysztof Dobrek (o. re), Christof Spörk (u. li) und Mnozil Brass (u. re) mit Willi Brandstötter (u. re)*

*Zweistimmiger Waldviertler Jodler, mehrmals um einen Ton höher wiederholen.*

Unter den vielen Liedgattungen, die das Liedgut des Waldviertels auszeichnen, sind das Scherz- und Spottlied sowie die Standeslieder zu finden, geprägt von vielen eigenen Inhalten und Formen. Ein Standeslied erreichte durch seine Veröffentlichung in verschiedenen Liederbüchern eine weite Verbreitung: „A Waldbua bin i und a Walddiandl, das liab i …" Dieses Holzknechtslied ist zur klingenden Visitenkarte des ländlichen Lebens im Waldviertel geworden.

*Erste Strophe des Standesliedes „A Waldbua bin i".*

In keinem anderen Landesteil werden so viele „Hymnen" auf die Heimat gesungen wie im Waldviertel. Dieses lobende Besingen der eigenen liebenswerten und waldreichen Region hat durch bekannte und unbekannte Dichter und Komponisten ein vielfärbiges Bild erhalten. Es sind Lieder, die vor allem den Wald preisen, gepaart mit einer Selbstdarstellung des Waldviertler Menschen. Vom hochsprachlichen „Grüner Heimatwald, sei mir gegrüßt" bis zum mundartlichen

„Im Wåldviertler Wåld, wo's uns går so guat gfållt …" fügen sich die Verse und die Melodien zu gern gesungenen Heimatliedern, welche wesentlich zur Identifikation des Menschen mit seinem Land beitragen.

**VOM WALD BIN I KEMA**

1. Vom Wåld bin i ke--ma, in Wåld ghör i zua, wia-r-i bin, müaßts mi nehma, bin a Wåldviert-ler Bua! Hol-la-ri-a ho! Bin a Wåldviert-ler Bua!
2. Der Wåld is mei Hoa--mat, der Wåld gibt ma d'Schneid, mit eam tråg i gern ål-les, sei gånz Load und sei Freid. Hol-la-ri-a ho! Sei gånz Load und sei Freid.
3. A Liad sing i gern, wia's ma paßt is mei Red, i kånn liab toan, i kånn schiach wern, å-ber fålsch sein kånn i net. Hol-la-ri-a ho! Å-ber fålsch sein kånn i net!

Waldviertler Heimatlied nach der Musik von Franz Geyer und nach Texten von Karl Engelhart und Franz Rotter

*Aus dem Singbuch „Lieder aus dem Waldviertel"*
*von Walter Deutsch und Elisabeth Meyer.*
*Herausgegeben von der „Niederösterreichischen Heimatpflege", Mödling 1994.*

Ein bedeutender Teil des Singens ist dem Glauben gewidmet. Das „geistliche Volkslied" hat in der gesamten Bevölkerung des Waldviertels einen hohen Stellenwert. Allein die herausragenden Wallfahrtsorte, wie Maria Dreieichen bei Horn, Maria Laach am Jauerling und Maria Taferl am unteren Rand des Waldviertels, sind besondere Stätten eines reichen Singens von religiösen Liedern. Der St. Pöltner Hymnologe Joseph Gabler (1824–1902), als ehemaliger Pfarrer von Haugschlag in der Nähe der mährischen Grenze, hat mehrere hundert geistliche Volkslieder aus der Tradition der Waldviertler Vorbeter aufgeschrieben und 1890 im Buch „Geistliche Volkslieder, gesammelt in der Diöcese St. Pölten" herausgegeben. Es ist dies eine der wichtigsten Dokumentationen zum geistlichen Volkslied in Niederösterreich. Zu allen Liedern hat Joseph Gabler auch den Ort der Aufzeichnung angegeben. Altpölla, Böhmsdorf, Großpertholz, Gutenbrunn, Haugschlag, Martinsberg, Nöchling, Waidhofen an der Thaya, Weitra und Zwettl sind einige der Waldviertler Gemeinden, in denen Joseph Gabler die Vorbeter aufsuchte, um von ihnen das bei Wallfahrten, Prozessionen und Andachten verwendete Liedgut aufzuzeichnen. Er beschreibt in seinem Vorwort den Charakter der Lieder und die Art des Singens, das auch gegenwärtig, also mehr als hundert Jahre später, genau so ausgeführt wird:

„In den Singweisen tritt noch mehr als in den Texten der volksthümliche Charakter dieser Lieder hervor. Sie werden ohne Begleitung irgendwelcher Instrumente von den Vorsängern zweistimmig vorgesungen und Vers für Vers von allen Teilnehmern der Procession meist dreistimmig nachgesungen. In diesen Liedern zeigt sich die ganze Macht des Volksgesanges …"

*Wallfahrtslied Nr. 411 aus dem Werk „Geistliche Volkslieder. Siebenhundertvierzehn religiöse Lieder mit 387 Melodien gesammelt in der Diöcese St. Pölten" von Joseph Gabler, Regensburg 1890.*

*Ballett- und Tanzklasse Horn bei aufhOHRchen, Horn 2006*

Das Singen und Musizieren zeigt sich im Waldviertel in vielen Formen und Ausdrucksweisen. Das überwiegend traditionelle Lied- und Musikgut erhielt in den letzten Jahrzehnten Impulse durch jugendliche Interpretationsformen, welche aus den Bemühungen gelenkter Pflege stammen. Die Geschlossenheit, in der Lied und Musik im Waldviertel erlebbar waren, wurde aufgebrochen und durch neue Klangfarben bereichert. Lied, Musik und Tanz haben in Familien, in Schulen, in Vereinen und in der großen Öffentlichkeit neue Räume erobert. Heute stellen die Landschaften des Waldviertels klingende Bilder eines lebendigen, vielfältigen und bemerkenswerten Musiklebens dar.

## aufhOHRchen

Das Volkslied lebt. Das niederösterreichische Volksmusikfestival aufhOHRchen will Überliefertes nicht nur bewahren, sondern Musik weiterentwickeln und Raum für Experimentelles zulassen. 1993 fand das erste Festival statt. Musiziert wird auf der Straße, im Wirtshaus, auf der Bühne und im Grünen, und es zeigt sich jedes Jahr aufs Neue die Entwicklungsfähigkeit, die der ländliche Raum in sich trägt.

Die volksmusikalische Ausbildung findet kaum mehr zu Hause statt, sondern ist in Musikschulen und Musikvereine ausgelagert, die mit großem Engagement für Innovation und Tradition sorgen. Musikschulen gibt es in Dobersberg, Groß Gerungs, Groß-Siegharts, Heidenreichstein, Maria Laach am Jauerling, Martinsberg, Ottenschlag, Raabs, Spitz, Vitis, Waldhausen, Yspertal und Zwettl. Regionalmusikschulen finden sich in Eggenburg, Gmünd, Horn und Waidhofen an der Thaya. Alle Instrumente und alle Stilrichtungen der Volksmusik können gewählt werden, wobei das beliebteste Instrument die Steirische Harmonika ist.

Einen bemerkenswerten Aufschwung nahm die Blasmusik im Waldviertel. Viele Blasmusikvereine haben aus der großen Kapelle kleine Blechpartien gebildet – von Weisenbläsern bis zur Tanzmusik.

*Der Gesangsverein „Frohsinn" Emmersdorf auf der Rollfähre Spitz – Arnsdorf, aufhOHRchen 2007*

*Vokale Begegnung: Stadtchor Eggenburg in der Stiftskirche Altenburg, aufhOHRchen 2006*

Das Bläsersextett „Quintbrass" wäre an dieser Stelle zu nennen. Zum Aushängeschild der jungen, schräg angesetzten Waldviertler Volksmusikszene wurde die Formation „stoahoat & bazwoach". Ensembles wie die „Schinderbergmusi" mit Martina Wurz, „D'Rosenegger Zwiefachen", der „Wald3/4g'sang" und die „Echsenbacher Kirtagsmusi" tragen die Volksmusik weiter.

Vielstimmiger wurde in den letzten Jahren im Waldviertel auch die Chorszene. Besonders die Bäuerinnensinggruppen Groß Dietmanns, Eggenburg, Geras, Horn, Gföhl, Langenlois, Persenbeug, Pöggstall, St. Oswald, Yspertal, Waidhofen an der Thaya, Arbesbach, Allentsteig, Groß Gerungs und Zwettl sind hier zu erwähnen.

aufhOHRchen findet jedes Jahr an einem anderen Ort statt und wird von der VOLKSKULTUR NIEDERÖSTERREICH gemeinsam mit Gemeinden und lokalen Vereinen organisiert: im Waldviertel 1998 und 2000 in Zwettl, 2006 in Horn und Stift Altenburg, 2007 in Rossatz-Arnsdorf und Spitz und 2009 in Pöggstall. Voraussetzung ist der unverkrampfte und offene Umgang mit Musik. Der Intention von Festivalleiterin Dorli Draxler folgend, hat bei aufhOHRchen die ganze Bandbreite der Volksmusik Platz, von der traditionellen Musik bis zur zeitgenössischen Bearbeitung. Und wenn in andere musikalische Stile ausgegrast wird, so ist das eher die Regel als die Ausnahme. Der Dialog steht im Vordergrund.

Ist so ein Prozess erst einmal in Gang gekommen, tut sich einiges in einer aufhOHRchen-Gemeinde. Umso kleiner und überschaubarer sie ist, desto leichter kommen die Beteiligten miteinander ins Gespräch. Und die Erfahrungen zeigen, dass dann Folgeveranstaltungen unter dem Motto „wieder aufhOHRchen" einfacher stattfinden.

*Stammgäste bei aufhOHRchen, Zwettl 2000: Landeshauptmann Dr. Erwin Pröll und Norbert Hauer*

Über Jahre entwickelten sich so die bewährten Bausteine des Festivals: Wirtshausmusik, Präsentation von Schulprojekten, Konzerte, Straßenmusik, Diskussionen, Gottesdienstgestaltung, Frühschoppen und das Open-Air „Miteinander aufhOHRchen", an dem sich alle örtlichen Gruppen beteiligen.

## BordunMusikTage

Seit 1991 treffen sich in Gutenbrunn im südlichen Waldviertel Spieler von Bock und Hümmelchen, Sackpfeife, Drehleier, Maultrommel und anderen Bordunmusikinstrumenten. Es ist ein Treffen einer alten europäischen Musiktradition, die ebenso in Südfrankreich, Schottland, Irland, Tschechien, Ungarn oder Bulgarien wie neuerdings wieder in Österreich besonders gepflegt wird. Unter Bordun versteht man einen nach Art des Orgelpunktes unveränderlich mitklingenden Grundton, beim Dudelsack durch Mittönen einer oder zweier Bordunpfeifen, bei der Drehleier oder Saiteninstrumenten durch Streichen oder Anreißen von mitklingenden Basssaiten. Als Bordun wird meist der Grundton oder die Quint zum Grundton jener Tonart verwendet, in der die Melodiestimme geführt wird.

Nach dem Fall des Eisernen Vorhangs und der Grenzöffnung trafen in Gutenbrunn Größen des böhmischen Bocks wie der Instrumentenbauer Pavel Čip aus Zubři in der mährischen Walachei und der Dudelsackexperte Jozef Režný aus Strakonice auf Bordun-Liebhaber aus Österreich, allen voran Rudolf

*BordunMusikTage in Gutenbrunn: Pálava aus Mikulov (o. li); Chodovanka aus Domažlice (o. re); Dudelsack-Legende Jozef Režný, Pavel Čip und Rudolf Lughofer (u. li); Jam Session im Gasthof Juster (u. re)*

*Allgemeine Sonderschule Horn (li) und stoahoat & bazwoach (re) bei aufhOHRchen, Horn 2006*

Lughofer aus Kremsmünster. Der böhmische Bock war in Österreich noch bis um 1900 ein gebräuchliches Instrument der dörflichen Tanzmusik. Die Bordun-MusikTage Gutenbrunn, eine Initiative von Edgar Niemeczek, werden begleitet von Konzerten und Workshops, von Vorträgen und Anleitungen zur Instrumentenpflege, von Tanz- und Ensemblespiel mit anderen Instrumenten wie Geige, Kontrabass und Klarinette; und vor allem geprägt durch eine fröhliche und familiäre Stimmung – dem Grundton der Bordunmusiker.

## Schrammel.Klang.Festival

Er war ein Kleinhäusler aus Litschau, ein gefragter Klarinettenspieler bei Hochzeiten und Dorffesten rundum, und als er mit seinem Kind plötzlich als Witwer dastand, nahm er die Klarinette in die eine und den Sohn in die andere Hand und ging nach Wien. Das ist Kaspar Schrammel, der Vater der Schrammelmusikanten Johann und Josef. Die gefeierten Brüder Johann und Josef sind Kinder aus Kaspar Schrammels zweiter Ehe mit einer Wienerin, sie kannten das Waldviertel bestenfalls aus Erzählungen.

Mit dem Schrammel.Klang.Festival ist die Schrammel-Familie ins Waldviertel zurückgekehrt – sei es auch nur auf Sommerfrische. Und der „Extremschrammler" Roland Neuwirth ist in Mostbach bei Raabs schon längst zu Hause. So fügte es sich gut, dass seit 2007 am Herrensee bei Litschau geschrammelt und gedudelt wird. 2009 kommt auch erstmals eine Operette zur Aufführung. „Und das bei uns" ist ihr Titel. Hier treffen Wien und Waldviertel gnadenlos aufeinander. Die Musik ist von Roland Neuwirth, das Libretto stammt von Peter Ahorner und die Regie führt der Schrammel.Klang-Leiter Zeno Stanek.

Můj zlatý Pepičku

1. Můj zlatý Pepičku
(mein goldiger Pepiček),
wås håst denn gmåcht?
Já jsem tě čekala
(ich habe auf dich gewartet)
die gånze Nåcht.

2. Já jsem tě čekala
(ich habe auf dich gewartet),
träumt håb von dir.
Já jsem se ohlídla
(ich habe mich umgedreht),
du schlåfst bei mir.

Gesungen bei den
BordunMusikTagen 2001
in Gutenbrunn
Texttranskription:
Marietta Rumpler
Notation: Dorli Draxler
nach einer Transkription
von Birgit Glawischnig

*Kollegium Kalksburg*
*beim Schrammel.Klang.Festival*
*in Litschau*

Brauchkultur

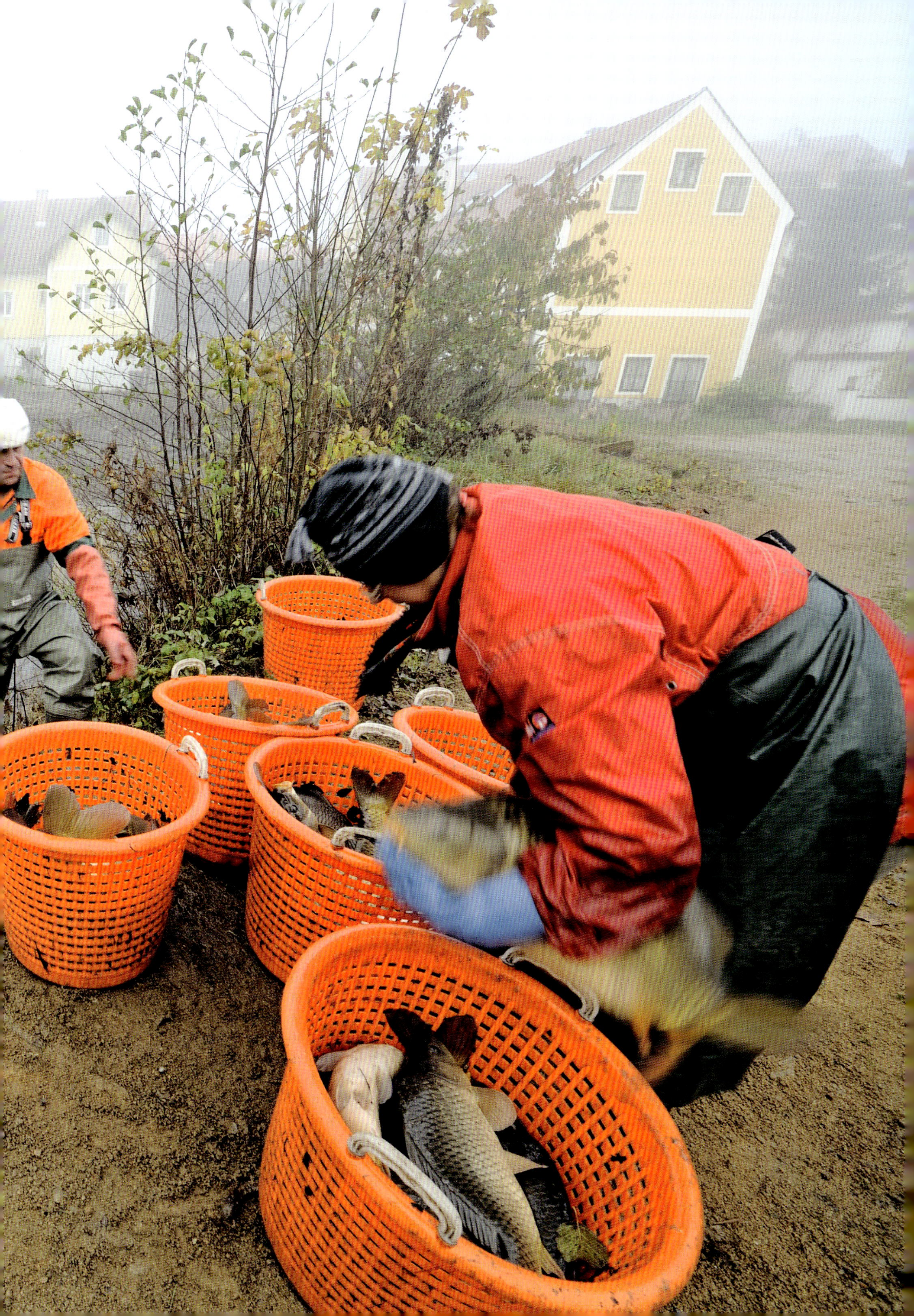

Helga Maria Wolf

# Braten, Bier und Blasmusik

*Zwei Jahrzehnte der offenen Grenzen haben Menschen und Bräuche wieder zueinander finden lassen. Ein Rundblick auf grenzüberschreitende Gemeinsamkeiten im nördlichen Niederösterreich.*

Ist von „Volkskultur" die Rede, dann darf die Nahrungsvolkskunde nicht fehlen. Essen und Trinken halten bekanntlich nicht nur Leib und Seele zusammen, sondern fördern auch die Kontakte und machen den Brauch zum Fest. Braten, Bier und Blasmusik sind dabei in Österreich genauso wenig wegzudenken wie in Tschechien. Beiderseits der Grenze gibt es berühmte Weinbaugebiete. Und dass es sich bei der „österreichischen Küche" zu einem guten Teil um eine „böhmische Küche" handelt, ist auch kein Geheimnis.

Eine Spezialität sind – hier wie dort – die Karpfen. Die Anlage von Fischteichen im 15. und 16. Jahrhundert hängt einerseits mit einer Änderung der Konsumgewohnheiten, andererseits mit dem Gewinnstreben der adeligen Grundherrschaften zusammen. (Die Teichwirtschaft warf von allen Produktionszweigen den größten Ertrag ab.) Das Waldviertel – wo sich noch immer 1.000 Fischteiche aller Größen befinden – bot, ebenso wie die böhmischen Gebiete, optimale Voraussetzungen: große unbewirtschaftete Flächen, Sümpfe und Wasserläufe (Thaya). Die meisten Karpfenteiche in Niederösterreich entstanden zwischen 1470 und 1530. In Tschechien ist die Teichlandschaft um Třeboň/Wittingau bekannt, welche die Rosenberger Ende des 16. Jahrhunderts anlegen ließen. Die Teiche sind durch ein System von Kanälen und Schleusen verbunden – seinerzeit eine technische Meisterleistung. Die Besitzungen der Fürsten von Liechtenstein um Lednice/Eisgrub (Mähren) und Valtice/Feldsberg (einst Niederösterreich) sind von der Teichlandschaft geprägt, deren (Um-)Gestaltung zum Schlosspark im Stil des Englischen Gartens bis heute attraktiv wirkt. Bis die Karpfen die gewünschte Größe erreichen, dauert es vier Jahre. Traditionsgemäß findet im Herbst das Abfischen statt, wobei man Zuschauer ins Waldviertel zum „Abfischfest" mit Karpfenspezialitäten einlädt. Dabei wird das Wasser fast zur Gänze aus den Teichen abgelassen, die Fische werden mit

Vorangehende Doppelseite:
*Abfischen in Kirchberg am Walde*

Zugnetzen ans Ufer gebracht und aus dem Wasser gehoben. Karpfen sind eine klassische Festtagsspeise zu Weihnachten und Silvester: Der Weihnachtstag war früher ein Fasttag; zu Silvester kommt die Glücksfisch-Symbolik zum Tragen.

## Grenzenlose Brauchkultur

466 Kilometer misst die Staatsgrenze, die rund vier Jahrzehnte (1948–1989) als „Eiserner Vorhang" ein trennendes Element war. Das Waldviertel lag im Schatten der „toten Grenze". Das ist, zum Glück, Vergangenheit: Im Juni 1989 durchschnitten der österreichische und der ungarische Außenminister bei Sopron/Ödenburg den Stacheldraht, was als Beginn der Wiedervereinigung des in einen westlichen und östlichen Block geteilten Europa galt. Die Tschechoslowakei baute ihre Grenzbefestigungen im Dezember ab. Seit 1993 bilden die Tschechische und die Slowakische Republik zwei unabhängige Staaten. Österreich zählt seit 1995 zur Europäischen Union, Tschechien und die Slowakei wurden im Jahr 2004 EU-Mitglieder. Durch die Verschiebung der Schengen-Außengrenze gibt es seit 2007 keine Grenzkontrollen zwischen Österreich und seinen östlichen Nachbarländern mehr.

Für einen Brauch bedeutete dies allerdings das Aus. Der Zwingendorfer Europamaibaum (Weinviertel) hatte seine Funktion erfüllt. Er wurde von 1995 bis 2007 nächst dem Grenzbalken weithin sichtbar auf einer Anhöhe aufgestellt. Der Leiter des Dorfmuseums Zwingendorf, Reg. Rat Adolf Haider, wollte damit „unseren Nachbarn über der Grenze signalisieren, dass Europa für uns nicht hier an der EU-Außengrenze endet". Außenminister Alois Mock, der schon den ungarischen Stacheldraht durchschnitten hatte, übernahm als Erster die Patronanz über die Veranstaltung, „die in ihrer Symbolik den Weg zu einem künftigen vereinten Europa weisen soll". Der neue Brauch bediente sich altbewährter Elemente: händisches Aufrichten des Maibaums durch die Freiwillige Feuerwehr, musikalische Umrahmung durch Musikkapellen und Kinderchöre von diesseits und jenseits der Grenze, zwei Ehrentafeln „Ein dreifaches Hoch den Freunden

*Tradition von Kindesbeinen an, Český Krumlov/Krumau*

*Volkstanz in Schönbach, 2008*

Europas" in deutscher und tschechischer Sprache. Für die Bewirtung sorgte die FF Zwingendorf und die Gastronomie des Nachbarortes Jaroslavice/Joslowitz.

Inzwischen sind zahlreiche weitere grenzüberschreitende Initiativen zwischen den beiden Orten entstanden, wie ein Lehrerstammtisch zum Erfahrungsaustausch, Partner- und Patenschaftsaktionen, auch kirchlicher Art. Seit 1996 führt eine Fußwallfahrt von Zwingendorf nach Tasovice/Taßwitz in Südmähren. Ziel ist die Kirche, die sich an der Stelle des Geburtshauses des späteren Wiener Stadtpatrons Klemens Maria Hofbauer (1751–1820) erhebt. Dabei handelt es sich nicht um eine Innovation, sondern um die Revitalisierung eines Brauches: Schon in der Zwischenkriegszeit gab es aus zahlreichen Orten in Südmähren und einigen österreichischen Orten (die erste 1930 aus Zwingendorf) solche Wallfahrten. Der Heilige wurde und wird nicht nur von den ehemaligen deutschsprachigen, sondern auch von den tschechischen Bewohnern als „ihr" Heiliger verehrt. „Grenzen überschreiten – Grenzen überwinden" ist das Motto der Initiative, für die es anfangs eine eigene „Grenzöffnung nach Bedarf" gab. 2000 wurde die Wallfahrt als Auftaktveranstaltung des „Klemens Maria Hofbauer-Jahres" für die ganze Erzdiözese durchgeführt, Kardinal Christoph Schönborn nahm teil und feierte den zweisprachigen Abschlussgottesdienst mit den Pilgern.

## Musik und Tanz verbinden die Menschen

Diese Beispiele zeigen, wie private Initiativen dazu beitragen können, nicht nur politische, sondern auch mentale Grenzen zu überwinden. Eine andere Möglichkeit sind Events, wie sie die VOLKSKULTUR NIEDERÖSTERREICH gemeinsam mit dem südböhmischen Folkloreverband Jihočeské folklorní sdružení (JfoS) im Waldviertel organisiert. So nahmen niederösterreichische Gruppen am 13. Südböhmischen Folklore-Festival in Kovářov, am 7. Südböhmischen Volksfest in České Budějovice/Budweis und am Folkloretreffen in Ševětín/Schewetin teil. Tschechische Gruppen waren bei einem Fest des Wachauer Trachten- und Heimatvereins in Krems-Stein zu Gast, die Volkstanzgruppe Javor trat beim Europäischen Bauernmarkt in Schönbach auf, die Volkstanzgruppe Radost beim 27. Waldviertler Volkstanzfest im Rahmen eines Internationalen Musik- und Tanzfestivals und die Volkstanzgruppe Doudleban beim Schmankerlfest der Pfarre Albrechtsberg. Die wichtigste Zusammenarbeit des Jahres 2008 ergab sich beim „Südböhmischen Tag in Weitra" im Rahmen des Bierkirtags. Unter dem Motto „Auf gute Nachbarschaft – Volkskultur grenzenlos" präsentierten Musik- und Tanzgruppen aus Böhmen und dem Waldviertel ein buntes Programm. „Doudleban" zeigte eine böhmische Polka vor und lud das Publikum zum gemeinsamen Tanz ein. Nektarbier aus Strakonice/Strakonitz durfte beim Fest in Weitra nicht fehlen. Veranstalter waren die VOLKSKULTUR NIEDERÖSTERREICH und Jihočeské folklorní sdružení. Sie stellten realistisch fest, dass die Zusammen-

*Národopisný soubor Doudleban beim Fest „Auf gute Nachbarschaft", Weitraer Bierkirtag 2008*

arbeit von Tschechen und Österreichern keine Selbstverständlichkeit ist, obwohl man die Staatsgrenze kaum mehr spürt. Internationale Volkskulturveranstaltungen, wie das Budweiser Volksfest, vereinen rund 100 Mitwirkende aus verschiedenen Ländern. Dazu kommen Kunsthandwerker, ein Kinderprogramm sowie Stände mit Spezialitäten aus der böhmischen Küche. Bei solchen Veranstaltungen sollen internationale Kontakte gepflegt und traditionelle Kulturen anschaulich vermittelt werden.

## Auf dem Winzerweg zum Folklorefest

Für tschechische Touristiker, die sich um österreichische Gäste bemühen, ist Folklore ein Erfolgsrezept, kombiniert mit Weinfesten. Radio Prag berichtet regelmäßig über solche Aktivitäten: Südmähren steht in der Beliebtheit ausländischer Gäste an dritter Stelle der tschechischen Regionen. Um dies noch zu verbessern, setzt man auf Initiativen wie „Auf dem Winzerweg zum Folklorefest – Südmähren lädt ein". Österreicher, wissen die Experten, schätzen historische Baudenkmäler, „die immer noch lebendige Folklore", südmährische Weine und Radwege. Die asphaltierten Routen wurden einst in Grenznähe vom Militär angelegt, jetzt dienen sie Zwecken, die nicht friedlicher sein könnten. Der Weintourismus in Südmähren erschließt Gebiete wie Slovácko/Mährische Slowakei, Velké Pavlovice/Großpawlowitz, Mikulov/Nikolsburg und Znojmo/Znaim.

Moravská Nová Ves/Mährisch Neudorf ist durch seine Weine weit über die Grenzen der Mährischen Slowakei bekannt geworden. Die Gemeinde ist nur zwei Bahnstationen von der Grenzstadt Břeclav/Lundenburg entfernt. In der Weinregion Podluzi kann man den guten Tropfen mehrmals jährlich bei Folklorefesten genießen. Am „Tag der offenen Weinkeller", dem 10. November, ertönt in den Kellergassen typische Musik. Für die Weinweihe am 26./27. Dezember ist die Kirche zu klein. Die Zeremonie hat volksfestartigen Charakter angenommen und findet seit 1990 in der Sporthalle statt. Chöre aus der Region wechseln beim Musikprogramm mit der Zimbalkapelle ab. Auf einem geschmückten Tisch steht das Fass mit dem zu segnenden Wein. Dem Hauer, der ihn spendiert, wird eine Statue des hl. Urban überreicht. Die Bürgermeisterin prostet dem Publikum zu und dieses genießt die Kostproben der Winzer. Vorbild waren die in Österreich allenthalben üblichen Weinsegnungen, und doch hat sich hier etwas ganz anderes entwickelt.

Die 3.500 Einwohner zählende Stadt Velke Pavlovice/Großpawlowitz nahe der österreichischen Grenze belebt ihre Winzerbräuche bei Volksfesten. Seit 2003 wird beim Weinerntefest die Schließung und Öffnung der Weinberge bei der Lese dargestellt. Zuvor findet ein bunter Umzug statt, der an die Traditionen der Stadt erinnert. Die Spitze bilden Reiter mit der Fahne, hinter ihnen wird die „festliche Weintraube" getragen, der Mädchen und Burschen in Trachten folgen. Zum Abschluss kommen Wagen mit Trauben und Hauer-Geräten. Auf der Open-Air-Bühne treten Musik- und Tanzensembles auf. Seit 2006 gibt es zu Martini offene Kellertüren und den St. Martinswein – erkenntlich am Etikett mit dem Porträt des Heiligen. Am 11.11. um 11 Uhr 11 kommen in Tschechien rund 600.000 Flaschen Qualitätswein unter der Marke St. Martinswein auf den Markt. Bevorzugte Rebsorten sind Müller-Thurgau, Frühroter Veltliner, Blauer Portugieser und St. Laurent.

In Znojmo/Znaim gibt es (wieder) eine Weinbeergeiß aus Stroh und Holz, ihr Vorbild steht in Eggenburg im Museum. Zu Ostern wird sie vom Gasthaus in die Weinberge getragen, um diese vor schlechtem Wetter und Dieben zu schützen. Zu Martini kehrt sie, mit Trauben behängt, wieder heim und ist bei der Weinverkostung dabei. Radio Prag, das den neu-alten Brauch 2004 vorstellte, meinte dazu: „In Znojmo hat man nur wenige Volksbräuche, und es wäre daher gut, dass sich diese Tradition, die einen Bezug zur Weinproduktion und der Zweisprachigkeit der Gegend hat, erhält. Znojmo ist seit dem 13. Jahrhundert zweisprachig und die Volksbräuche der Region haben sich immer auf beide Völker bezogen. Es bleibt nur zu wünschen, dass dieser sowie alle anderen auch den nächsten Generationen erhalten bleiben." Und das gilt wohl nicht nur für die Weinbeergeiß.

*Europamaibaum an der Grenze zwischen Zwingendorf und Jaroslavice/Joslowitz*

# Sagen

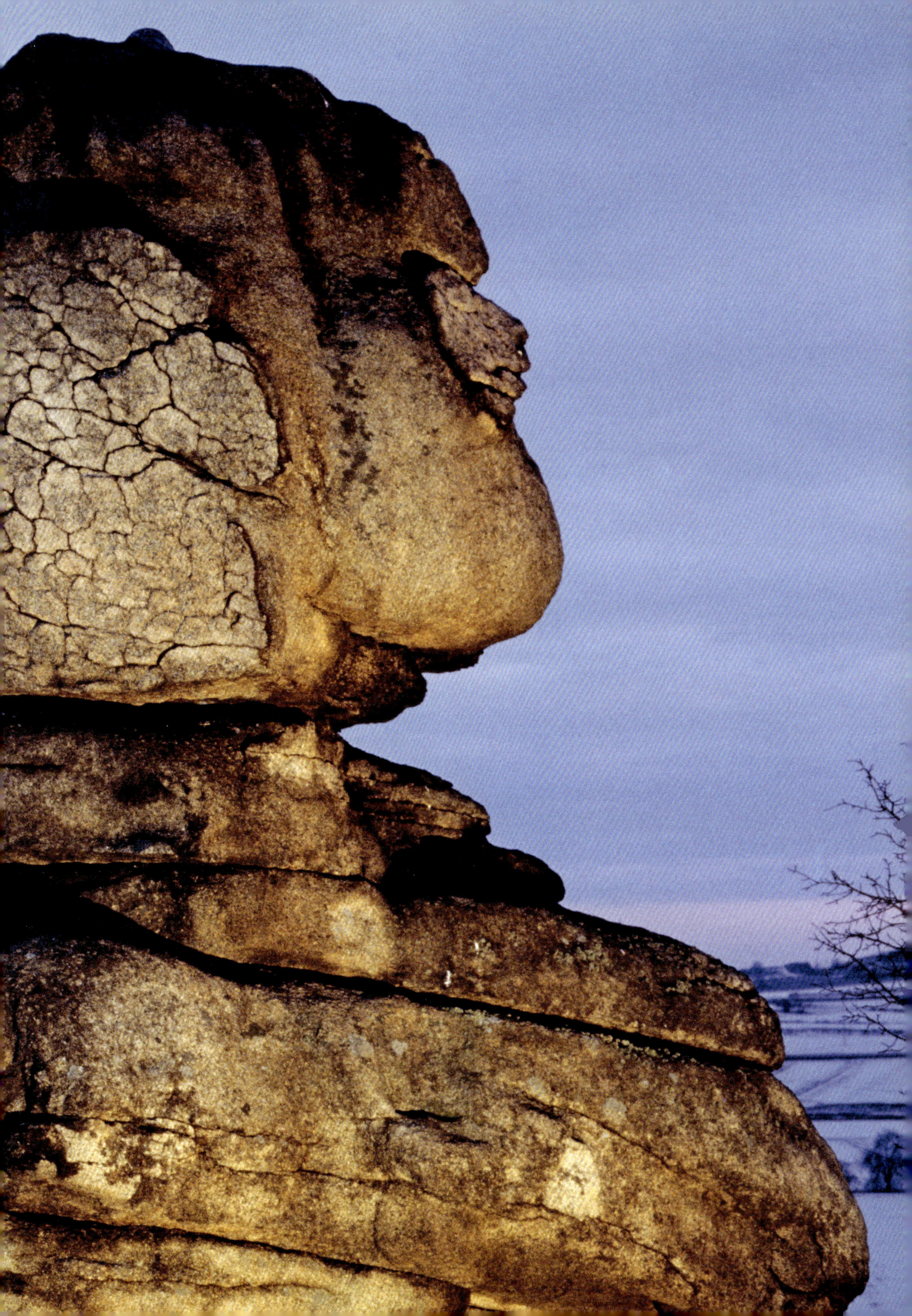

Franz Stürmer

# Sagenhaftes Waldviertel

*Die Wilde Jagd in einer „windigen Gegend":
Schreitel und Pelzweibel geben sich ein Stelldichein.*

*Sagengestalt im Nebel*

Sagen sind Teil des Charakters einer Region. Sie sind geprägt von der Landschaft selbst, aber auch von der Besiedlungsgeschichte und der sozialpolitischen Entwicklung. Sagen sind etwas Lebendiges. Sie können wandern, verändern sich je nach Zeit und politischer Lage. Allen Sagen jedoch ist gleich, dass sie einen wahren Kern beinhalten: Das kann eine Person sein, ein Ereignis oder ein besonderes Naturphänomen sowie eine Auffälligkeit in der Natur.

Im persönlichen Glauben und der Phantasie des Erzählers fanden diese Hintergründe eine erzählende Ausschmückung, oft mit moralischem Anklang. In der weiteren Überlieferung wandelten sie sich, wurden an die den Zuhörern bekannten Orte verlegt. So wurden etwa aus Kelten Christen, aus mittelalterlichen Rittern Söldner der Reformationszeit oder schließlich Soldaten von Napoleon Bonaparte.

## Natur als Inspiration

Die teilweise markanten und für die Menschen früher „unerklärbaren" Verwitterungserscheinungen der kristallinen Gesteine der Böhmischen Masse („Urgestein)", v.a. die Wollsackverwitterung des Granits im nordwestlichen Waldviertel (Blockheide) und entlang des Manhartsberger Rückens (Raum Maissau – Retz), lieferten vielerorts Inspiration für Sagen. In den Sagen werden schalenförmige Vertiefungen an der Oberseite der mugeligen Granitblöcke zu Spuren von Göttern: so hinterließen Wotan und später Maria, die Heiligen Petrus, Koloman und Christophorus und Gottvater selbst („Herrgottssitz") ihre Abdrücke im Fels.

Die Teufelsmauer bei Spitz (aus Spitzer Marmor) ist der Sage nach ein unvollendetes Werk des Satans. Die Granitblöcke auf dem Stoitzenberg (bei Eggenburg) sind Steine, die – so die Sage – dem Teufel aus dem „Fiata" (Arbeitstuch)

*Vorangehende Doppelseite:
Schamane auf der Feenhaube
bei Eggenburg*

gefallen sind. Der Riesenstein von Mold fiel einer Riesin aus der Schürze, die Material vom Manhartsberg für ihre Burg ins Kamptal trug, und die Jungfernsteine bei Göpfritz sind versteinerte Tänzerinnen, die die Sonntagsmesse versäumten. Zwischen Raabs und Kollmitz erinnert der Jungfernstein an das traurige Schicksal eines frevelhaften Burgfräuleins mit ihren Mägden, und der Schreckenstein nahe der Burg Eibenstein soll ein Ritter sein, der vor Schreck versteinerte, als er seine Burg in Flammen aufgehen sah.

Oftmals sind es Felsvorsprünge, die (in der Sage) zu todesmutigen und verzweifelten Sprüngen verleiten. Wir finden sie beim Schimmelsprung nahe Gars oder bei Eibenstein, Schauenstein und beim Reginafelsen in Hardegg.

Die hügelige Hochfläche der uralten Rumpfbuckellandschaft ist „a windige Gegend". Fast permanenter Westwind, der sich im Herbst und Winter zu Stürmen erhebt, lässt Sagengestalten im (damals) spärlich besiedelten Land entstehen – die Wilde Jagd zieht übers Land.

Dort, wo in den tief ins Hochplateau eingeschnittenen Tälern Thaya und Kamp tiefgründig und langsam fließen, hausen Wassermänner und warten auf ihre Opfer. Die Anlage von Mühlen und Wehren und die damit entstandenen

*Thayanebel*

aufgestauten Bereiche schufen weitere Lebensräume für die Beherrscher des Reichs unter der Wasseroberfläche. Viele kleinere Tümpel und saure Wiesen als sagenhafte Behausungen der Wassergeister fielen jedoch der Drainagierung und Kommassierung des 20. Jahrhunderts zum Opfer.

Die ursprünglich flächendeckende Bewaldung des Gebietes bot viel Raum für Sagengestalten, die als Waldgeister oftmals nur in einem Waldgebiet wohnten (siehe die folgende Beschreibung des Schreitel).

Höhlen sind seit jeher Aufenthaltsort von Geistern. Sie werden von „Zwergerln" bewohnt (Altenburg) oder dienten „dem Grasel" als Unterschlupf oder als kilometerlange unterirdische Verbindungsgänge (Maria Dreieichen).

Auch „künstliche Höhlen" liefern Sagen: Die so genannten Erdställe, teilweise verzweigte, niedrige Gangsysteme mit Einstiegen unter Bauernhäusern, sollen von einem Zwergenvolk geschaffen worden sein. In den Graphitminen rund um Drosendorf hörte man des Nächtens öfters ein Klopfen, das Bergmanderln zugeschrieben wurde.

Und in den moorigen Gegenden des Waldviertels vor allem um Schrems und Heidenreichstein wurden Wanderer durch Irrlichter vom Weg gelockt und endeten oft im Morast.

*Im Verlies der Ruine Dürnstein soll Richard Löwenherz gefangen gehalten worden sein*

## Besiedlungsgeschichte und Kriege schaffen Sagen

Die wechselhafte und weit bis in die vorchristliche Zeit zurückverfolgbare Besiedlungsgeschichte des Waldviertels lieferte viel Stoff für Sagen. Wiederholt sind es ur- und frühgeschichtliche Funde, die im Volksglauben als Schätze, Reste von Riesen und anderen Wesen gedeutet wurden.

Einstige Funde auf der Heidenstatt (der Name allein deutet ja schon auf die frühere „heidnische" Besiedlung hin) zwischen Limberg und Burgschleinitz, oder aber am Hang des Zöttings bei Eibenstein sind Beispiele dafür.

Fast skurril mutet die sagenhafte Namensdeutung des Ortes Irnfritz an: Hier soll es ein Ritter „aus deutschen Landen" namens Fritz gewesen sein, der, nachdem er sich im Saßwald (zwischen Geras und Japons/Irnfritz) verirrt hatte, an der Stelle den Ort Irnfritz begründete.

Um Adelsgeschlechter wie die Kuenringer ranken sich ebenso viele Sagen. Sie reichen von dem Schwur auf der Hetzemanneswisa über die Gründung des Stiftes Zwettl bis zu dem auf Dürnstein gefangenen Richard Löwenherz und seinem Diener Blondel. Eine der bekanntesten Sagen der Kuenringer spielt auf Burg Rappottenstein, wo die Brüder Albero und Hadmar im Kampf um eine schöne Frau starben und seither als Geister ihren Kampf bis zum ewigen Gericht ausfechten müssen. Diese Sage ist eine Wandersage nach dem Typus „Bruderzwist" und taucht in derselben Familie mit selbem Motiv in Mörtersdorf wieder auf – wobei die Sage den Namen des Ortes erklärt.

*Sagen und Märchen gehören zu jedem Mittelalterfest*

Die vielen Non(n)dörfer des Waldviertels werden in Sagen oft als Gründungen von Nonnen bezeichnet. Meist in Zusammenhang mit einem nahen Ort, der durch das gotteslästerliche Handeln seiner Bewohner „unterging". Die erste Silbe „Nonn-" leitet sich jedoch von „niuwe-" (Mittelhochdeutsch „neu") ab und bedeutet einfach eine Ortsneugründung, die oftmals mit der Aufgabe eines alten Orts (Wüstung) in Verbindung steht.

Grabhügel, Wüstungsreste sowie die Reste frühmittelalterlicher Wallburgen (Motten) wurden wiederholt als Riesengräber, unselige Orte (deren Bewohner wegen ihres Lebenswandels Gottes Strafe erfuhren) oder Gräber von Soldaten des (für den Erzähler) letzten Krieges gedeutet.

Besonders Kriege und ihre Folgen hinterlassen in der Sagenwelt ihre Spuren. So geht die Bevölkerung einiger Orte der Sage nach nur auf zwei (drei) Überlebende zurück, die die Eroberung durch die Hussiten (Hussiteneinfälle im Waldviertel 1425, 1428/29) als Einzige überlebt hatten (z.B. in Langau).

Der Heidenteich bei Altenburg verdankt seinen Namen dem Einfall der Kumanen, die dort am 24. Oktober 1304 besiegt wurden. In den Höhlen des Horasberges, des Hügels, der das Öde Schloss trägt (südlich Altenburg), sollen die Mönche des Stiftes Altenburg die Hussiteneinfälle überdauert haben. Nach den Stundengebeten (den Horen) der Mönche wurde der Berg Horasberg genannt.

Die in einer Waidhofner Sage geschilderte Vierteilung eines grausamen Räuberhauptmanns in Waidhofen an der Thaya erinnert an die brutale „Bestrafung" des Bauernführers Andreas Schrembser aus Dobersberg im Jahr 1597, der mit Mitstreitern gegen die neuen kaiserlichen Steuern und die Selbstherrlichkeit der Grundbesitzer revoltierte und von den Truppen des vom Kaiser beauftragten Wenzel Morakhsy, Freiherrn von Litschau, gefangen und hingerichtet wurde. (In einer Höhle in der Nähe von Arbesbach soll sich auch der oberösterreichische Bauernführer Stefan Fadinger versteckt haben.) Wegen seiner Gräueltaten fand Morakhsy der Sage nach jedoch keine ewige Ruhe. Er muss Jahr für Jahr an seinem Namenstag, am 28. September, ohne Kopf auf dem Schlossturm von Litschau erscheinen.

In Gars, so erzählt eine Sage, solle der Teufel gewohnt haben. Auch das hat seinen wahren Kern: Denn die ehemalige Babenbergerburg war von 1548 bis 1608 im Besitz der Adelsfamilie Teufel, die die Burg in Renaissance-Manier ausbauen ließ.

Die Bewohner der Region um Windigsteig erzählen, dass sich das Gnadenbild der prächtigen Wallfahrtskirche zur Schmerzhaften Mutter Gottes auf dem Rafingsberg (bei Windigsteig), als die Kirche unter Kaiser Joseph II. aufgehoben wurde, erst nach mehrmaligen Versuchen der Windigsteiger in ihre Kirche transportieren ließ.

*Sagen und Steine: Alte Kuh bei Limberg (o. li), Riesenstein bei Mold (o. re), Marterl im Gföhler Wald (u. li), „Awarenköpfe" auf der Kirchmauer in Strögen (u. re)*

## Wandersagen

Im reichhaltigen Sagenschatz des Waldviertels finden sich Sagen, die keine Bindung zu einem Ort haben bzw. die in mehreren Regionen überliefert sind. Der Inhalt ist jeweils relativ ähnlich, zumeist ändern sich nur die Ortsnamen bzw. das Umfeld der Sage wird an die Örtlichkeit angepasst.

Dazu zählen die vielen Schatzsagen im Zusammenhang mit Burgen oder Ruinen. Müller und vor allem die Schmiede, die „mehr konnten, als nur Birnen braten", finden sich in den Sagenkreisen vieler Orte in ähnlicher Gestalt wieder.

Auch der Teufel, in seinem ewigen Streben, eine Seele zu gewinnen, taucht vielerorts auf. Manchmal scheint der Bocksbeinige jedoch Spuren zu hinterlassen, die den Menschen in sagenhafter Erinnerung bleiben: die Teufelskirche bei Dobra, die Teufelsschlucht bei Gföhl, die Teufelskrallen vor der Fuchsenlucke bei Roggendorf (Eggenburg), die Teufelsbrote und das Teufelsbett bei Eibenstein (bei Gmünd) oder die Teufelsmauer bei Spitz.

Wassermänner und Nixen bevölkern die Bäche, Flüsse und Teiche des Waldviertels. Ihnen liegt die ständige Angst der Bevölkerung vor dem Ertrinken zu Grunde. Nur die wenigsten konnten in der damaligen Zeit, d.h. zur Zeit der Entstehung dieser Sagen, schwimmen.

Auch ein äußerst trauriges Kapitel unserer Geschichte – die Hexenverfolgungen – findet in Sagen seinen Niederschlag: Sie handeln von Denunzierung und Aberglaube. Fast immer sind es Männer, die Frauen bei „frevelhaften" Taten beobachten oder ihnen für negative Ereignisse die Schuld zuweisen. So wurden in einer Sage aus Nonndorf an der Wild die aus dem Fuß eiternden Scherben eines Mannes, der davor im Schutt gearbeitet hatte, als Hexenschuss erklärt. Die Hexe habe ihm diese Hexendinge mit einem Bogen ins Bein geschossen! Nur in den seltensten Fällen tauchen Hexenmeister und Wunderärzte auf.

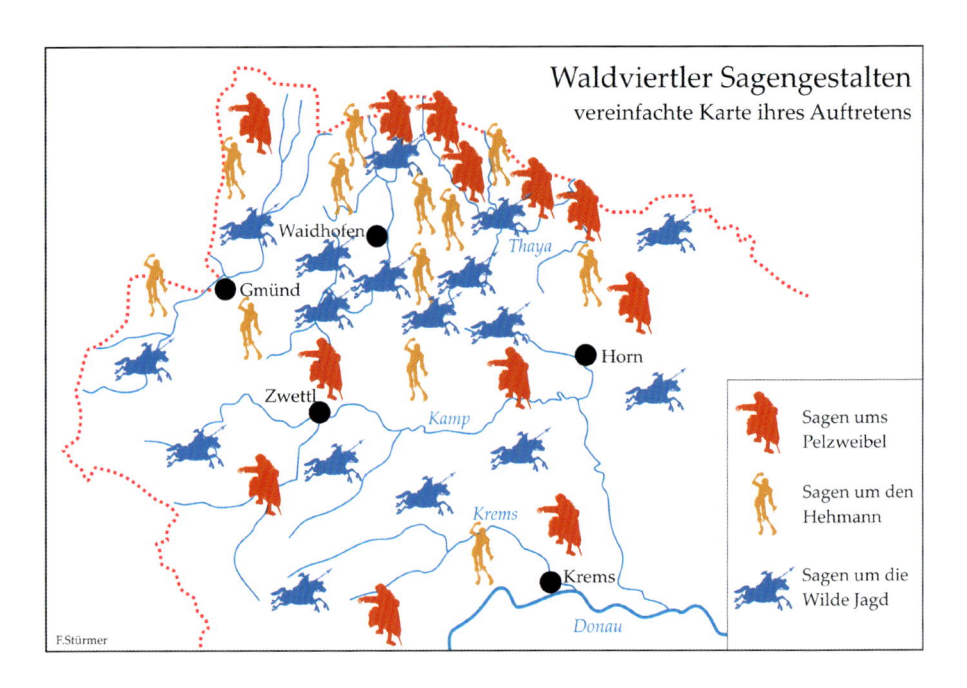

Waldviertler Sagengestalten
vereinfachte Karte ihres Auftretens

Sagen ums Pelzweibel
Sagen um den Hehmann
Sagen um die Wilde Jagd

F. Stürmer

Im burgenreichen Waldviertel haben in der Sagenwelt auch Raubritter und Templer ihren Stammplatz. Müssen die einst grimmigen Raubritter als verdammte Geister in den Ruinen ihrer Burg auf Erlösung warten, so sollen in den Burgen der geheimnisvollen Ritter vom Tempel Salomons unermessliche Schätze auf den tapferen Suchenden warten.

Sogar etablierte Sagengestalten wie Tannhäuser oder der im Berg schlafende Kaiser Rotbart (Kollmitz, Peilstein, Nebelstein etc.), Frau Gaude (in anderen Regionen Frau Gode, Perchta, im Märchen Frau Holle, von der germanischen Göttermutter Frigg abzuleiten) und mancher Heiliger wandeln im „sagenhaften" Waldviertel durch Nacht und Nebel.

## Waldviertler Sagenfiguren

Im Bereich der Thaya und ihrer Zubringer kann man an manchen Tagen das **Pelzweibel** antreffen. Eine Beschreibung dieses Geistes findet man von der alten Naglin aus Autendorf bei Drosendorf:

„Es ist eine kleine schiache Alte, voll Runzeln im Gesicht, mit gelber Haut und pechschwarzen Haaren und Augen. Sie trägt Sommer und Winter ein kurzes Röckl, rote Strümpfe und einen weißen Pelzspenser." (F.X. Kießling, 1927: Frau Saga, Band 5, S. 110f.)

In einer anderen Sage werden die Pelzweiblein, die in den „Fluten der Thaya hausten", als klein und bepelzt beschrieben. Ihr Wirken ist unterschiedlich. Es reicht vom Erschrecken der abendlichen Wanderer über Aufhocken und Sichtragen-Lassen bis zu moralischen Aspekten, wobei das Pelzweibel ein armes Mädchen, das ihr Brot mit „der Alten" teilt, beschenkt.

In einem kleinen Waldbereich östlich von Unter-Thürnau (nördlich von Drosendorf) findet man einen Waldgeist, das **Schreitel**. Dort geht ein „böser Zwerg mit roter Kappe herum, der den Jägern, Beerensuchern und Holzfällern allerlei Bosheiten antat". Der Wald trägt bis heute den Namen Schreitelwald (Schreidl).

*Kleine Zuhörerin beim Mittelalterfest in Drosendorf*

Eine äußerst facettenreiche Sagengestalt, die im Waldviertel ihr Unwesen treibt, ist der **He(h)mann**. Er gilt als gefährlicher Aufhocker- und Verfolgergeist, der Wanderer mit seinem Ruf animiert zu antworten. Sobald der Wandersmann seinem Ruf antwortet, gewinnt der „Dodamau", wie er auch mancherorts genannt wird, Macht über ihn, hockt auf oder verfolgt ihn. Rettung bietet nur ein geweihter Ort oder das Überschreiten einer Türschwelle.

Interessant ist auch die Entstehungsgeschichte dieser Sagengestalt. Sie ist Teil des Sagenkreises um die Hexe Wauwilla. So war der Hehmann zauberkräftiger Diener und Reittier (Vogel) der mächtigen Hexe, die der Sage nach auf dem Predigtstuhl bei Waidhofen an der Thaya wohnte. Als von der Hexe verschleppte Mädchen und ihre Freunde den Hehmann seiner Kraft berauben (drei Federn stehlen), stürzt Wauwilla während der Verfolgung der Flüchtenden vom (zauber-)kraftlosen Hehmann zu Tode und der Hehmann wird zum klapprigen Gespenst, das an vielen Orten Wanderer erschreckt und verfolgt.

In der Hehmann-Sage aus Goggitsch (bei Geras) ist der Hehmann wiederum das Gespenst eines gotteslästerlichen Mannes, der für seine Taten büßen muss.

Eng mit der Gaberkirche (Burgruine bei Luden in der Gemeinde Raabs) ist die Sage der **Schneckenreiterin** verbunden. Die Schneckenreiterin, eine Jungfrau auf einer goldenen Schnecke, kann durch ein Sonntagskind erlöst werden, indem dieser Jüngling gegen einen Riesen antritt und nach einem Sieg mit einem Schatz belohnt wird. Dazu muss er neunmal folgenden Spruch sagen:

„Donner und Blitz,
Hammer und Hitz!
St. Peter steh' mir bei,
daß ich fest und standhaft sei!"
(J. Pöttinger, 1924: Niederösterreichische Volkssagen, S. 223)

In der Sage versagt der Retter der Jungfrau mit der Schnecke und der Schatz wartet weiter unter der Gaberkirche auf seine Hebung durch ein Sonntagskind. Neben dem Volksglauben, dass in Ruinen Schätze verborgen liegen, blieb hier noch ein historischer Name erhalten: Das Geschlecht der Schneckenreither besaß im 16. Jahrhundert u.a. die „Öde Gaber".

Der Grabstein der letzten „Schneckenreitherin", Margarete, befindet sich übrigens in der Weitersfelder Kirche.

Am Gaisruckberg (bei Horn) und im Gabertal bei Drosendorf trieb eine **Wilde Geiß** ihr Unwesen und konnte nur mit einem Haslinger (Haselgerte) mit drei eingeschnittenen Kreuzen vertrieben werden. Die Geiß stellt ein Symbol des Leibhaftigen selbst dar, und man schrieb ihr Unfälle bei der Jagd und der Waldarbeit zu.

Fast unerschöpflich ist der Sagenkreis um den **Räuberhauptmann Grasel.** Beinahe in jedem Ort des Waldviertels trieb er sein Unwesen und verschonte auch die angrenzenden böhmischen Gebiete und das Weinviertel nicht. Oftmals soll er in einer Nacht an verschiedenen Orten aufgetaucht sein, unterirdische Gänge und Zauberkräfte sollen dies möglich gemacht haben. In der Sage wird der Raubmörder auch zu einem listenreichen „Robin Hood", zu einem Mann des Volkes, der der Obrigkeit wiederholt Schnippchen schlägt.

Wenn die Herbst- und Winterstürme über die Hochebene des Waldviertels fegen, kommt mit ihnen die **Wilde Jagd**. Ursprünglich soll Odin auf seinem achtbeinigen Hengst Sleipnir mit germanischen Geisterkriegern und Walküren sein Unwesen getrieben haben. Er wandelt sich in späterer Zeit zum Schwarzen Jäger mit seinem gotteslästerlichen Jagdgefolge, das unter Pfeifen, Heulen, Hufgetrappel und Waffengeklirr Furcht und Schrecken verbreitet.

Besonders häufig findet man die Sagen über die Wilde Jagd im Bereich der Wild, einem Waldgebiet bei Göpfritz. Auch warnt der Wunderer Sepp den übermütigen Hofbauer Christl im Wirtshaus in Scheideldorf (bei Vitis):

„D' Lostag san jetzt, Christl! Nach Zwölfe fahrt der wild' Jager durch d'Luft und viel andere Jager und Hund' und Hexen mit eahm. Tatst di da net fürchten, wann's dös hearn tatst? Was?" (von Aurelius Polzer in H. Fraungruber, 1911: Österreichisches Sagenkränzlein, S. 72)

Christl hört nicht auf die Warnung und erlebt die Schrecken der Wilden Jagd.

Sagen gehören zur Kultur einer Region. Um sie zu bewahren, ist die Aufzeichnung eine notwendige Seite, doch nur das Erzählen erhält sie am Leben. Und sie üben heute wie damals eine Faszination auf den Zuhörer aus. Besonders dann, wenn man sie „erlebt" und am Ort des Geschehens ist – irgendwo im sagenreichen Waldviertel.

*Räuberhauptmann Grasel –*
*hier im Waldviertler Hoftheater*
*in Pürbach, 2008*

Zeitgeschichte

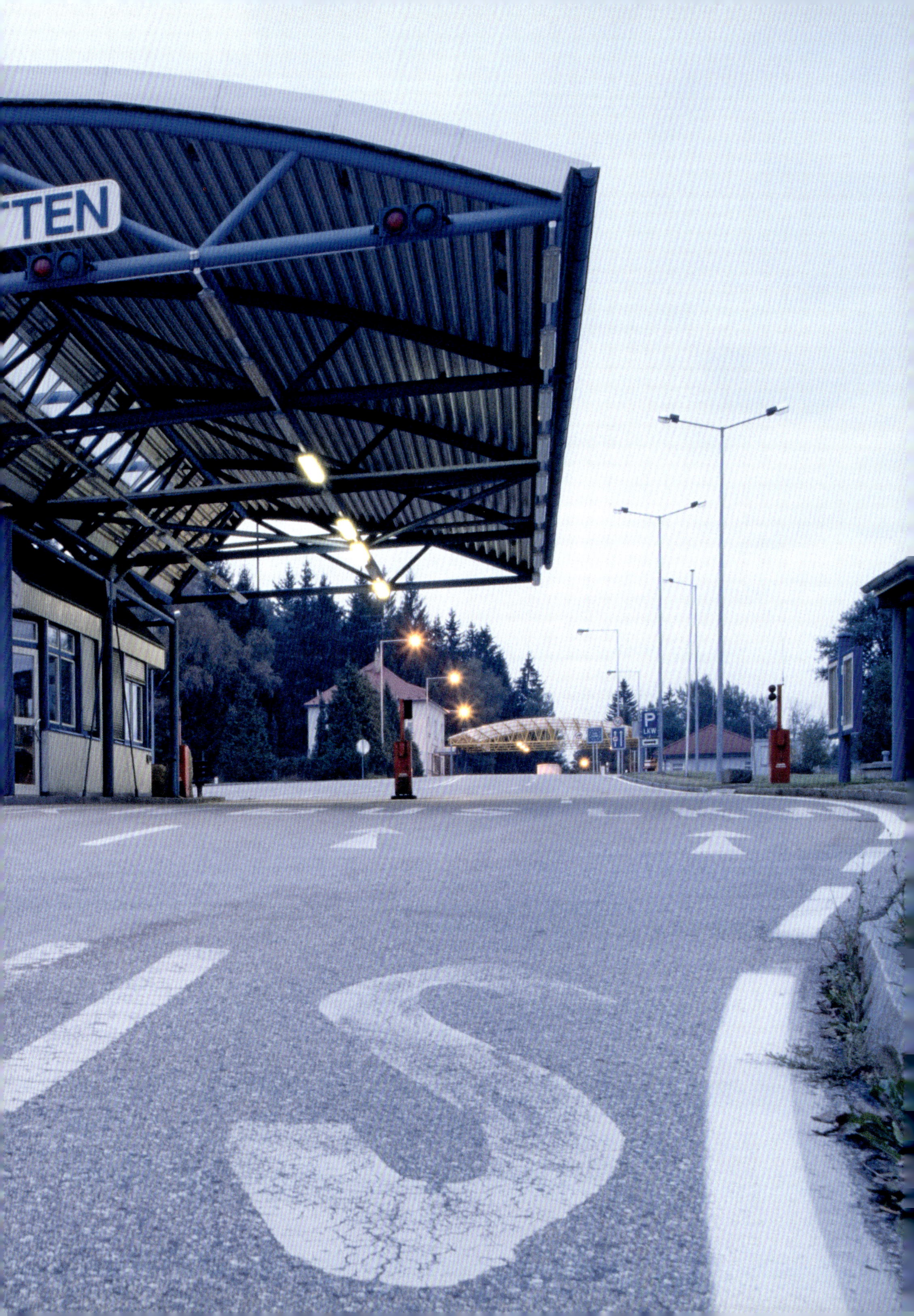
TTEN

Niklas Perzi

# Seismografische Schwingungen

*Was in den Zentren erdacht, erschütterte die Peripherie mannigfaltig: Entlang der Grenze kommt die Geschichte des 20. Jahrhunderts mit schärferen Konturen zutage.*

*Die Brücke in Hardegg war Symbol der Grenze: 1948 riss das tschechoslowakische Militär die Planken heraus, heute ist sie ein beliebter Grenzübergang für Fußgänger*

*Vorangehende Doppelseite: Grenzübergang Gramatten – Nová Bystřice*

Zu Beginn des 20. Jahrhunderts war das Waldviertel in das Erzherzogtum Österreich unter der Enns (Niederösterreich) eingebettet und als solches Teil der Österreichisch-ungarischen Monarchie. Zwar lag es auch damals schon im Herzen Europas, doch weit weg von den großen Städten und war verkehrsmäßig nur unzureichend erschlossen.

Ein wirkliches Zentrum gab es im Gegensatz zum benachbarten Südböhmen mit seiner Metropole České Budějovice/Budweis nicht. So trat neben die Konkurrenz der Bezirksstädte untereinander die Ausrichtung auf Wien, das bis heute seine Rolle als Arbeits- und Migrationsort nicht eingebüßt hat und daneben durch vielfältige Kanäle kultureller und informeller Natur mit dem Waldviertel verbunden ist. Das Waldviertel selber bildete keineswegs eine geschlossene landschaftliche oder wirtschaftliche Einheit. Der stark bewaldete, mittelgebirgige südliche Teil ist ebenso wie das Hochland rund um Zwettl bis heute land- und forstwirtschaftlich geprägt. Die Ertragslage war jedoch prekär, die Produzenten fast völlig vom klösterlichen und adeligen Großgrundbesitz abhängig. Die Bezirke Waidhofen an der Thaya und Gmünd zählten hingegen am Beginn des 20. Jahrhunderts zu den am stärksten industrialisierten Regionen Niederösterreichs. Zu verdanken hatten sie dies der Textilindustrie, die als verlängerte Werkbank vor allem Wiener Unternehmer fungierte. Ihren wesentlichen Standortvorteil bildeten schon damals die billigen Arbeitskräfte, die sich ihren kargen Lohn meist durch bäuerliche Zuwirtschaft aufbesserten und so auch Konjunkturschwankungen ausgleichen konnten.

Das Leben vor dem Ersten Weltkrieg war geprägt von den autoritären Verhältnissen, die durch Familie, Schule, Kirche und Behörden tradiert wurden. Bei großer wirtschaftlicher Kargheit und mangelndem Fluss an Geld und Informationen blieb kein Platz für abweichende Lebens- oder Gesellschaftsentwürfe. Es fehlte an Durchlässigkeit und Aufstiegsmöglichkeiten, für viele aus den kleinbäuerlichen Schichten oder Arbeiterfamilien des Öfteren auch an der schieren Möglichkeit des Überlebens im Familienverband.

Ein scharfer politischer und soziokultureller Unterschied bestand dabei zwischen den Kleinstädten der Region und den sie umgebenden bäuerlichen Landgemeinden. In den Städten selbst dominierte eine „fortschrittlich" eingestellte Bourgeoisie, die sich aus größeren Gewerbetreibenden, Staatsbeamten, Ärzten und Lehrern zusammensetzte. Ihr Lebensvollzug war an großstädtischen Vorbildern orientiert, es fehlte weder an Bildungsfleiß noch (sexueller) Doppelmoral. Tonangebend in den Kleinstädten, stellten sie in den Marktflecken immerhin noch eine nicht unwesentliche Gruppe. In den Dörfern war diese Honoratioren-Schicht dann meist auf die Gestalt des mit dem Pfarrer im Interessenskonflikt um die Vorherrschaft stehenden Dorflehrers reduziert. Politisch schwenkte diese Bourgeoisie schon bald auf einen zunehmend radikaleren Deutschnationalismus ein. Dieser verdankte seine starke Stellung auch der Tatsache, dass mit dem Rosenauer Gutsbesitzer Georg Ritter von Schönerer ihr gesamtstaatlicher „opinion leader" hier seinen Wohn- und Arbeitssitz hatte. Im Unterschied zum übrigen Niederösterreich konnte er im Waldviertel mit einem „rassisch" orientierten Antisemitismus mit sozialdemagogischer Unterfütterung auch in kleinbäuerlichen und gewerblichen Schichten punkten. Der Antisemitismus war auch ein Bindeglied zu Kirche und Christlichsozialer Partei, die andererseits jedoch auch Hauptkonkurrenten im Kampf um die bäuerlichen und gewerblichen Seelen und Stimmen waren. Trennend wirkte der deutschnationale Antiklerikalismus, der die Macht der Kirche, vom klösterlichen Großgrundbesitz bis hinunter zum einfachen Dorfpfarrer, in Frage stellte. Die Arbeiterbewegung konnte nur in den industriellen „Inseln" eine gewisse Sogwirkung entwickeln. Ihre oft kulturkämpferischen Züge sorgten dafür, dass ihr der Einbruch in die sozial schwachen kleinbäuerlichen Schichten verwehrt blieb.

## Hüben und drüben

Die Entscheidung zum Kriegsbeginn 1914 wurde – wie alle anderen auch – in den Hauptstädten Europas gefällt, traf jedoch auch die Peripherien mit voller Härte. Zunächst durch die Einrückungen, dann durch die zunehmend rigider werdende Requirierung. Zuletzt war das Waldviertel ebenso von der katastrophalen Versorgungslage betroffen. Zu Kriegsende hatte auch die katholischkonservative Bauernschaft der Dynastie ihre Loyalität aufgekündigt und sich rasch mit der Errichtung der Republik abgefunden.

Insgesamt jedoch hielt sich der Elitenwandel in bescheidenen Grenzen. Die ersten Wahlen zur Nationalversammlung gewannen im Waldviertel mit fast 40 % Anteil die Deutschnationalen, denen die Christlichsozialen folgten. Die Sozialdemokraten blieben mit 23 % der Stimmen auf ihre Hochburgen im nordwestlichen Waldviertel beschränkt. Dennoch gelang es ihnen in der kurzen Periode der demokratischen Entwicklung bis 1934 Elemente ihres ganzheitlichen Lebensentwurfes auch in die Provinz zu transferieren und so Gegenwelten zu den üblichen katholischen oder kleinbürgerlichen Lebensentwürfen zu entwickeln.

Insgesamt blieben jedoch Städte und Märkte weiterhin vom Gegensatz zwischen Kirche und „fortschrittlichem" Bürgertum bestimmt.

Großen Einfluss auf die Stärkung der Deutschnationalen hatte die Grenzziehung von 1918/19 zur neu entstandenen Tschechoslowakischen Republik. Diese bekam im Friedensvertrag von St. Germain auch jene deutschsprachigen Gebiete zugewiesen, die bis dahin über die Landesgrenzen hinweg enge wirtschaftliche, kulturelle und verwandtschaftliche Beziehungen zum nördlichen Waldviertel unterhielten. Versuche der Etablierung von (deutsch-)österreichischen Verwaltungsstrukturen in den Hauptorten Nová Bystřice/Neubistritz und Slavonice/Zlabings scheiterten am tschechischen Eingreifen, nur punktuell kam es dabei zu militärischen Auseinandersetzungen. Die alten Bindungen wurden lockerer, ohne jedoch abzureißen. Die neue Staatsgrenze war zwar da, jedoch durchlässig. Landwirte bewirtschafteten weiterhin ihre Grundstücke hüben und drüben, Schleichhandel und Schmuggel florierten. Nur in Gmünd sorgte die Abtrennung jener Orte, die vor 1918 zu Niederösterreich gehört hatten, für dauerhafte Verstimmung. Es ging dabei neben dem für die Tschechoslowakei wichtigen Bahnhofsknotenpunkt mit den Eisenbahnwerkstätten um 14 Land-Gemeinden. Profitiert haben davon dann in weiterer Folge propagandistisch die Gmünder Nationalsozialisten. Hier trat auch bereits 1920 zum ersten Mal Adolf Hitler in seiner „Ahnenheimat" als Redner auf. Den wirklichen Durchbruch schafften die Nazis aber auch im Waldviertel erst in den 1930er Jahren. Im Zeichen der Wirtschaftskrise gelang ihnen der Einbruch in christlichsoziale und sozialdemokratische Wählerschichten.

Die wirtschaftlichen Aussichten des Waldviertels waren in der neuen Republik Österreich eigentlich nicht so schlecht gewesen. Dennoch blieben die alten Probleme bestehen: Monostrukturen, außenabhängige Billigarbeitsplätze, zu klein strukturierte Landwirtschaft. Immerhin wurden in den 1920er Jahren im Bereich der Landwirtschaft zahlreiche Lagerhäuser, Molkereien, Brennereien, Raiffeisenkassen gegründet. Die große Krise in der Industrie kündigte sich mit Massenentlassungen und Lohnkürzungen schon in den späten 1920er Jahren an. Oftmals folgten darauf erbitterte Arbeitskämpfe, später auch regelrechte Arbeitslosen- und Hungerrevolten. Als die Stölzle-Werke infolge des Zusammenbruchs der Wiener CA schließen müssen, demonstrierten im März 1933 500 Menschen in Schrems. Auch im Bürgerkriegsjahr 1934 kam es in Schrems zu größeren Unruhen.

## „Ahnenheimat"

Nutznießer der Unversöhnlichkeit der beiden großen politischen Lager waren die Nationalsozialisten, bei deren Putschversuch im Juli 1934 Bundeskanzler Engelbert Dollfuß ermordet wurde. Der autoritäre Ständestaat, den Dollfuß errichtet hatte, blieb in seiner Wirkung im Wesentlichen auf die christlichsozialen Kernschichten beschränkt. Während die Sozialdemokraten in Apathie versanken, wirkten die Nationalsozialisten im Bewusstsein der Unterstützung von Hitler-Deutschland in der Illegalität fast ungebrochen weiter. Ihre Stunde kam im März 1938, als deutsche Truppen in Österreich einmarschierten. Wäh-

*Ehemalige Synagoge
von Slavonice / Zlabings*

rend in den meisten bäuerlichen Gemeinden die Ereignisse relativ unreflektiert zur Kenntnis genommen wurden, lagen in den nationalsozialistischen Hochburgen Machtwechsel, Jubel, aber auch Gewalt und Trauer eng beieinander. Als bezeichnend sei hier mit der Bezirksstadt Waidhofen an der Thaya ein traditionelles Zentrum des Waldviertler Deutschnationalismus herausgegriffen. Um die Ordnung in der Stadt zu sichern, waren Angehörige der regierungstreuen Frontmiliz aus den Landgemeinden in die Stadt beordert worden. Nach dem Rücktritt der Regierung Schuschnigg mussten sie unter Schmährufen die Stadt wieder verlassen, während die SA bereits zum großen Fackelzug rüstete. Gleichzeitig kam es zu ersten Gewalttaten gegenüber jüdischen Familien und den Spitzenfunktionären der „Schwarzen".

Obwohl Ressentiments blieben, trugen vor allem die Umschuldungsaktionen für die Landwirte sowie Beschäftigungsmaßnahmen für Arbeitslose und „Ausgesteuerte" zu einem Popularitätsgewinn der Nazis auch im bäuerlich-katholischen sowie im Arbeitermilieu bei. Dazu kam eine bisher nicht gekannte, ausgeklügelte Propaganda- und Festkultur. Das spezifisch „Waldviertlerische" daran war der Hinweis auf die Herkunft der Familie Hitlers aus dem Raum Döllersheim und die Verknüpfung mit dem zweiten „Waldviertler" Schönerer. Umso größer war dann die Enttäuschung, dass gerade in dieser „Ahnenheimat" der Errichtung eines 190 km² großen Truppenübungsplatzes 48 Ortschaften mit etwa 7.000 Einwohnern zum Opfer fielen. Grundlage für die Entscheidung waren die gute Geländelage, geringe Besiedelung und völlige Absenz von Industrie. Die Organisation der Aussiedelung übernahm die Deutsche Ansiedelungsgesellschaft, die auf der Suche nach Ersatzgrundstücken auf „arisierten" jüdischen Großgrundbesitz oder Großgrundbesitz mit jüdischen Pächtern wie etwa der weit verzweigten Familie Rezek rund um Raabs-Dobersberg zurückgriff.

Hitlers Griff auf Österreich folgte der auf die Tschechoslowakei. Im September 1938 flüchteten nach einem von Deutschland aus gesteuerten Aufstandsversuch und der Mobilisierung der Tschechoslowakischen Armee tausende Sudentendeutsche über die ehemals österreichische, nunmehr reichsdeutsche Grenze. In Litschau, Waidhofen an der Thaya und anderen Waldviertler Orten wurde aus den wehrfähigen Männern das „Sudetendeutsche Freikorps" gebildet, das bewaffnete Überfälle auf tschechoslowakisches Gebiet durchführte. Die ČSR-Armee besetzte die umfangreichen Bunkeranlagen, um sich so vor einem deutschen Angriff zu schützen. Infolge des Münchner Abkommens fielen die deutschen Gebiete schließlich kampflos dem Deutschen Reich zu. Administrativ wurden sie den Landkreisen (Bezirken) Waidhofen, Horn sowie Gmünd zugeschlagen, aus dem Gebiet rund um Nová Bystřice/Neubistritz und

*Schießen auf zwei Ebenen: Hochstand auf einem ehemaligen Bunker der so genannten tschechoslowakischen „Maginotlinie" bei Slavonice*

Jindřichův Hradec/ Neuhaus ein eigener Landkreis gebildet. Die hochgesteckten Erwartungen der Bewohner erfüllten sich indes nicht.

Bereits der Beginn der NS-Herrschaft bedeutete für die Waldviertler Juden, in ihrer Mehrzahl „Rückwanderer" aus den nach 1670 gebildeten großen südmährischen Juden-Gemeinden, den Anbruch umfangreicher Verfolgungsmaßnahmen. Im Zuge der „Sudetenkrise" erging die Anordnung, einen 50 Kilometer breiten Streifen jenseits der Staatsgrenze „judenfrei" zu machen. Die meisten wurden zunächst in „Sammelwohnungen" in Wien zentriert, um dann den Weg entweder in die Emigration oder in die Vernichtungslager des Ostens antreten zu müssen. Das „Verschwinden" der Juden bedeutete jedoch keineswegs das Ende der antisemitischen Hetze. So wurden im Zuge der „Reichskristallnacht" auch in Horn Scheiben ehemaliger jüdischer Geschäfte eingeschlagen. Im Jahr 1944 wurde das Waldviertel nochmals zum Schauplatz der nationalsozialistischen Judenpolitik, als ungarische Juden aus dem Lager Straßhof im Sommer 1944 auf 34 Einsatzorten im Waldviertel zur Zwangsarbeit genötigt wurden. Die größten Lager waren in den Industriestädten Groß-Siegharts und Gmünd, wo die Juden unter brutalsten Umständen vor allem zur Arbeit in der Stärkefabrik gezwungen wurden. Trotz des beherzten Eingreifens des Gmünder Arztes Artur Lanc starben alleine von einem am 23. Dezember 1944 eingelangten Transport hunderte Menschen. Von den im südlichen Waldviertel eingesetzten Juden fielen im April 1945 283 in Hofamt Priel, elf in Leiben von SS-Einheiten verübten Massakern zum Opfer. Als zweite große Opfergruppe der „rassischen" Verfolgung müssen die Roma und Jenischen genannt werden, deren Anzahl jedoch weit geringer war.

Beispielhaft für die Opfer der politischen Verfolgung seien hier der Groß-Sieghartser Stadtpfarrer Richard Frasl, der im KZ Dachau ums Leben kam, sowie aus dem Lager der Arbeiterbewegung der Garser Isidor Wozniczak, der noch am 2. Mai 1945 ermordet wurde, genannt.

Unmittelbar nach Kriegsende und Vorrücken der Sowjets folgten die groß angelegten Vertreibungs- und Aussiedlungsaktionen der deutsch(sprachig)en Bevölkerung aus der wieder errichteten Tschechoslowakei. In den Maitagen des Jahres 1945 strömten tausende Vertriebene aus Südmähren und Südböhmen in das Waldviertel, das auf diesen Zustrom an besitzlosen Menschen in keiner Weise vorbereitet war. Im Zuge der Vertreibung, durchgeführt von tschechoslowakischen Armee- und Freiwilligenverbänden, kam es an mehreren Orten zu Massakern. Erwähnt seien hier Staré Město/Altstadt oder Tušť/Schwarzbach. Die meisten Vertriebenen fanden vorerst bei Verwandten, Bekannten oder auch Landwirten Unterkunft. Im März 1946 wurde der Großteil von ihnen über das Sammellager Melk nach Deutschland abgeschoben, nur ein Bruchteil konnte im Waldviertel bleiben.

Mit der Errichtung des kommunistischen Regimes und dem immer deutlicher werdenden Abdriften der ČSR in den „Ostblock" sowie der schließlich erfolgten hermetischen Abriegelung der Grenze durch die Errichtung des „Eisernen Vorhanges" zu Beginn der 1950er Jahre gingen die Verzahnungen zum nördlichen Nachbarn für das Waldviertel verloren. Es befand sich für die nächsten vierzig Jahre, genauso wie die südböhmische und südmährische Nachbarregion, an der Systemgrenze.

## Sozialistisches Dorf

Die weitere Entwicklung verlief durchaus verschieden: Im Rahmen der kommunistischen Wirtschaftspolitik wurde der bisher gemischt agrarisch-industrielle tschechische Grenzraum mit Fabriksneugründungen überzogen. Damit konnte, wenn auch auf Kosten von Produktivität und Wirtschaftlichkeit, der Bevölkerungsstand und eine großzügige öffentliche Infrastruktur gehalten werden. Das „sozialistische Dorf" ähnelte nach der Vergesellschaftung der Landwirtschaft in seinem Charakter einer städtischen Siedlung. Im Mittelpunkt des wirtschaftlichen, gesellschaftlichen und kulturellen Lebens stand der Gutsbetrieb, der für Arbeit und Freizeitgestaltung sorgte. Aus Bauern wurden Landarbeiter, Wohn- und Arbeitsort waren getrennt. Politisch war das Land in das sozialistische System fest eingebunden, sein Festkalender sorgte für Rhythmus und Ritualisierungen. Unter der monolithischen Oberfläche wirkten jedoch alte Konfliktlinien weiter oder taten sich neue auf. Unmittelbar an der Grenze war das Regime wesentlich rigider. So war es für Nichteinheimische lange Zeit nur mit Sondergenehmigung möglich, Städte wie Nová Bystřice/Neubistritz oder Slavonice/Zlabings zu betreten, Dörfer in der engeren Sperrzone wurden dem Erdenboden gleichgemacht.

Anders die Entwicklung im Waldviertel. Nach dem Krieg bremste die Zugehörigkeit zur sowjetischen Zone den wirtschaftlichen Aufschwung. Erst in den 1960er Jahren begann sich im Zuge von Betriebsgründungen eine Trendwende abzuzeichnen. Allerdings waren dies genauso wie in der zweiten Welle Anfang der 1970er Jahre meist Zweigbetriebe von Wiener Firmen, die wiederum auf billige Arbeitskräfte setzten und die monostrukturelle Ausrichtung perpetuierten. Noch konnte die Industrie den Arbeitskräfteüberschuss aus der zunehmend mechanisierten Landwirtschaft auffangen. Unter der stickigen Oberfläche des autoritativen Spät-Fordismus herrschte jedoch in den „Kreisky-Jahren" durchaus Aufbruchsstimmung, endlich, glaubte man, gegenüber „Wien" aufzuholen. Als es jedoch in den späten 1970er Jahren infolge der neuen internationalen Arbeitsteilung zu spektakulären Firmenzusammenbrüchen im Raum Gmünd-Heidenreichstein-Litschau kam, schwand diese Hoffnung dahin. Ab da waren auch die beiden nördlichen Waldviertler Bezirke massive Abwanderungsgebiete. Zwar wurde die „tote Grenze" immer wieder dafür verantwortlich gemacht, in ihrer realen Wirkung jedoch maßlos überschätzt.

Politisch war das Waldviertel nach 1945 „schwarz" mit „roten" Einsprengseln, wobei im Gegensatz zur Ersten Republik analog der Entwicklung in ganz Österreich anstatt auf Konfrontation auf Kooperation im Rahmen eines ausgeklügelten Proporz- und Verteilungsschlüssels zwischen den schwarzen und roten Gemeinden gesorgt war. Allerdings hatte die Sozialdemokratie ihren Anspruch auf Schaffung des „neuen Menschen" aufgegeben und setzte stattdessen auf breite Wohlstandsvermehrung. Auch im nunmehr um den Großteil der ehemaligen „Nationalen" ergänzten „bürgerlichen Lager" hatte der Katholizismus nach einer kurzen Phase des Aufschwungs in den fünfziger Jahren an Bindekraft verloren. Konsum ging vor Ideologie.

## Rückzugsgebiet

In dieser Atmosphäre entstanden in den späten 1970er und 1980er Jahren, oft in Verbindung von städtischen „Aussteigern", die das Waldviertel als romantisiertes Rückzugsgebiet nutzen, mit in den neuen Bildungseinrichtungen sozialisierten „Heimischen" Ansätze einer alternativen Kultur mit Stützpunkten in Waidhofen an der Thaya (Folk-Club), Gmünd (Werkbank), Horn (Arge Region Kultur) und mehreren kleineren Orten (Allentsteig, Drosendorf, Gföhl, Kautzen). Aus einigen Konkursfällen wurden Modellversuche von selbstverwalteten Betrieben. Eine junge Generation von aus dem Waldviertel stammenden Historikern widmete sich der Aufarbeitung der Zeitgeschichte. Kurz: Großstädtische Trends setzten sich auch im Waldviertel fort, wobei die Toleranz und Akzeptanz des Öfteren aufgrund der schwierigen ökonomischen Lage, in der dies vielen als (touristischer) Rettungshalm schien, größer als anderswo war.

Dazu kamen oftmals von lokalen Honoratioren aus dem Nahbereich von Kirche und ÖVP gegründete Initiativen, die sich einer Stärkung des regionalen Bewusstseins („Ein Waldviertler = drei Leit") widmeten und ihren Kristallisationspunkt rund um die Landwirtschaftliche Fachschule Edelhof mit ihrem charismatischen Direktor Adolf Kastner fanden. Auf dem Gebiet von (Bio-)Landwirtschaft, landwirtschaftlicher Direktvermarktung, (sanftem und Gesundheits-)Tourismus, der Dorferneuerung, der Kultur und der alternativen Energieerzeugung konnten beachtliche Erfolge erzielt werden, die auch österreichweit Vorbildcharakter annahmen. Das Waldviertel wurde eigentlich ungewollt zum Musterbeispiel einer „eigenständigen Regionalentwicklung". Dennoch änderte dies nichts an der peripheren Lage, dem wirtschaftlichen Abwärtstrend und der massiven Abwanderung und Überalterung der Bevölkerung. Die Stimmung wurde besser, die schlechte Lage blieb. Dazu kommt das lange Nachwirken von autoritären, obrigkeitshörigen und sozialpartnerschaftlichen Strukturen und Mentalitäten, das Fehlen eines diskursiven Mediums sowie die Institutionalisierung und darauf folgende (finanzielle) Vereinnahmung auch der kritischen und alternativen Initiativen durch Land und Bund.

Als im Herbst 1989 der Eiserne Vorhang zum nördlichen Nachbarn fiel, war zwar die Begeisterung „hüben wie drüben" groß. Bald aber schon war zu spüren, dass es nicht so bald möglich sein würde, die lange Periode der Trennung zwischen den zwei einander fremd gewordenen Nachbarn zu überwinden.

Religion

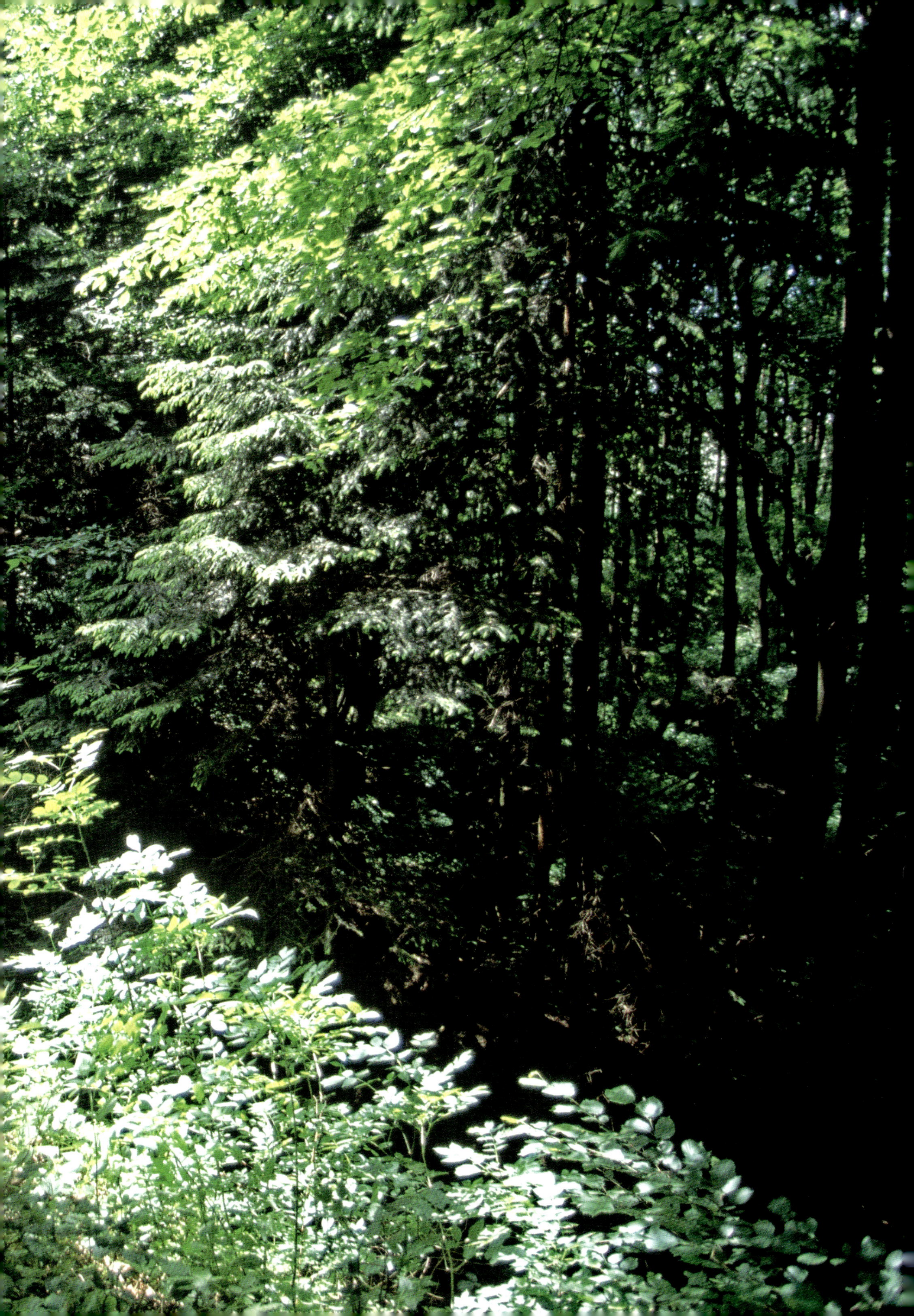

Franz Pötscher

# Im Zeichen des Glaubens

*Vom bescheidenen Marterl am Wegesrand bis zu den mächtigen Gottesburgen – das Waldviertel ist reich an gebauten Zeichen des Glaubens, vor allem aus Gotik und Barock.*

*Alte Ansicht von Maria Dreieichen bei Horn*

Auf den ersten Blick erscheint die religiöse Landschaft einheitlich christlich-katholisch geprägt. Doch in der Rückschau offenbart sich eine durchaus wechselhafte Entwicklung. Das Waldviertel stand immer eng im Kontakt mit den großen Zeitströmungen. Besonders prägend war der Einfluss der streng katholischen Habsburger und des Machtzentrums Wien, aber auch der ständischen Gegenbewegungen. Dazu kommen als Besonderheit des Waldviertels die engen Wechselbeziehungen mit Böhmen und Mähren.

Neben dem jeweiligen Mainstream existierte im Waldviertel jedoch immer auch das Andere, das Alternative, das Widerständige. Früher wie heute war das Waldviertel auch Rückzugsgebiet: für Sektierer, Protestanten, Freimaurer, deutschnationale Spintisierer, religiöse Spinner oder einfach alternative Lebensentwürfe. Wer will, kann in der Landschaft neben den dominierenden religiösen christlich-katholischen Zeichen auch noch einen „spirituellen" Subtext lesen. Seine Überschrift ist das „Mystische". Es ist heute Tourismusmasche, gehörte aber schon vorher zum Lebensgefühl dieser Landschaft. Ausgedehnte Wälder, rätselhafte Moore, Granit- und Gneisformationen, die Grenzlage … all das beflügelte die Phantasie, zog und zieht an.

## Vom Kult zur Kirche

Abgesehen von geologischen Befunden („Opferschalen") und archäologischen Artefakten, die kaum zu deuten, aber leicht zu missbrauchen sind, ist über das religiöse Leben im Waldviertel vor der Christianisierung wenig bekannt. Es ist jedoch ein Faktum, dass das Christentum häufig heidnische Kultstätten übernahm und mit seinen Zeichen überschrieb.

Als die Bayern im 9. und 10. Jahrhundert entlang der Donau vordrangen, siedelten im Nordwald bereits christianisierte Slawen. Auf dem Schanzberg bei

*Vorhergehende Doppelseite*
*Wallfahrt nach Maria Schnee bei Drosendorf*

Gars, einem slawischen Fürstensitz, fanden sich die Überreste einer gemauerten Kirche. 1041 eroberten die Babenberger diesen Herrschaftssitz und Markgraf Leopold II. machte Gars zur Residenz. Unterhalb des Schlossberges begann der Bau der Gertrudskirche. Ausgehend von der Urpfarre Gars-Eggenburg, den Burgkirchenanlagen in Altpölla (um 1050) und Zwettl (um 1100) entwickelte sich ein immer dichter werdendes Pfarrnetz. Die Menschen konnten die oft weit entfernten Pfarrkirchen nur bei besonderen Anlässen – Taufen oder Begräbnissen – aufsuchen. Für den sonntäglichen Messbesuch, Beichte und Kommunion errichteten viele Grundherren eigene Gotteshäuser und trachteten danach, sie vom zuständigen Passauer Diözesanbischof zur Pfarrkirche mit Pfarrbezirk und Pfarrrechten erheben zu lassen. Die meisten Pfarren wuchsen aus solchen Großpfarren heraus, etwa 1132 Allentsteig aus Altpölla.

Die mächtigen Rodungsgeschlechter des Waldviertels gründeten auf ihren Besitzungen jeweils Klöster: Hadmar I. von Kuenring 1137 das Stift Zwettl, die Grafen von Poigen, die im Horner Becken herrschten, 1144 Altenburg und Ulrich von Pernegg Geras und Pernegg (1153).

Am besten blieb die mittelalterliche Anlage mit Kapitelsaal, Dormitorium und Latrine in Zwettl erhalten. Besonders interessant ist der Kreuzgang (1204–1227), der die stilistische Entwicklung von der Spätromanik zur Frühgotik erkennen lässt. Das Vordringen nach Norden führte zwangsläufig zu Grenzkonflikten mit Böhmen. Auch Adelsfehden wurden durch wechselseitige

*Herr Sebastian, Kloster Pernegg*

*Jüdische Friedhöfe in Südmähren (o. li), Waidhofen a. d. Thaya (o. Mitte), Písečné (o. re, u. re) und Horn (u. li, u. Mitte)*

Überfälle ausgetragen. Die Wehrkirchen von Altweitra, im 12. Jahrhundert von den Kuenringern errichtet, oder Kleinzwettl, ein Wehrbau der Zwettler Zisterzienser aus dem 13. Jahrhundert, sind Zeugen dieser unsicheren Zeit.

## Die Waldviertler Juden – geduldet und verfolgt

Der Glaube diente oft als Vorwand für machtpolitische oder wirtschaftliche Interessen. Besonders Juden, die auch im Waldviertel als Darlehensgeber der Mächtigen wie der einfachen Leute fungierten, lebten immer unter einer gewissen Bedrohung. 1338 wurden die Pulkauer Juden eines Hostienfrevels bezichtigt. Darauf wurden zahlreiche Juden in Retz, Znaim, Korneuburg, Horn, Eggenburg, Zwettl und weiteren Orten ermordet. Auch die Landesfürsten wiesen die Juden mehrfach aus, zuletzt mussten sie 1670/71 Wien und Niederösterreich verlassen. Im toleranteren Mähren entstanden eine ganze Reihe jüdischer Gemeinden entlang der Grenze. So gründeten die Weitersfelder Juden eine neue Gemeinde in Šafov/Schaffa. Das Toleranzpatent Kaiser Joseph II. räumte den Juden gewisse bürgerliche Rechte ein, aber erst die liberalen Reformen von 1859 brachten die bürgerliche Gleichstellung der Juden und führten zu einem Zuzug von mährischen Juden nach Niederösterreich.

An das früher auch im Waldviertel reiche jüdische Leben erinnern heute fast nur noch Friedhöfe, so in Krems, Zwettl, Horn, Waidhofen an der Thaya, oder jenseits der Grenze in Šafov/Schaffa.

## Das Waldviertel im Zeitalter der Glaubenskriege

Die Zeit des 15. bis 17. Jahrhunderts ist geprägt von Reformbestrebungen und Religionskriegen. In Böhmen hatte Jan Hus gegen die Verweltlichung des Klerus und der Klöster gewettert und forderte eine kirchlich-nationale Verselbständigung der Tschechen. Auf dem Konzil von Konstanz, an dem auch der Horner Student Petrus Czech oder der spätere Pfarrer von Altpölla Dr. Kaspar Meiselstein teilnahmen, sollte Hus seine Lehren verteidigen, wurde aber 1415 verbrannt. Seine Anhänger reagierten mit Aufständen, brachten durch ihre überlegene neue Kampfform bald ganz Böhmen in ihre Gewalt und überzogen zwischen 1420 und 1434 auch das Waldviertel mit Kriegszügen. Viele Orte wurden – teils mehrfach – geplündert und gebrandschatzt, Klöster und Kirchen zerstört, die Bewohner oft massakriert wie 1425 in Retz und Pulkau. 1427 brannte das Kloster Zwettl und die Orte der Umgebung wurden verheert, ebenso Geras, Pernegg, Eggenburg, Döllersheim und Waidhofen an der Thaya. 1429 musste Eggenburg eine längere Belagerung aushalten, im folgenden Jahr wurde der Markt Thaya dem Erdboden gleichgemacht. 1431 gelang es einem österreichischen Aufgebot erstmals, bei Kirchberg an der Wild eine hussitische Kolonne zu schlagen. Erst 1434 hörten die Plünderungszüge über die Grenze auf.

Die Missstände in der Kirche, Pfründewesen und Ablasshandel blieben jedoch weiter bestehen. So griff die Reformation Martin Luthers 1517 rasch auf die österreichischen Länder über. Um 1580 waren bereits 70–80 % der Bevölkerung Niederösterreichs protestantisch. Da die habsburgischen Herrscher in Zeiten der Türkengefahr finanziell von den Ständen abhingen, machten sie religiöse Zugeständnisse. So konnte der Adel die protestantische Religion auf seinen Gütern ungehindert ausüben. In den Schlosskapellen wirkten protestantische Prediger wie Tettelbach in Karlstein oder der bedeutende Theologe Dr. Christoph Reuter auf der Rosenburg. Er arbeitete mit dem Rostocker Dr. David Chyträus ein evangelisches Gottesdienstbuch aus, das 1571 in 4.000 Exemplaren auf der Rosenburg gedruckt wurde. Reuter hieß zeitgenössisch „Deutscher Papst", die Rosenburg in der Romantik „österreichische Wartburg". Das benachbarte Horn war das bedeutendste Zentrum des Protestantismus im Waldviertel. Hier entstand eine protestantische Schule und 1593–1597 wurde die repräsentative protestantische Pfarrkirche St. Georg errichtet.

Die Ständebewegung erreichte ihren Höhepunkt, als 180 protestantische Herren und Ritter Erzherzog Matthias die Erbhuldigung verweigerten und am 14. September 1608 den Horner Bundbrief unterzeichneten. Sie verbündeten sich mit ihren mährischen Standesgenossen gegen den Kaiser und erlitten 1620 am Weißen Berg bei Prag eine vernichtende Niederlage. Auch das Waldviertel verschonte der Dreißigjährige Krieg nicht: 1645 drangen die Schweden unter Lennart Torstenson ins Land nördlich der Donau ein und besetzten zahlreiche Orte. Steinerne „Schwedenkreuze" erinnern im ganzen Waldviertel an die Kämpfe. Der Westfälische Friede bedeutete für die österreichischen Erblande den Triumph des habsburgischen Absolutismus und des Katholizismus.

*Jesuit (oben) und Piarist (unten)*

Wir werden sie schon katholisch machen!

Das Herrscherhaus führte nun die Rekatholisierung des Landes rasch zu Ende. Eine wichtige Rolle bei dieser Missionierung spielten die neuen Orden, die sich hauptsächlich der Predigt und der Seelsorge verschrieben. Schon 1586 hatten sich Jesuiten im Kloster St. Bernhard angesiedelt, 1645 kamen die Kapuziner nach Waidhofen an der Thaya und Graf Kurz berief 1657 die Piaristen nach Horn. Protestantische Adelige wanderten aus und verloren ihre Güter, die kaiser- (und kirchen-)treue Adelige zu günstigen Konditionen übernahmen. Besonders geschickt war in dieser Hinsicht der Reichsgraf Joachim von Windhag. Er leitete mit dem Altenburger Abt Benedikt Leiß die Reformationskommission des Jahres 1652 im Viertel ober dem Manhartsberg, begleitet von berittenen Soldaten. In seinem Bericht listet er 22.224 „Bekehrte" auf, von denen aber viele in den folgenden Jahren das Land verließen oder ihren Glauben heimlich weiter praktizierten. Jedenfalls waren bei der neuerlichen Kommission 1657/60 kaum mehr „Widerspenstige" zu finden. Windhag stieg zu einem der größten Grundbesitzer seiner Zeit auf. Da er ohne Erben blieb, gründete er eine Stiftung, die unter Leitung des Landes Niederösterreich bis heute Stipendien vergibt.

Joachim von Windhag ließ seine Besitzungen, darunter zahlreiche im Waldviertel wie die Herrschaft Rosenburg, von Clemens Beuttler in der „Topographia Windhagiana" festhalten.

*Stift Altenburg*

## Prunk und Glorie des Barockkatholizismus

Der Barockkatholizismus betonte den Gegensatz zum Protestantismus. Er diente als Staatsreligion und sollte die Bevölkerung – ganz im Sinn des Absolutismus – gesellschaftlich und religiös vereinheitlichen. Die Seelsorger vermittelten in der „Kinder- und Christenlehre" den Katechismus, ein leicht abprüfbares Glaubensgerüst. Sie kontrollierten den Empfang der Osterkommunion und den Besuch der Beichte. Das Kirchenjahr erhielt ein enges zeitliches Korsett an ebenso prunkvoll wie volkstümlich gestalteten Festen (Palmprozession, Feldumgänge, Fronleichnam, Bußprozessionen, Kirchweih …). Ein fixer Bestandteil des religiösen Lebens waren die zahlreichen Bruderschaften, in denen sich vor allem die Reichen und Mächtigen (und die dazugehören wollten) organisierten.

Die Rosenkranz-, Reliquien- und Heiligenverehrung blühte auf, vor allem die Verehrung der Gottesmutter Maria, der fast alle neu errichteten Kirchen geweiht wurden. Bis heute findet man überall im Waldviertel die Figuren des 1729 heilig gesprochenen Johannes Nepomuk, der neben Theresia, Josef, Sebastian oder Ignatius besonders verehrt wurde. Weihnachtskrippen, Kalvarienberge (Eggenburg, Gars/Thunau, Horn, Altpölla, Zwettl) und Heilige Gräber brachten dem Volk das Heilsgeschehen nahe. Nach der Pest von 1679 wurden in Weitra und Zwettl die prunkvollen Dreifaltigkeitssäulen sowie die Mariensäule in Horn errichtet. Bis heute sichtbarster Ausdruck der Macht der barocken Kirche sind aber die prächtigen Um- und Neubauten der Stifte. In Altenburg verwirklichte Abt Placidus Much seinen Traum einer barocken Gottesburg. Der Baumeister Josef Munggenast schuf von 1729 bis 1745 den Prälatenhof, die Kirche, die gewaltigen Fronten des Marmortraktes und der Bibliothek, den Gäste- und Kaisertrakt. Much engagierte die besten Handwerker und Künstler, allen voran Paul Troger.

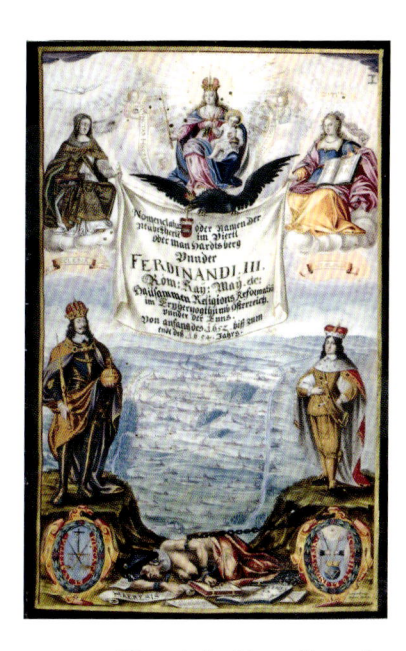

*Allegorische Darstellung der Gegenreformation mit einer Karte des Waldviertels*

## Zeichen und Wunder

Dem barocken Lebensgefühl entsprach besonders die Wallfahrt. Viele der zahlreichen neuen Gnadenorte hatten einen gegenreformatorischen Ursprung. So 1621 in Hoheneich: Der Legende nach sprang die von Protestanten verriegelte Kirchentür von selbst auf, als Wallfahrer ankamen. Auch die Gründung der Wallfahrt Maria Dreieichen fällt mit dem Ende der Reformationsbewegung in Horn zusammen. 1641 entstand die Wallfahrt nach Maria Taferl, dem hoch über dem Donautal gelegenen „Österreichischen Myrrhenberg". 1633 wollte ein Viehhirt die alte Eiche neben dem „Taferlstein" fällen. Dabei fuhr ihm das Beil in beide Beine. Erst jetzt entdeckte er das Kreuzbild im Baum. Erzählungen von Gebetserhörungen und wundersamen Lichterscheinungen brachten die Wallfahrt in Gang. 1660 begann der großartige Kirchenbau, an dem Künstler wie Jakob Prandtauer oder Martin Johann Schmidt mitwirkten.

Zahllose Bildstöcke umgeben die Gnadenorte mit einer heiligen Aura und kennzeichnen die Pilgerwege. Besonders häufig sind die „Dreieichenmarterln", die wie andere Bildwerke der Barockzeit oft aus dem weißen Stein von Eggenburg und Zogelsdorf gefertigt wurden.

*Wallfahrtskirche Maria Schnee*

## Maria Schnee

Die Quelle von Maria Schnee bei Drosendorf galt seit jeher als heilkräftig. Daneben war ein Marienbild angebracht. Als ein Bauer einstens im Sommer hier sein Vieh tränken wollte, fand er ringsum frisch gefallenen Schnee. Eine Kapelle wurde errichtet, die ein Einsiedler betreute. Als die Pestepidemie von 1679 in Drosendorf nur vier Opfer forderte, schwoll der Strom der Wallfahrer an. Der Abt von Geras Paul Gratschmayr ließ 1760 eine Kirche mit herrlichen Deckenfresken errichten, die aber bald, nachdem Joseph II. die Wallfahrt 1782 verbot, wieder abgebrochen wurde. Erst Mitte des 19. Jahrhunderts entstand eine neue Kirche. Die Wallfahrt war so beliebt, dass ab 1915 im Sommer an Sonn- und Feiertagen eine eigene Bahnhaltestelle geführt wurde.

## Die josephinische Kirchenreform

Die Reformen der Aufklärung unter Kaiser Joseph II. veränderten das religiöse Leben. Die alte Kirchenprovinz Passau wurde von der Kirchenprovinz Wien mit dem vergrößerten Erzbistum sowie den Bistümern Linz und St. Pölten (mit dem Waldviertel) abgelöst. Zahlreiche Klöster wurden aufgehoben – etwa 1783 Pernegg. Die Wallfahrten wurden stark eingeschränkt. Das frei gewordene Kirchenvermögen floss in den Religionsfonds, aus dem die Neuordnung der Seelsorge unterstützt wurde. In den Jahren 1782 bis 1789 entstanden zahlreiche neue Pfarren. Die Pfarrer übernahmen nun auch staatliche Aufgaben, etwa die Führung der Matriken. Im Toleranzpatent (1781) gewährte Joseph II. den verbliebenen (Geheim-)Protestanten eine beschränkte Religionsfreiheit. Aber nur in Mitterbach entstand 1783 wieder eine evangelische Pfarre, weitere erst ab Ende des 19. Jahrhunderts. Obwohl sich die Seelsorge – vor allem auf dem Land – sehr verbesserte, wurden die Reformen von der bäuerlichen Bevölkerung abgelehnt, während führende Kirchenmänner sie unterstützten.

Viele Aufklärer und Josephinisten waren Freimaurer. Leopold Christoph Graf Schallenberg, ein hochrangiger Beamter am Hof Maria Theresias, richtete im Schloss Rosenau eine Loge als Versammlungsort ein. Heute befindet sich hier das Freimaurermuseum.

## Moderne Zeiten

Das josephinische Staatskirchentum blieb bis zur Revolution 1848 bestehen. Währenddessen drängten die erstarkenden bürgerlich-liberalen Strömungen auf die Trennung von Kirche und Staat. Liberale und Klerikale stritten über die Schul- und die Ehegesetzgebung, also die Einführung der Zivilehe. Das liberale Reichsvolksschulgesetz (1869) beschränkte den Einfluss der Kirche auf den Religionsunterricht.

Die Christlichsozialen verstanden sich als weltlicher Arm der Kirche und arbeiteten etwa bis 1885 mit den Deutschnationalen in der Bewegung „Vereinigte Christen" zusammen. Danach schlug der Führer der Deutschnationalen und Herr auf Schloss Rosenau, Georg von Schönerer (1842–1921), eine antikatholische und scharf antisemitische Richtung ein („Ohne Juden, ohne Rom, wird gebaut Germaniens Dom!"). Seine „Los von Rom-Bewegung" rief zum Austritt aus der katholischen Kirche auf, hatte im Waldviertel aber wenig Erfolg. Schönerer selbst trat 1900 zum Protestantismus über und initiierte die Errichtung einer evangelischen Kirche in Zwettl. Die dominierenden Christlichsozialen griffen den Bau heftig an, aber 1904 wurde er vom Kremser Vikar Max Monsky eingeweiht. Die evangelische Gemeinde Krems umfasste damals noch fast das ganze Waldviertel. In Zwettl entstand erst durch den Zuzug von sudetendeutschen Vertriebenen 1945/46 eine Gemeinde.

Während der Ersten Republik gingen die Christlichsozialen so etwas wie eine Symbiose mit der Kirche ein, symbolisiert durch den Kirchen- und Parteimann Ignaz Seipel. Die Kirche wurde dadurch in die Kämpfe zwischen den politischen Lagern hineingezogen, die im blutigen Bürgerkrieg 1934 kulminierten. In der Seelsorge entstanden Gräben, die erst viel später Kardinal Franz König überbrücken konnte.

Eine kurze aber heftige Episode war die NS-Zeit. Bald nach dem „Anschluss" beschnitten die Nationalsozialisten die Rechte der Kirche. Der Einfluss des Klerus sollte mit allen Mitteln gebrochen werden. Die Sonntagspredigten wurden überwacht, der Religionsunterricht eingeschränkt, katholische Vereine aufgelöst, schließlich kirchlicher Besitz eingezogen. Die Waldviertler Klöster wurden zur Unterbringung von volksdeutschen Umsiedlern beschlagnahmt. Die ab Mai 1939 geltende Kirchensteuer sollte Kirchenaustritte fördern: Noch im selben Jahr traten allein in der Pfarre Gmünd 322 Personen aus der Kirche aus. Missliebige Priester und Ordensleute wurden verfolgt. Der Pfarrer von Groß-

*Pfarrkirche St. Georg in Traunstein*

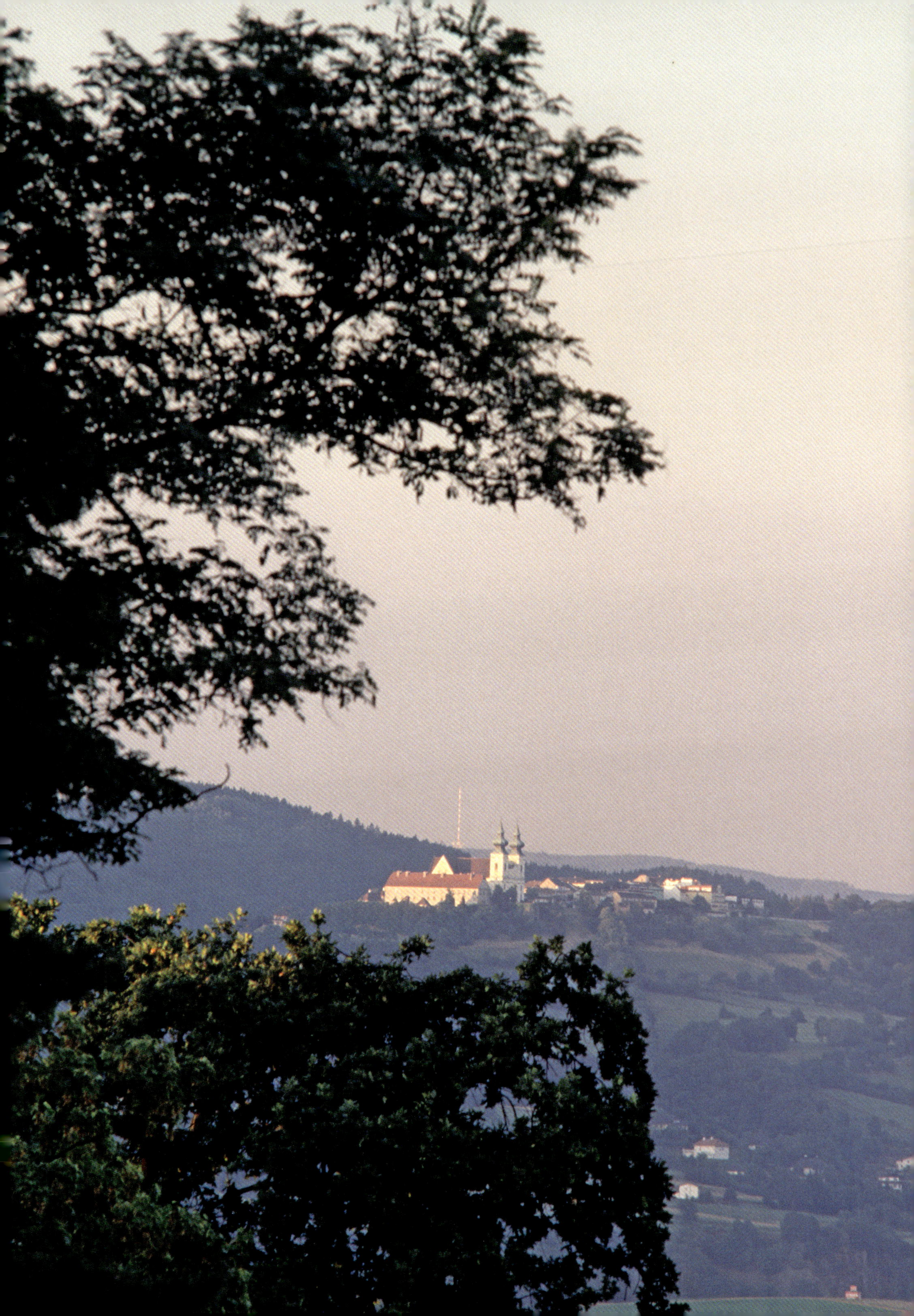

Siegharts Richard Frasl wurde ins KZ Dachau verschleppt, wo er kurz vor Kriegsende umkam. Mit Fortdauer des Krieges verstärkte sich der Zulauf zur Kirche. So wurden am 4. Juni 1944 in Maria Dreieichen 1.500 Kommunikanten gezählt, viele davon aus Südmähren.

Seit 1945 hat sich die Situation der Kirche bedeutend gewandelt. Die Reformen des Zweiten Vatikanums, der Schwund an Gläubigen und der Priestermangel sind am Waldviertel nicht spurlos vorübergegangen. Dennoch entstanden seit Kriegsende mehrere Kirchenbauten, etwa 1950–1953 die Kirche in Gmünd Neustadt oder 1961/62 jene in Traunstein mit ihrer strengen, architektonisch bemerkenswerten Innenraumgestaltung. Hier wirkte der „Künstler-Pfarrer" Josef Elter, dessen Holz- und Steinskulpturen in einem Ausstellungszentrum zu bewundern sind. Die Kirche hat sich in vieler Hinsicht geöffnet, das Verständnis der Seelsorge hat sich erweitert hin zu einer breiten Teilnahme am gesellschaftlich-kulturellen Leben. Gerade Waldviertler Persönlichkeiten traten immer wieder in den Vordergrund, etwa der populäre „Kräuterpfarrer" Weidinger, der in seinen launigen Vorträgen Volksbildung in gesundheitlichen Fragen mit Seelsorge zu verbinden wusste und seinen Wirkungsort Karlstein zu einer Touristenattraktion machte, oder der „Weinpfarrer" Denk.

Auch die Waldviertler Klöster haben ihre Tore – nicht nur für Gläubige – weit geöffnet. Seit 1979 sind die Stifte Altenburg, Geras und Zwettl Veranstaltungsorte des Kammermusikfestivals Allegro Vivo, vieler anderer Kulturveranstaltungen und Ausstellungen. Die Kunstkurse in Geras sind weit über das Waldviertel hinaus beliebt, der „Garten der Religionen" in Altenburg, der Kräutergarten in Zwettl oder der Naturpark Geras ziehen zahlreiche Touristen an. Daneben haben die Klöster bedeutende Wirtschaftsbetriebe mit werbewirksamen Aushängeschildern wie der Karpfenzucht in Zwettl oder in Geras.

*Blick auf die Basilika von Maria Taferl*

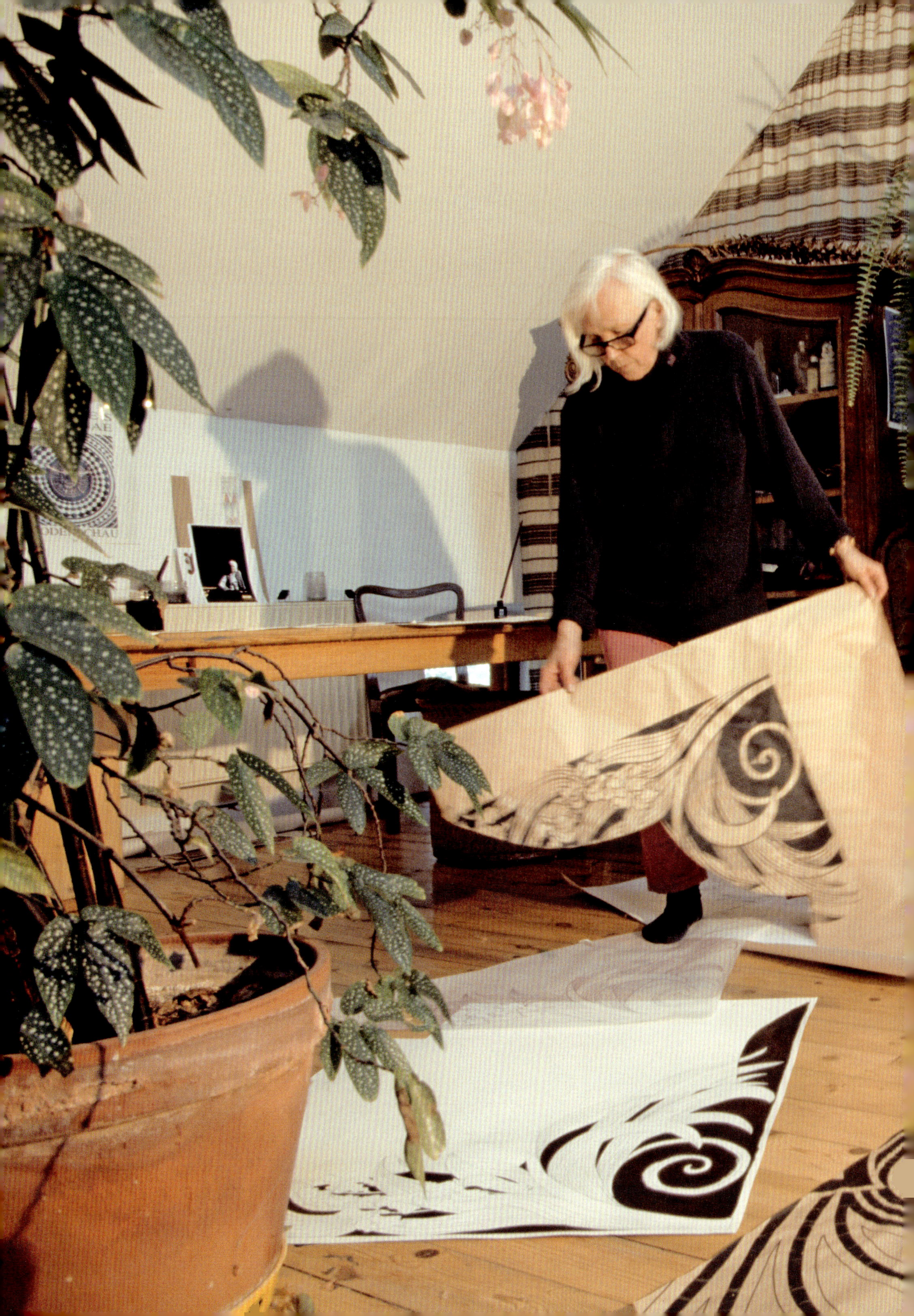

# Textilerzeugung

Andrea Komlosy

# Der Faden reißt nicht ab

*Das Waldviertel ist ein Beispiel dafür, wie Industrie
von der regionalen in die globale Peripherie verlagerte wurde.*

*Zwirnknöpfe aus Weitra*

Die in der Region verfügbaren Rohstoffe Wolle und Flachs begründeten schon frühzeitig Textilerzeugung im bäuerlichen Haushalt sowie im zünftischen Handwerk. Überregionale Bedeutung erlangte die Waldviertler Textilerzeugung jedoch erst, als die regionalen Rohstoffe im 18. Jahrhundert durch Baumwolle ergänzt wurden. Damals wurde das Obere Waldviertel in die Verlagsorganisation der großen Baumwollmanufakturen eingegliedert, die Rohstoffbeschaffung, Produktion und Absatz im großräumigen Maßstab organisierten. Das Obere Waldviertel fungierte dabei als Region, in der Kleinhäusler und Bauern Spinn- und Webarbeiten beistellten, die aufgrund der Einbindung in die bäuerliche Landwirtschaft und Selbstversorgung besonders niedrige Lohnkosten verursachten. In der zweiten Hälfte des 19. Jahrhunderts nützten Textilfabrikanten das geübte Arbeitskraftpotential für die hier errichteten mechanischen Web- und Wirkwarenfabriken, die der Textilregion des Oberen Waldviertels ein industrielles Outfit verpassten. Um 1870 wurden 77% der industriell-gewerblichen Beschäftigten in der Webe-Industrie gezählt. Wenn auch in abgeschwächtem Maß, blieben die einseitige Ausrichtung auf die Textilbranche und die Abhängigkeit der Region von außerregionalen Investoren, die wegen der günstigen Standortbedingungen im Waldviertel Zweig- und Filialbetriebe errichteten, im 20. Jahrhundert erhalten. Nach der Gründerzeit des 19. Jahrhunderts erfolgte in den 1960er Jahren eine zweite Welle von Betriebs- und Arbeitsplatzgründungen, nunmehr getragen von multinationalen Konzernen, die auch die Bekleidungsindustrie umfasste.

Vorangehende Doppelseite:
*Textilkünsterlin Vesna in ihrem
Atelier in Schloss Primmersdorf*

Bei der Volkszählung 1981 wurden in den Bezirken Gmünd und Waidhofen 4.177 Personen gezählt, die in der Textil- und Bekleidungsindustrie beschäftigt waren; das entspricht einem Anteil von 41% (Gmünd) bzw. 35% (Waidhofen) an den industriell-gewerblichen Berufstätigen – gegenüber 12% im niederösterreichischen Durchschnitt. Das Obere Waldviertel gehörte zu diesem Zeitpunkt zu den textilen Workshops der Weltwirtschaft. Bis zur Volkszählung 1991 war die Zahl der Textil- und BekleidungsarbeiterInnen um 20% zurückgegangen. 2001 betrug sie 1.384 und fällt seitdem kontinuierlich. Vor allem die Bekleidungsindustrie, die im Vergleich zur Herstellung der Stoffe sehr arbeitsintensiv ist, versank in die Bedeutungslosigkeit. 2001 waren nicht einmal mehr 100 Personen in dieser Sparte tätig. Was war geschehen?

Die neue internationale Arbeitsteilung, in deren Zuge ausgereifte Fertigungsschritte der Industrieproduktion in Entwicklungsländer ausgelagert wurden, hatte die Waldviertler Textilregion erfasst. Obwohl die Region für ein niedriges Lohnniveau und den Fleiß ihrer ArbeiterInnen bekannt war, konnte sie im Standortwettbewerb den Vergleich mit Entwicklungsländern nicht bestehen. Multinationale Konzerne, die in den 1960er und frühen 1970er Jahren die Produktion in der Billiglohnregion Waldviertel ausgeweitet hatten, zogen nun von der regionalen in die globale Peripherie. Schon in den 1970er Jahren gehörten neben ostasiatischen Ländern auch Ungarn und Rumänien zu jenen Staaten, die als verlängerte Werkbänke kostengünstig Veredelungsaufträge für westliche Konzerne durchführten. Nach dem Fall des Eisernen Vorhangs gab es für die Verlagerung arbeitsintensiver Fertigungen in die neuen Fashion-Kolonien kein Halten mehr. Die Regionalpolitik entwickelte Rettungsprogramme, um der sich ausbreitenden Panikstimmung entgegenzuwirken. In dieser Situation stießen verschiedene Bemühungen, museale Denkmäler der Textilindustrie zu schaffen, bei Förderstellen auf offene Ohren.

## Waldviertler Textilstraße

Die Waldviertler Textilstraße war eine Initiative der drei Waldviertler Textilmuseen Groß-Siegharts, Waidhofen und Weitra. Das Lebende Textilmuseum Groß-Siegharts und das Museum Alte Textilfabrik entstanden 1989 in zwei ehemaligen Textilfabriken. Gleichzeitig nahm das Heimatmuseum Waidhofen für seine umfangreiche Textilmaschinensammlung einen Museumsanbau in Angriff. Deutliche Signale, die in einer Phase der Krise die alte Textiltradition und ihren Beitrag zur Alltagskultur des Waldviertels in den Vordergrund stellten. Die Musealisierung ehemaliger Fabriksgebäude trug zur Erhaltung der Industriearchitektur bei. Vor Ort wurden Unternehmensgeschichte, Technik, Arbeitsorganisation, Alltag und Überlebensstrategien der TextilarbeiterInnen dokumentiert. Die Maschinensammlung bot regionale Technikgeschichte im Zeitraffer. Mit den Gebäuden, den Arbeitsgeräten, den schriftlichen und bildlichen Dokumenten wurde auch die Erinnerung an die textile Vergangenheit gepflegt. In der Phase des Umbruchs, des Verlusts von Arbeitsplätzen und des rapiden Strukturwandels der Branche war die Erinnerung ein Schlüssel für die Bewältigung der Gegenwart. Fast jeder Waldviertler hatte Vorfahren, die in der Textilerzeugung tätig waren. Die Waldviertler Textilstraße öffnete mit der Industriekultur zudem ein neues Segment des Tourismus. Denn durch die Erschließung von 40 Besichtigungsstationen, die mit Informationsmaterial und Straßenhinweisschildern beworben und mit Informationstafeln gekennzeichnet wurden, lädt die Textilstraße Einheimische und Gäste ein, die Waldviertler Textilregion als ein regionales Freilichtmuseum zu erkunden und zu erleben.

*Der Bandlkramer*

*Bandmühle im Textilmuseum von Waidhofen an der Thaya*

*Weberhäuser-Ensemble aus dem 18. Jahrhundert in der Pfarrgasse, Waidhofen an der Thaya*

## Von der Baumwollmanufaktur zur Lochkartenschlägerei

Das Faszinosum lag zu diesem Zeitpunkt in der Überlagerung historischer mit aktuellen Strukturen. Die Textilstraße fügte die historischen Meilensteine der Waldviertler Textilerzeugung wie Perlen auf einer Kette zusammen: angefangen mit dem Werkamt der Schwechater Baumwollmanufaktur in Waidhofen, von dem diese den Textilverlag im Waldviertel organisierte, über die merkantilistische Arbeitersiedlung Neugebäu in Groß-Siegharts, die erste Bandfabrik in Schloss Rosenau bis zu den beeindruckenden Fabrikensembles des 19. Jahrhunderts. Dazu kamen unspektakuläre, aber gleichwohl grundlegende Baulichkeiten, wie die Weberhäuser auf Stadtplätzen oder in Kleinhauszeilen, die Haarstuben zum Flachsrösten oder die Dämme und Wehre der Werkskanäle, deren textilhistorische Bedeutung in Vergessenheit geraten war. Bei genauerem Hinsehen und mit etwas Erklärung wurde deutlich, dass Aufbau und Siedlungsbild der Waldviertler Ortschaften und Städte maßgeblich durch die textile Aktivität geprägt war. Um 1990 gab es neben einer großen Zahl von modernen Betrieben, von denen manche ihre Tore auch für Textilstraßenbesucher öffneten, viele Unternehmungen, die selbst schon Geschichte waren. Es gab sie noch, die Leinenweber, die ihren Webstuhl in den Wintermonaten in der Stube aufbauten, die Fleckerlteppichweber, die Frauen, die auf Heimstrickmaschinen Fingerlinge in Handschuhe einarbeiteten, oder die kleinen Fabrikanten, die Landwirtschaft, mechanische Weberei und den Verkauf der Ware auf Wochenmärkten als Einmannbetrieb bewerkstelligten. Sogar eine Lochkartenschlägerei, die Musterkar-

*Jacquardwebstuhl in der Firma Backhausen, Hoheneich*

ten für alte Jacquardmaschinen herstellte, war noch aktiv. Sie waren von der Krise weniger betroffen als die Beschäftigten der Großbetriebe, stellte die Textilarbeit für sie doch nur eines unter mehreren Einkommensstandbeinen dar. Für interessierte BesucherInnen der Waldviertler Textilregion bedeutete die Vielfalt in der Umbruchssituation eine fast einzigartige Gelegenheit, Alt und Neu in unterschiedlichsten Ausprägungen und Zusammensetzungen zu erleben. Der von der Autorin verfasste Reiseführer, der Hintergrundinformationen und praktische Besucherhinweise zur Waldviertler Textilstraße enthielt, war binnen zweier Jahre in 4.000 Exemplaren verkauft; die regionale und überregionale Presse widmete dem Projekt Textilstraße große Aufmerksamkeit.

## Krise und Umbau

Die Tendenz zu Arbeitsplatzverlagerung, Modernisierung und Rationalisierung führte in den 1990er Jahren zu raschen Veränderungen bei den Waldviertler Textilbetrieben. Alteingesessene schlossen die Tore, eben erst erfolgte Neugründungen verschwanden wieder von der Bildfläche, Übernahmen und Fusionen fanden statt, Sanierer waren am Werk, überall sank die Beschäftigtenzahl, und es sah so aus, als hätte die Textilindustrie in alten Industrieländern keine Zukunft mehr. In der Zwischenzeit nagte der Zahn der Zeit auch an vielen der

*In der Greißlerei wird auch Textiles verkauft: die Schwestern Priechenfried und Peter Kastner im Kaufhaus von Kirchbach*

historischen Industriebauten, für die neue Nutzungen oft schwer zu finden waren. Die Zeugen des Verfalls mehrten sich: für die Industriearchäologie, die sich als neuer Wissenschaftszweig etablierte, interessante Studienobjekte, für Eigentümer und den Denkmalschutz, der sich auch der historischen Industriearchitektur anzunehmen begann, ein Fass ohne Boden. Auch den Einfamilien- und Reihenhäusern, die in den Wiederaufbaujahren um die Großbetriebe herum entstanden waren, war der Umbruch in der industriellen Arbeitswelt anzusehen.

Und dennoch, entgegen allen Prognosen ist das Ende der Waldviertler Textilproduktion auch im neuen Jahrhundert nicht eingetroffen. In sämtlichen Produktionssparten, die die Kleinteiligkeit der Waldviertler Textillandschaft ausmachen, haben sich einige Traditionsbetriebe durch Spezialisierung und Qualitätsorientierung behaupten können: Möbel- und Dekorstoffe in Gmünd und Hoheneich, Strick- und Wirkwaren sowie Frottiergewebe im Raum Heidenreichstein, Gastern und Kautzen, Banderzeugung in Groß-Siegharts. Voll automatische Fertigung und elektronische Steuerung bestimmen den Produktionsablauf, die Hallen erscheinen menschenleer, arbeitsintensive Tätigkeiten sind längst an Billiglohnstandorte verlagert. Kleine Familien- und Nebenerwerbsbetriebe wurden spätestens mit dem Generationenwechsel aufgegeben. An die Stelle der Heimweber und Strickerinnen sind neue Kleinbetriebe getreten, die auf traditionelle Produkte (Zwirnknöpfe), künstlerische Einzelfertigungen (Design, Textildruck, Teppichweberei und -stickerei) oder Verarbeitung regionaler Rohstoffe (Wolle, Flachs) setzen. Auch von bäuerlicher Seite wird mit dem Anbau von Flachs und Hanf sowie der Schafzucht ein Beitrag geleistet, neue Nischen und Einkommensmöglichkeiten in der Textilerzeugung zu eröffnen.

In Felling bei Hardegg beispielsweise erzeugt ein Familienbetrieb seit über 100 Jahren Perlmuttknöpfe. Früher lieferten die Flüsse Thaya und March das Perlmutt der Süßwassermuschel. Kleinhäuslerfamilien hatten eine Drechselbank in der Werkstatt stehen und die Knopferzeugung war wie einst das Weben und Stricken klassische Heimarbeit. Die gelöcherten Muschelabfälle finden sich bis heute auf den Böschungen in Hardegg und Umgebung. Als die Flussmuscheln immer seltener wurden, begann der Betrieb Meeresmuscheln zuzukaufen. Diese kommen aus Australien und den japanischen Küstengewässern, aus Indonesien und dem Golf von Mexiko. Zehn Tonnen Material werden in der Knopfmanufaktur jährlich verarbeitet. Aufwändige Knöpfe werden nach wie vor händisch hergestellt. Stammen die Muscheln auch nicht mehr aus heimischen Gewässern, so sind Know-how und die Produktion in diesem Fall in der Region geblieben.

Einen Ersatz für die in der Massenfertigung verloren gegangenen Arbeitsplätze können diese Initiativen ebenso wenig bieten wie der Industriekultur-Tourismus. Doch fördern sie die Kontinuität und Erneuerungsfähigkeit der Waldviertler Textilindustrie. Trotz fallender Tendenz hat diese 2001 immerhin 18% (Bezirk Gmünd) bzw. 13% (Bezirk Waidhofen) der industriell-gewerblichen Beschäftigung ausgemacht, während der Bekleidungsbereich keine Rolle mehr spielt. Gegenüber dem Anteil von 3,7%, den die Textilbranche niederösterreichweit an den Industriebeschäftigen einnimmt, bedeutet dies weiterhin eine starke Textillastigkeit des Oberen Waldviertels. Man kann dies als Fluch ansehen, der die Schwierigkeiten einer monostrukturierten peripheren Region widerspiegelt, ihre Wirtschaftsstrukturen zu erneuern und zu diversifizieren; man kann es aber auch als Segen sehen, weil es die Hartnäckigkeit der Waldviertler unter Beweis stellt, dem Textil treu zu bleiben.

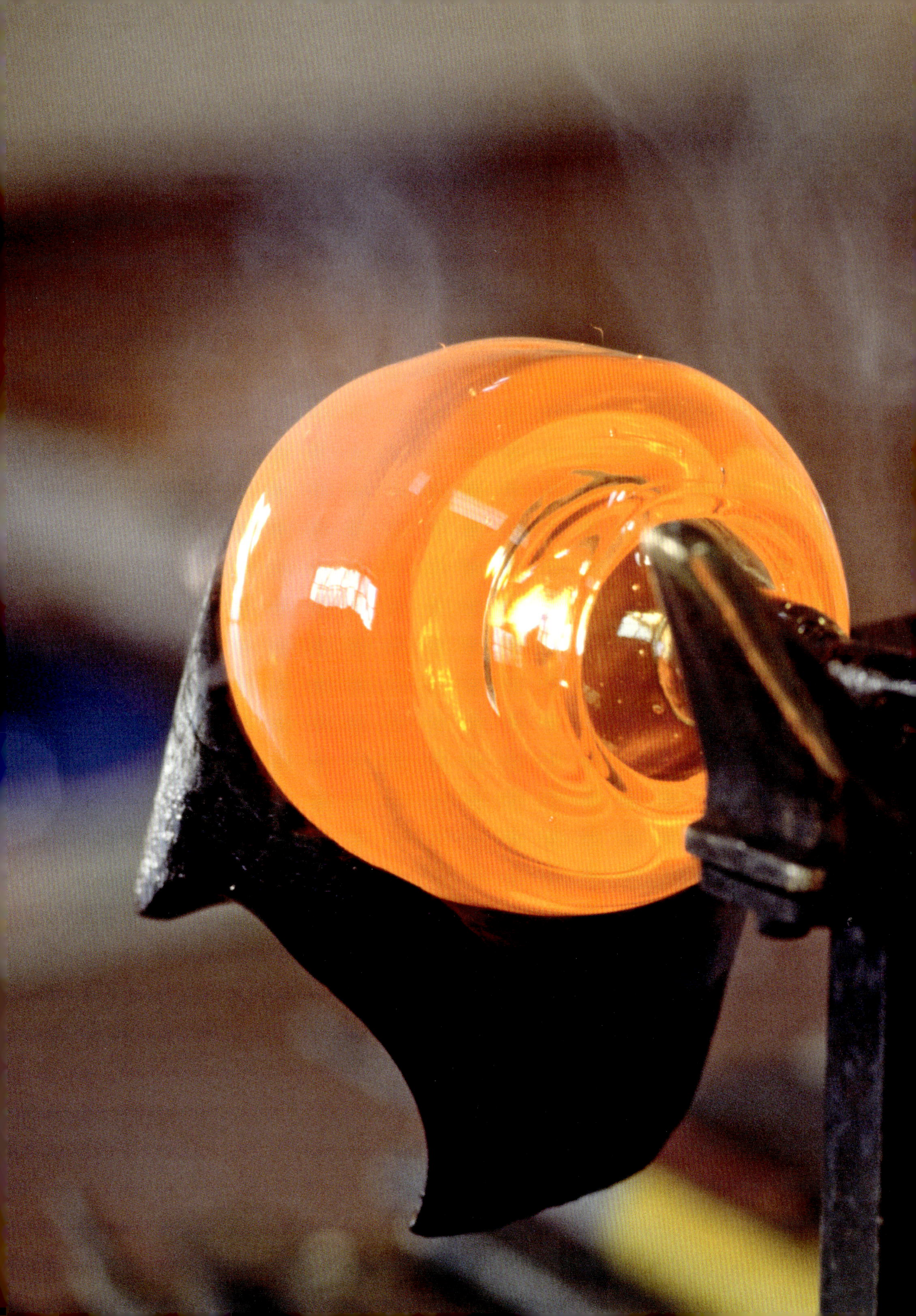

Glaskunst

Erwin van Dijk

# „Verfertigt zu Gutenbrunn"

*Auf den Spuren der Zwischengoldgläser des Johann Joseph Mildner (1765–1808) und der Glasproduktion im Waldviertel.*

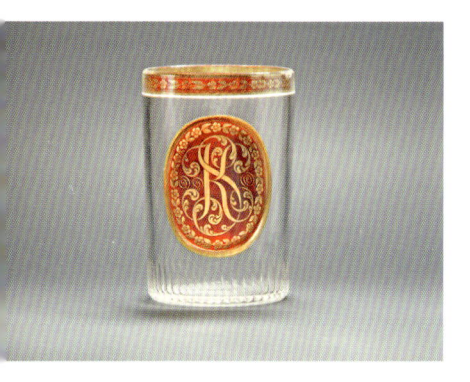

*Becher mit Monogramm „KS", Johann Joseph Mildner, 1802*

Die so genannten „Mildnergläser", die am Ende des 18. Jahrhunderts in Gutenbrunn am Weinsberger Wald im südlichen Waldviertel entstehen, zählen zu den wichtigsten Glaserzeugnissen des Klassizismus. In die Wandung der vorwiegend zylindrischen Becher sind medaillonförmige Vertiefungen geschliffen, in welche ein genau passendes Glasstück eingesetzt wird. Zwischen diesen Glasschichten befindet sich die Dekoration in Form von in Blattgold oder Blattsilber radierten und meist mit rotem Lack hinterlegten oder auf Pergamentpapier gemalten Monogrammen, Genreszenen, Landschaften, Heiligendarstellungen und Wappen sowie kalligrafierte Widmungen und Gedichte. In der gleichen Technik werden die für Mildner typischen Mund- und Fußreifen hergestellt und dekoriert.

## Gold zwischen Gläsern

Die Technik zur Herstellung des Zwischengoldglases ist aber viel älter als die Erzeugnisse Mildners. „Herrliche Schalen von Glas, als köstlich von allen zu preisen, Welche mit Gold sie verzierten, bereiteten kunstvoll die Römer …", schrieb Heraclius und kam hinter ihr Geheimnis: „Da nun dies getan, begann auf die goldenen Schalen / Blättchen zu tun ich von Gold und als ich trocken sie merkte, / Ritzte ich Vögelein hinein und Menschen, Blümlein und Löwen, / Just wie mir's gefiel; dann zog ich über die Schalen / Dünne Schichten von Glas zum Schutze, am Feuer geblasen. / Und sobald dieses Glas gleichmäßig die Hitze empfunden, / Schloss es dünn sich herum an die Schalen in trefflicher Weise."

Im 17. Jahrhundert erscheinen die ersten Anleitungen zur Herstellung von Zwischengoldgläsern in Druck, worin die Errungenschaften Heraclius' wieder durchklingen.

*Vorangehende Doppelseite: Glashütte Zalto in Neu-Nagelberg*

Zwischengoldgläser werden im zweiten Viertel des 18. Jahrhunderts zu einer böhmischen Spezialität und bestehen aus zwei genau ineinander passenden Hohlgläsern. Da das Dekor zwischen den beiden Glasschichten liegt, haben sie den großen Vorteil, dass man Farben und Gold nicht einbrennen muss, sondern in „kalter Technik" arbeiten kann. Zur Herstellung bläst man eine Serie hoher, dünnwandiger Becher in der gleichen Holzform. Schiebt man die Becher ineinander, berühren diese sich über die gesamte Mantelfläche (Abb. 1). Die überstehenden Teile werden abgeschliffen, beim Boden bis auf etwa einen Millimeter, um Platz zu lassen für eine als Bodenmedaillon eingesetzte Glasscheibe. Nachteil dieser – frühen – Technik ist die sichtbare Trennlinie im Lippenrand. Um dies zu vermeiden, wird bei späteren Gläsern die Randfuge unterhalb des Mündungsrandes verlegt. Dazu muss das Einschubglas geschliffen werden, damit ein vorspringender Reifen an der Lippe bleibt, dessen Unterkante auf dem Mündungsrand des äußeren Glases aufsitzt (Abb. 2). Für die Herstellung von Pokalen und Fußbechern braucht man ein eigens dafür geblasenes Einschubglas.

Eine Variante dieser Zwischengoldgläser bilden die Zwischengold-Medaillongläser. Meistens mit Schliff und/oder Schnittdekor verzierte Gläser mit teils auf die Glaswandung oder in ausgeschliffenen Vertiefungen eingelassenen Glasplättchen mit Hinterglasmalerei. Diese Form wird allgemein als nordböhmisch und mittlerweile auch als Vorläufer der böhmischen Zwischengoldgläser angesehen.

In Nordböhmen wird am 22. September 1765 Johann Joseph Mildner in Studená/Kaltenberg bei Rokytnice nad Jizerou/Rochlitz im Riesengebirge als Sohn des Glasschleifers Franz Xaver Mildner (1739–1802) und von Anna Rosina, geb. Pfeiffer, geboren. Die böhmisch-schlesische Grenzregion ist im 18. Jahrhundert ein Zentrum der Glaskunst. Sehr wahrscheinlich ist, dass Vater Franz Xaver die Fertigung von Zwischengoldgläsern beherrscht und diese in seiner Heimat schon ausführt. Auch Mildners Brüder haben das Handwerk des Glasschleifens erlernt.

Die katastrophale wirtschaftliche Situation im Jahr 1779 stürzt die ganze Gegend ins Elend. Die Schlesischen Kriege zwischen Österreich und Preußen zerstörten das wirtschaftliche Gefüge der Region und somit kam es zu Auswanderungswellen in die Glasregion im niederösterreichisch-böhmischen Grenzgebiet. Auch Franz Xaver Mildner muss sein Haus verkaufen und sich anderweitig nach Erwerb umsehen. Er zieht mit Frau und sechs Kindern – nur Johann Joseph ist nicht dabei – nach Gutenbrunn in Niederösterreich. Wann Johann Joseph Kaltenberg verlässt und wohin ist nicht bekannt. Sein erstes datiertes Glas stammt aus 1787, er ist aber möglicherweise schon drei Jahre früher nach Gutenbrunn gezogen. Vermutlich hat Johann Joseph in den dazwischenliegenden Jahren seine Lehre absolviert. Anders als üblich, erlernt er nicht den Beruf seines Vaters, sondern eignet sich das Handwerk der Hinterglasmalerei an. Wir wissen, dass einige Glasmaler in den 60er und 70er Jahren des 18. Jahrhunderts von Nordböhmen und Schlesien in die böhmisch-österreichische Grenzregion gezogen sind. Es kann durchaus sein, dass Johann Joseph Mildner hier seine Lehre absolviert hat.

Als er später nach Gutenbrunn kommt, trifft er dort auf eine schon seit langem existierende Tradition der Glaserzeugung.

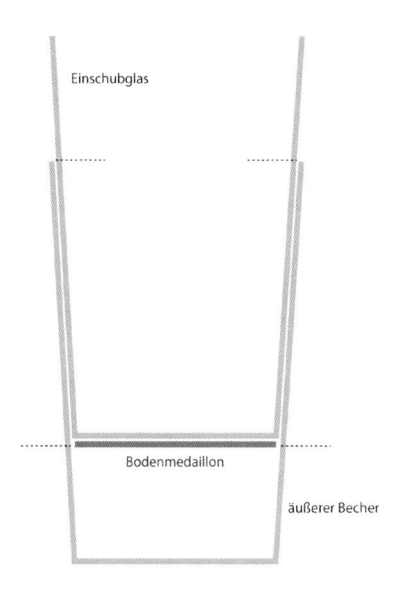

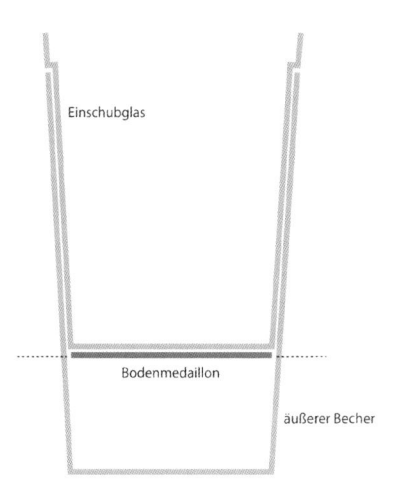

*Schematische Darstellung eines Zwischengoldbechers mit Kittfuge auf dem Mündungsrand (Abb. 1) und mit Kittfuge unterhalb des Mündungsrandes (Abb. 2)*

*Glashütte in Gutenbrunn (li), Schloss Gutenbrunn (re)*

## Glaserzeugung im Waldviertel

Glashütten sind im Waldviertel seit dem 14. Jahrhundert nachgewiesen. Sie entstehen in den waldreichen Gebieten im Südwesten an der Grenze zum Mühlviertel und im Norden an der Grenze zu Südböhmen.

Der eigentliche Aufschwung der Glaserzeugung in dieser Region ist in der Frühen Neuzeit – dem Zeitraum zwischen 1500 und 1800 – anzusetzen, wo durch viele Herrschaften der Aufbau von Glashütten gezielt gefördert wird. Für die Waldbesitzer bieten Glashütten die Möglichkeit, das reichlich vorhandene Holz zu verwenden. Es wird in den Glashütten nicht nur zur Feuerung, sondern vor allem auch für die Herstellung von Pottasche gebraucht, welche den Schmelzpunkt des Quarzes herabsetzt. Quarz ist im Waldviertler Granithochland reichlich vorhanden und wird entweder aus dem Bachbett gewonnen oder abgebaut und in von Wasserkraft betriebenen Pochwerken „zermahlen".

Wird das Holz an einem Standort knapp, wird die (Wald-)Glashütte an eine andere Stelle verlagert.

Im Laufe des 18. Jahrhunderts wird die Glaserzeugung im Südwesten, mit Ausnahme von Gutenbrunn, aufgegeben. Gründe dafür sind Holzknappheit und eine bessere Vermarktungsmöglichkeit des Holzes – die Lieferung von Brennholz nach Wien. Die Glaserzeugung konzentriert sich in den Waldgebieten zwischen Karlstift und Litschau.

Aufgrund der schwindenden Holzvorräte und wachsendem Konkurrenzdruck im 19. Jahrhundert setzt das Ende der traditionellen Waldglashütten ein. An ihrer Stelle entsteht der moderne Großbetrieb. Holz wird durch Torf oder Braunkohle, Pottasche durch Kalisalze und Wasser- durch Dampfkraft ersetzt. Wichtig für die Industrialisierung ist auch der Bahnanschluss, der mit der Franz-Josefs-Bahn und der Waldviertler Schmalspurbahn gegeben ist.

Untrennbar mit der Industrialisierung der Glasproduktion im Waldviertel verbunden ist der Name Stölzle. Carl Stölzle, Sohn eines Revierförsters der südböhmischen Herrschaft Nové Hrady/Gratzen, studiert in Wien Vermessungswesen und Chemie. In 1835 erwirbt Stölzle beide Glashütten der Herrschaft Weitra. In den darauf folgenden Jahrzehnten vereinigen Stölzle und seine Söhne sämtliche Glashütten des Waldviertels in ihrem Besitz. Die Hütten werden entweder stillgelegt oder grundlegend modernisiert. Die Glasindustrie des nordwestlichen Waldviertels und Südböhmens wird zu einer der international führenden Glasstandorte.

Im 20. Jahrhundert verschwindet zwar die industrielle Glaserzeugung, nicht aber die Tradition des Glasmachens. Firmen wie Zalto und Apfelthaler in Alt- und Neu-Nagelberg oder Weber in Weitra setzen die seit dem Spätmittelalter existierende Tradition fort, und auch unter dem Namen Stölzle wird nach längerer Pause wieder Glas in Alt-Nagelberg erzeugt.

## Glaserzeugung im Weinsberger Wald

Die erste belegte Glashütte am Rande des Weinsberger Waldes findet man 1371 bei Traunstein. Der in der Literatur überlieferte Bestand einer weiteren Glashütte in Schöngrund zwischen Gutenbrunn und Bärnkopf um 1390 ist hingegen nicht gesichert.

In einem Güterverzeichnis der Herrschaft Rappottenstein werden 1556 drei Glashütten genannt, darunter der „Hüttenhof" im Moderbergeramt. Auch auf der Neustallwiese bei Schöngrund könnte um diese Zeit eine Hütte bestanden haben. Im 17. Jahrhundert ist die Glasproduktion in Zilleck bei Bärnkopf (unter dem Namen „Adolfsau" mindestens seit 1670) und im Saggraben (auch „Sagpergen" vor 1651/53) belegt. Auch in Gutenbrunn könnte in diesem Zeitraum bereits die Glasherstellung begonnen haben. Für das 18. Jahrhundert sind im Weinsberger Wald der Neubau der Glashütte in Gutenbrunn 1742 und der Betrieb einer weiteren Hütte in Dürnberg nach 1751 fassbar. Gleichzeitig setzt in diesem Jahrhundert auch das Ende der meisten Glashütten ein, da das Holz für andere Zwecke genutzt wird, wie schon erwähnt für die Versorgung der Stadt Wien mit Brennholz.

Die (neue) Glashütte in Gutenbrunn – die ihre Öfen zum Teil mit Torf beheizt – bleibt als einzige bis zum Ende des 19. Jahrhunderts bestehen.

Johann Joseph Mildner, oder besser gesagt der Familienbetrieb Mildner um den Mittelpunkt Johann Joseph, steht im Dienst des Joseph Weber Edler von Fürnberg, der die Herrschaft Pöggstall und Weinsberg um 1768 aus dem Besitz des Freiherrn von Seldern erwirbt. Der ehemalige Oberst ist eine Art „Großindustrieller" seiner Zeit. Er lässt die Holzschwemmanlagen ausbauen und liefert bis zur Hälfte des benötigten Brennholzes nach Wien, unterhält – neben anderen – eine Postlinie von Melk nach Gutenbrunn, von wo der Anschluss über Zwettl nach Böhmen und Schlesien gegeben ist, und gründet mehrere Fabriken.

Frühestens ab 1784 hält sich Johann Joseph Mildner ständig in Gutenbrunn auf, und es entstehen die Werke, die zu den kostbarsten Beispielen der Glasveredelung zählen. Das in der Wandung vollständig eingelassene Medaillon mit innenliegender Dekoration erreicht bei Mildner die höchste Perfektion. Neben

*Doppelwandbecher mit Wappen, Johann Joseph Mildner, 1806 (Mitte); Becherglas mit Abtwappen, 1787 (o. und u.)*

*Glasbläser in der Waldglashütte*
*Zalto, Neu-Nagelberg*

den von Zwischengoldgläsern schon bekannten Bodenmedaillons findet man aufgesetzte Mund- und Fußreifen in ähnlicher Technik. Auch vollständige Glasverdoppelungen kommen im Œuvre Mildners vor. Zusätzlich werden die Gläser mit Schliff, Schnitt und/oder Diamantriss geschmückt.

Nicht nur der Einsatz von Mund- und Fußreifen, sondern auch die Anwendung von bemaltem Pergament zwischen Einsatzmedaillon und Wandung findet man nur bei Mildner.

Weil Mildner die meisten seiner Werke signiert und datiert, sind wir über seine Tätigkeit von 1787 bis 1807 gut informiert. Es wird angenommen, dass einige seiner nicht datierten Werke vor 1787 entstanden sind. Schon auf dem ältesten bisher bekannten datierten Glas finden wir fast alle Dekorationstechniken: zwei Medaillons in der Wandung, aufgesetzte Fuß- und Mundreifen und ein Bodenmedaillon. Später folgen Diamantriss (um 1797), vollständige Glasverdoppelungen (um 1794) und Verdoppelungen an Deckelknaufen (um 1790).

Bis jetzt sind über 400 Werke von Joseph Mildner dokumentiert – ein sehr umfangreiches Lebenswerk, wenn man bedenkt, dass einige zu Bruch gegangene und noch nicht entdeckte Werke hinzugerechnet werden müssen. Dass Mildner alle Arbeiten selber ausgeführt hat, ist fast undenkbar. Eher anzunehmen ist, dass sein Vater und seine Brüder den Schliff, den Schnitt und das Einschneiden der Medaillons besorgten und Joseph Mildner die Gläser dekorierte und beschriftete.

Annähernd vergleichbar mit den Werken Mildners sind nur die Arbeiten des Johann Sigismund Menzel (um 1744 bis 1810) aus Warmbrunn in Schlesien, die zwar nicht den Standard Mildners erreichen, aber auch mit vertieft eingelassenen Medaillons versehen sind, die immer ein schwarzes Scherenschnittporträt auf Goldgrund zeigen.

1795 erwirbt Kaiser Franz I. den Weinsberger Wald samt Gutenbrunn, und die kaiserliche Familie hält sich wiederholt hier auf. Doch von der neuen Herrschaft bekommt Mildner – anders als von Fürnberg und seiner Umgebung – kaum noch Aufträge. Er arbeitet vor allem für den Landadel und Bürgerliche, oft persönliche Freunde und Bekannte. Am 22. Mai 1804 heiratet er Theresia Freynstädterin aus Schönbach. Bereits 1807 scheint Mildner schwer krank zu sein, denn aus diesem Jahr sind nur noch zwei Arbeiten bekannt. Am 11. Februar 1808 stirbt er an einer Lungenentzündung und wird in Martinsberg bestattet.

*Glashütte Zalto (li) und Glasveredelung (re)*

# Eisenbahn

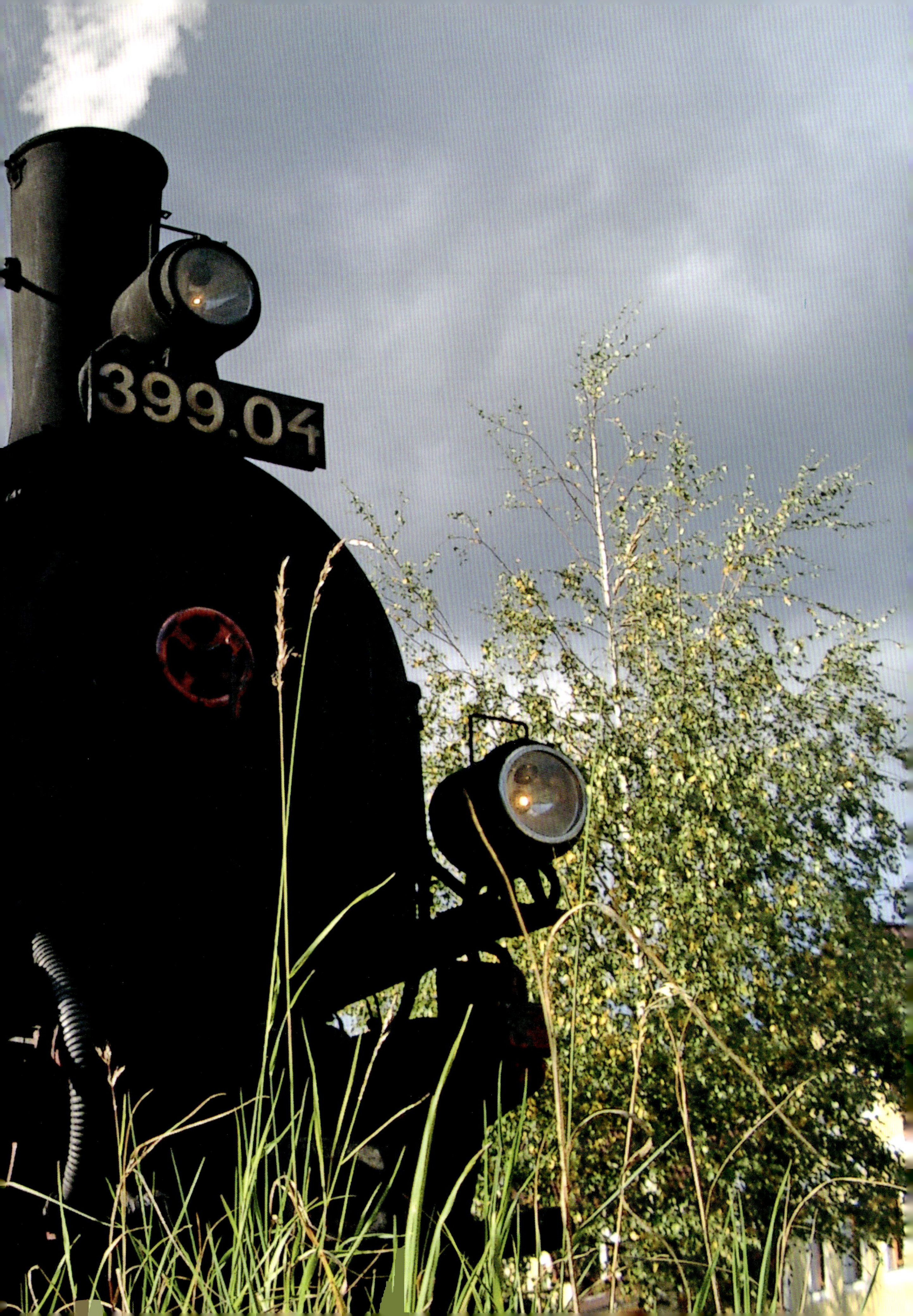
399.04

Otfried Knoll

# Kultur auf Schiene

*Die Eisenbahnen sind technisches Kulturgut und Attraktionen des sanften Tourismus.*

*Lokalbahnen – Technik im Einklang mit der Natur*

## Die Franz-Josefs-Bahn

Wollte man um 1860 aus dem Waldviertel nach Wien reisen oder Waren transportieren, war man auf Postkutsche, Stellwagen oder Pferdefuhrwerke angewiesen. Um aber im Zeitalter der Industrialisierung in der wirtschaftlichen Entwicklung nicht zurückzubleiben, hatten Grundbesitzer und Industrielle vitales Interesse an raschen, sicheren und regelmäßigen Verkehrsmitteln.

Ende 1863 bildete Johann Adolf Fürst zu Schwarzenberg ein Konsortium, dessen Aktivitäten schließlich zur Projektierung einer Bahnlinie Wien – Gmünd – Budweis – Pilsen – Eger mit einer Zweigstrecke Gmünd – Prag führten. Kaiser Franz Josef zeigte höchstes Interesse an dieser Initiative und fand sich geneigt, dem Unternehmen auch die Führung seines Namens zuzubilligen. Mit der 1866 erteilten Konzession legte der Staat zwar allerlei Verpflichtungen auf (Bau von weiteren Seitenlinien, u. a. nach Stockerau und Krems, unentgeltliche Postbeförderung, Überlassung von Bahngrund für die Staatstelegrafen-Leitungen, Militärtransporte), verpflichtete sich aber gleichzeitig zu weitreichenden Ertragsgarantien und Steuererleichterungen. Beim Bahnbau fanden gleichzeitig durchschnittlich 14.000 Arbeiter und 500 Fuhrwerke Beschäftigung. Diese heute unvorstellbare Zahl unterstreicht die enorme Wirtschaftsleistung, aber auch die sozialen Herausforderungen an die Region, die das Bahnprojekt auslöste. Hunderte sichere Arbeitsplätze entstanden auch nach Abschluss der Bauarbeiten in den Bahnhöfen, Heizhäusern und beim Streckenwärter- und Zugfahrdienst.

Unter dem Jubel von Bevölkerung und Wirtschaft konnte am 1. November 1869 die Teilstrecke Budweis – Eggenburg, am 23. Juni 1870 die Strecke von Eggenburg nach Wien eröffnet werden. Nun hatte auch das Waldviertel Anschluss an das große europäische Eisenbahnnetz. Besonders zeigte sich dies darin, dass ab 1895 Luxuszüge zwischen Wien und Karlsbad mit bis heute unerreicht kurzen Fahrzeiten verkehrten. Auch wenn diese Bäderzüge nur in wenigen

*Vorangehende Doppelseite:
Dampflok auf der Waldviertler Schmalspurbahn*

Stationen hielten, so war die Gewissheit, dass in ihnen internationales Publikum die wenige Jahre zuvor noch recht rückständige Region durchfuhr, ein ganz neues Gefühl für die Waldviertler Bevölkerung.

Im damaligen Bahnhof Gmünd (heute České Velenice), wo sich die Franz-Josefs-Bahn in die Strecken nach Prag und Pilsen teilt, wurde eine große Hauptwerkstätte errichtet. Ab 1900 fuhren von dort auch die schmalspurigen Züge der Niederösterreichischen Waldviertelbahn ab, und von 1907 bis 1916 stellte sogar eine der ersten Oberleitungs-Omnibuslinien Österreich-Ungarns den Anschluss von den Zügen in die Stadt Gmünd her. Die gesamte Region erlebte durch die von der Bahn erschlossenen neuen Absatzmärkte einen wirtschaftlichen Aufschwung.

Als eine der Folgen des Ersten Weltkrieges mussten Teile Gmünds samt dem Bahnhof an die neu gegründete Tschechoslowakei abgetreten werden. 1.500 Arbeiter der Staatsbahnwerkstätte Gmünd wurden nach Wien oder St. Pölten abgesiedelt. Auf österreichischem Gebiet entstand ab 1922 in Etappen der neue Bahnhof Gmünd NÖ. Er blieb bis 1970 ein Provisorium. Nach starkem Verkehrsanstieg im Zweiten Weltkrieg ging die Bedeutung der Franz-Josefs-Bahn ab Kriegsende und durch die Wirkung des Eisernen Vorhanges stark zurück. Es

*„Reblaus-Express" am Endbahnhof in Drosendorf*

*"Reblaus-Express" bei Hessendorf*

wurde sogar das zweite Streckengleis zwischen Absdorf und Gmünd abgebaut. Trotzdem gab es auch in der Zeit des Kalten Krieges eine internationale Verbindung: Die berühmt gewordenen Züge „Vindobona" und „Sanssouci" fuhren ab 1957 von Wien über Gmünd durch die Tschechoslowakei und die DDR nach Ost-Berlin. Sie nahmen mit ihren modernen Dieseltriebwagen mit Speiseabteil auf ihren Fahrten über Zonengrenzen hinweg eine Sonderstellung im europäischen Eisenbahnwesen ein, die im Waldviertel als durchaus identitätsstiftend wahrgenommen wurde – bis 1992 die Umlegung der Route auf die schnellere Strecke Wien – Brünn – Prag erfolgte. Mit der Elektrifizierung bis 1995 kam es wieder zu einer gewissen Aufwertung der Franz-Josefs-Bahn, und seit einigen Jahren ist der Pendlerverkehr Richtung Wien ständig im Steigen begriffen. Dennoch vermissen viele Waldviertler ihre Schnellzüge sehr.

## Die Lokalbahnen

Die Franz-Josefs-Bahn war für die durchfahrene Region ein Segen. Als Konsequenz drängten auch die abseits liegenden Gemeinden auf einen raschen Bahnanschluss. Eigens erlassene Lokalbahngesetze sollten gegen Ende des 19. Jahrhunderts die Erschließung strukturschwacher Gebiete fördern. Diese Gesetze erlaubten die Ausführung von Bahnbauten nach geringeren Standards als auf Hauptbahnen, also im Wesentlichen ohne personalaufwändige Sicherungstechnik (Signale, Stellwerke, Streckenwärter, Schrankenanlagen). Auf diese Weise entstanden die stärker an die Landschaft angepassten Linienführungen und die heute ungeliebten, weil zahlreichen Eisenbahnkreuzungen ohne technische Sicherung. Nur zur Zeit des Bahnbaues war das damit erzielbare Geschwindigkeitsniveau konkurrenzfähig. Für die damaligen Interessenten und Kunden überwogen trotzdem die Vorteile und so manche Lokalbahn war viele Jahrzehnte ein florierender Betrieb: Denn lange Zeit vor dem großen Autoboom bedeutete auch eine Lokalbahn angesichts der inferioren Straßenverhältnisse den ersehnten Anschluss an das Weltverkehrsnetz. Selbst wenn der Bahnhof oftmals aus Berücksichtigung der Interessen von einflussreichen Fuhrwerksbesitzern oder Wirten weit außerhalb einer Ortschaft angelegt werden musste, war er doch ein Mittelpunkt des lokalen Geschehens. Die Vielfalt der ankommenden Waren, die tägliche Post, der militärisch-präzise ablaufende Betrieb, die Persönlichkeiten, die sich hinter den Fenstern der eleganten Eisenbahnwaggons verbargen, aber auch die als Autoritäten anerkannten Bahnhofsvorstände – das alles erzeugte ein Faszinosum, das im Binnenland bisher unbekannt gewesen war. Die meisten Lokalbahnen genossen deshalb eine unerhörte Popularität, die nur aus ihrer lokalen Verankerung zu erklären ist. Der abwertende Begriff „Nebenbahn" wurde erst im Dritten Reich eingeführt. Er konnte dieser Popularität nie gerecht werden, ja, er legte wahrscheinlich den Keim für die späteren Diskussionen um diese Strecken: Indem die inzwischen verstaatlichten Lokalbahnen aus zentralistischer Sicht zu etwas Nebensächlichem gestempelt worden waren, unterlagen damit auch die Investitionen und Modernisierungsmaßnahmen dieser Sichtweise. Die Folgen blieben nicht aus.

*So klein und schon Lok. Minidampfbahn Teichhäuser bei Zwettl*

## Die Kamptalbahn

Eine der ersten Lokalbahnen, die aufgrund der neuen Gesetzeslage entstand, war die Kamptalbahn von Hadersdorf am Kamp nach Sigmundsherberg. Die Stadt Horn hatte sich schon beim Bau der Franz-Josefs-Bahn vehement für einen Bahnanschluss eingesetzt, aber erst mit den einfacheren Kriterien einer Lokalbahn wurde das Kamptal „bahntauglich". Die berühmt gewordenen eisernen Bogenbrücken machten aber auch den Bau der Lokalbahn sehr teuer. Um ein Haar hätten sie um das Jahr 2000, als sie das Ende ihrer Lebensdauer erreicht hatten, das Schicksal dieser schönen Strecke besiegelt. Durch die entschlossene Haltung des Landes Niederösterreich und die Landesmittel, die für die Revitalisierung der Brücken beigestellt wurden, gelang dann aber doch gemeinsam mit den ÖBB ihre behutsame Erneuerung. Wäre sie nicht erfolgt, so hätten die Zerstörungen durch das Hochwasser von 2002 wohl das sichere Ende der Kamptalbahn bedeutet. Doch angesichts der kurz vorher getätigten Investitionen in die Strecke wurden die umfangreichen Schäden beseitigt und die Kamptalbahn kann nach wie vor ihre Bedeutung im Schüler-, Pendler- und Ausflugsverkehr beweisen.

Berühmt war die Kamptalbahn schon bald für ihre Busserlzüge: Die hübschen Orte entlang des Kamp hatten sich Dank der Bahn zu beliebten Sommerfrischen für die Wiener entwickelt, und die Familien der Wiener Beamtenschaft weilten dort oft mehrere Wochen. An den Wochenenden reisten die arbeitenden Väter per Bahn an und schweren Herzens auch wieder ab, und die vielen Busserln am Bahnhof gaben den Lokalbahnzügen den sympathischen Beinamen Busserlzug.

## Göpfritz – Raabs

1895 wurde zunächst von Göpfritz nach Groß-Siegharts eine weitere Lokalbahn gebaut, um die dortigen Textilfabriken mit der Franz-Josefs-Bahn zu verbinden,

*Bahnhof Geras-Kottaun*

1900 wurde sie nach Raabs verlängert. Leider blieb die weitere Verlängerung nach Znaim bzw. Drosendorf ein unerfüllter Wunsch und die Lokalbahn wurde, nachdem der Personenverkehr schon 1986 ein Ende fand, 2001 auch für den Güterverkehr eingestellt.

## Die Thayatalbahn

Um 1890 entstanden Pläne, Südböhmen und das Waldviertel mit einer Nord-Süd-Schienenachse von Jihlava/Iglau über Telč/Teltsch, Slavonice/Zlabings, Waidhofen an der Thaya, Schwarzenau, Zwettl, Persenbeug und Ybbs mit der Kaiserin-Elisabeth-Bahn in Neumarkt und der Kronprinz-Rudolf-Bahn in Amstetten zu verbinden. Von Schwarzenau führte schon seit 1891 eine Lokalbahn nach Waidhofen an der Thaya, 1903 konnte sie über Dobersberg nach Slavonice/Zlabings verlängert werden und erhielt dort Anschluss an die seit 1902 fertig gestellte Strecke Zlabings–Kostelec/Wolframs bei Jihlava/Iglau. Richtung Süden ging es ab 1896 bis Zwettl, 1906 bis Martinsberg-Gutenbrunn. Die Weiterführung durch das Weiten- bzw. Yspertal zur Donau und weiter zur Westbahn kam nicht mehr zu Stande, wohl aber entstand im Weinsberger Wald eine ausgedehnte Waldbahn zur Zufuhr des Holzeinschlages. Auch wenn die Waldbahn längst Geschichte ist, so spielt Holz auf der Strecke Schwarzenau–Martinsberg-Gutenbrunn noch immer eine Hauptrolle im Güterverkehr. Hier werden enorme Frachtmengen – neuerdings auch Müll – befördert.

*Eine Tafel der Oberleitungs-Omnibuslinie Gmünd Bahnhof – Gmünd Stadt hat sich bis heute erhalten*

Der Personenverkehr wurde 1986 auf die Strecken Schwarzenau–Waidhofen an der Thaya und Schwarzenau–Zwettl reduziert. Damit wurde auch die Bedeutung der Nordstrecke nochmals geringer, seit im Gefolge des Zweiten Weltkrieges zwischen Fratres und Slavonice/Zlabings das Gleis über die Staatsgrenze abgebaut worden war. Bedingt durch den Eisernen Vorhang wanderten viele Einwohner ab. Die Thayatalbahn verlor die Funktion einer Verbindungsbahn zwischen zwei wichtigen Hauptbahnen. Das vom Land Niederösterreich forcierte und fertig geplante Projekt der grenzüberschreitenden Reaktivierung der Thayatalbahn liegt wegen fehlender Finanzzusagen des Bundes auf Eis. Wirklich schade, denn es war vorgesehen, zur Landesausstellung 2009 erstmals seit über 60 Jahren wieder Züge von Österreich aus in die Welterbestadt Telč zu führen. Dazu hatten die Gemeinden auf österreichischer Seite die komplett verwachsene Schienentrasse bereits gerodet.

## Die Waldviertler Schmalspurbahnen

In Gmünd standen Projekte einer Bahnlinie über Groß Gerungs und Ottenschlag nach Krems, aber auch nach Freistadt zur Diskussion, ebenso wollten Litschau und Nová Bystřice/Neubistritz zur Stärkung der örtlichen Wirtschaft so rasch als möglich Schienen sehen. Es war bald klar, dass nur eine Schmalspurbahn wirtschaftlich vertretbar sein würde. Die Finanzierung erfolgte dergestalt, dass das Land Niederösterreich und die Bahn-Interessenten hohe Beiträge leisteten, worauf die Differenz zu den Baukosten schließlich vom Finanz-

*Das Kulturgut auf Schienen ist beliebt bei allen „sanften Touristen". Aus aller Welt kommen Fotografen wegen der Schmalspurbahn. Die Parellelausfahrt von Alt-Nagelberg (o. re und u. li)*

ministerium per Gesetz gesichert wurde. 1898 erhielt der Niederösterreichische Landesausschuss die Konzession für eine schmalspurige Lokalbahn Gmünd–Litschau mit einer Abzweigung von Alt-Nagelberg nach Heidenreichstein, welche 1901 um die Linie Gmünd–Groß Gerungs erweitert wurde. Die „Niederösterreichische Waldviertelbahn AG" stellte am 3. Juli 1900 die nördlichen Linien nach Litschau bzw. Heidenreichstein fertig. Am 9. August 1902 konnte der Streckenabschnitt Gmünd–Steinbach–Großpertholz dem Betrieb übergeben werden. Die deutlich anspruchsvollere Bergstrecke bis nach Groß Gerungs (Waldviertler Semmering) wurde schließlich am 1. März 1903 feierlich eröffnet. Alle übrigen Projekte einer Verlängerung nach Krems, Freistadt und Nová Bystřice/Neubistritz kamen leider nicht mehr zur Ausführung.

Die Abfahrtsstelle beider Schmalspurstrecken lag ursprünglich am Vorplatz des Gmünder Bahnhofes (heute: České Velenice), von wo aus auch der Oberleitungs-Omnibus nach Gmünd Stadt abfuhr. Erst im Sommer 1925 wurde der heutige Bahnhof Gmünd NÖ als neuer Ausgangspunkt der Schmalspurbahn ausgebaut, jedoch blieben Werkstätte und Lokremisen sowie das Personalwohnhaus in České Velenice und konnten weiterhin von den Schmalspurbahnen benutzt werden. Nach Ende des Zweiten Weltkrieges fiel der Bahnhof endgültig an die damalige Tschechoslowakei, die Lokalbahnanlagen in České Velenice waren unverzüglich zu räumen. Da bis 1948 in Gmünd NÖ weder Heizhaus noch Werkstätte vorhanden waren, mussten Reparaturen und Wartungsarbeiten an den Schmalspurfahrzeugen unter freiem Himmel durchgeführt werden. Mit dem Neubau einer auf österreichischem Gebiet liegenden Trasse zwischen Gmünd und Böhmzeil kaufte sich die Tschechoslowakei 1950 schließlich vom vertraglich gesicherten Durchfahrtsrecht über ihr Staatsgebiet frei. Dennoch lagen die Strecken nun an einer toten Grenze und in den 1960er und 1970er Jahren machten die zunehmende Motorisierung und der Ausbau des Straßennetzes der Bahn zusätzlich schwer zu schaffen: Nur mehr die Schüler und die ganz Alten waren noch auf die Bahn angewiesen. Am 31. Mai 1986 stellten die ÖBB den Personenverkehr auf den Nordstrecken nach Litschau und Heidenreichstein ein. Obwohl auch mehrere Betriebe noch Teile ihres Gütertransportes über Anschlussgleise mit der Schmalspurbahn durchführten, musste am 31. Dezember 2000 auch der Güterverkehr eingestellt werden: Das aufwändige Huckepackverfahren, mit dem die normalspurigen Güterwagen in Gmünd auf schmalspurige Rollwagen aufgeschemelt wurden, war trotz des bis zuletzt recht hohen Frachtaufkommens zu unwirtschaftlich geworden. Und

*Die Waldviertler Schmalspurbahn fährt entlang einer Wald- und Wiesenidylle*

mit Beginn des Sommerfahrplans im Juni 2001 schlug auch dem Personenverkehr auf der Südlinie die Stunde. Was dann folgte, kann heute zu Recht als Erfolgsstory einer Wiedergeburt bezeichnet werden:

Schon Monate vor dem Einstellungstermin bemühte sich die Niederösterreichische Verkehrsorganisationsgesellschaft NÖVOG, den Gemeinden entlang der Bahn bewusst zu machen, was die gänzliche Einstellung des Bahnbetriebes bedeuten würde: Nicht nur für die dort beschäftigten Eisenbahner, sondern auch für die gastronomischen Betriebe und generell für den Tourismus der Region an der Bahn. Mit hohem Engagement wurden Bürgermeister und Tourismusverantwortliche an mehreren „Runden Tischen" ermuntert, die Zukunft ihrer Bahn selbst in die Hand zu nehmen. Um diese Chance zu ermöglichen, wurde ein Vertrag, dessen finanzielle Bedeckung das Land Niederösterreich garantierte, zwischen NÖVOG und ÖBB geschlossen. Der Vertrag sorgte dafür, dass die ÖBB die Schmalspurbahn während der Touristiksaison weiterführen konnten. Und so erlebten die Waldviertler Schmalspurbahnen im Juli 2001 ihre Wiedergeburt. An die Gemeinden erging der Appell, das Ihre zur Attraktivität der Bahn beizutragen. Ein neues Programm mit ansprechenden Tagesausflugszielen und Kombinations-Angeboten sowie mit umfassenden Informationen über die Waldviertelbahn wurde entworfen, einer der Zugbegleiter wurde zum Koordinator zwischen der Bahn und den Gemeinden ernannt. Bürgermeister, Gemeinderäte, Gastwirte und viele andere entwickelten eigene Ideen und Initiativen, die bewiesen, dass ihnen die Schmalspurbahn zum Herzensanliegen geworden war. Dank Kinderwaggon, Speisewagerl und Dampflok sind die Fahrgastzahlen seither stetig gestiegen. Seit der Wiedereröffnung 2001 konnten schon mehr als 160.000 Fahrgäste begrüßt werden. Mit einem Rekordergebnis von über 26.000 Fahrgästen in der Saison 2007 haben sich die Waldviertler Schmalspurbahnen endgültig als Fixpunkt in der Region positioniert.

## Retz – Drosendorf

Ein ähnliches Schicksal wie die Waldviertler Schmalspurbahnen hatte die Lokalbahn Retz–Drosendorf. Sie wurde erst 1910 eröffnet und führt auf rund 40 Kilometern von den Ausläufern des Weinviertels zunächst durch Weinberge auf das Hochplateau des Waldviertels, wo sie stets in der Nähe des Nationalparkes Thayatal über Weitersfeld, Langau und Geras das malerische Städtchen Drosendorf an der Thaya erreicht. Ähnlich wie die Kamptalbahn war sie eine Sommerfrischler-Bahn für die Wiener, aber in erster Linie natürlich Motor der wirtschaftlichen Entwicklung.

Die Bahn hatte in der Nachkriegszeit große Bedeutung, weil bei Langau Braunkohle abgebaut wurde, die in Wien gebraucht wurde. Überhaupt war der Güterverkehr mit Holz, Kartoffeln und anderen landwirtschaftlichen Produkten stets beträchtlich, und auch im Personenverkehr waren die Züge von Pendlern, Schülern und Radfahrern gut frequentiert. Dennoch stellten die ÖBB im Jahr 2001 den Personenverkehr auf der Gesamtstrecke und den Güterverkehr zwischen Weitersfeld und Drosendorf ein. Als Folge blieben die Ausflugsgäste und Radfahrer an den Wochenenden aus und die Region spürte sehr schmerzlich den Verlust der Bahn. 2002 wagten auch auf dieser Linie NÖVOG und ÖBB-Erlebnisbahn den Neustart: Der „Reblaus-Express" wurde ins Leben gerufen und erfreut seither mit seinen altertümlichen Waggons mit offenen Plattformen samt Fahrrad-Transportwaggon die „Sanften Touristen". Der Clou am Zug ist eindeutig der Heurigenwaggon, der von örtlichen Winzern betrieben wird. Das Fahrplanangebot des Reblaus-Express wurde inzwischen mehrfach ausgeweitet und mit einem ergänzenden Erlebnisbus abgestimmt, sodass nun auch Teilstrecken zu mehreren attraktiven Ausflugszielen miteinander kombiniert werden können. Seit seiner Wiederinbetriebnahme hat der „Reblaus-Express" schon über 60.000 Fahrgäste begrüßt und ist aus der Region nicht mehr wegzudenken. Dank der Finanzierung durch das Land Niederösterreich konnte der Nationalparkregion damit ein wertvoller, umweltschonender Zubringer gesichert werden.

*Auf der offenen Plattform des „Reblaus-Express" zwischen Retz und Drosendorf*

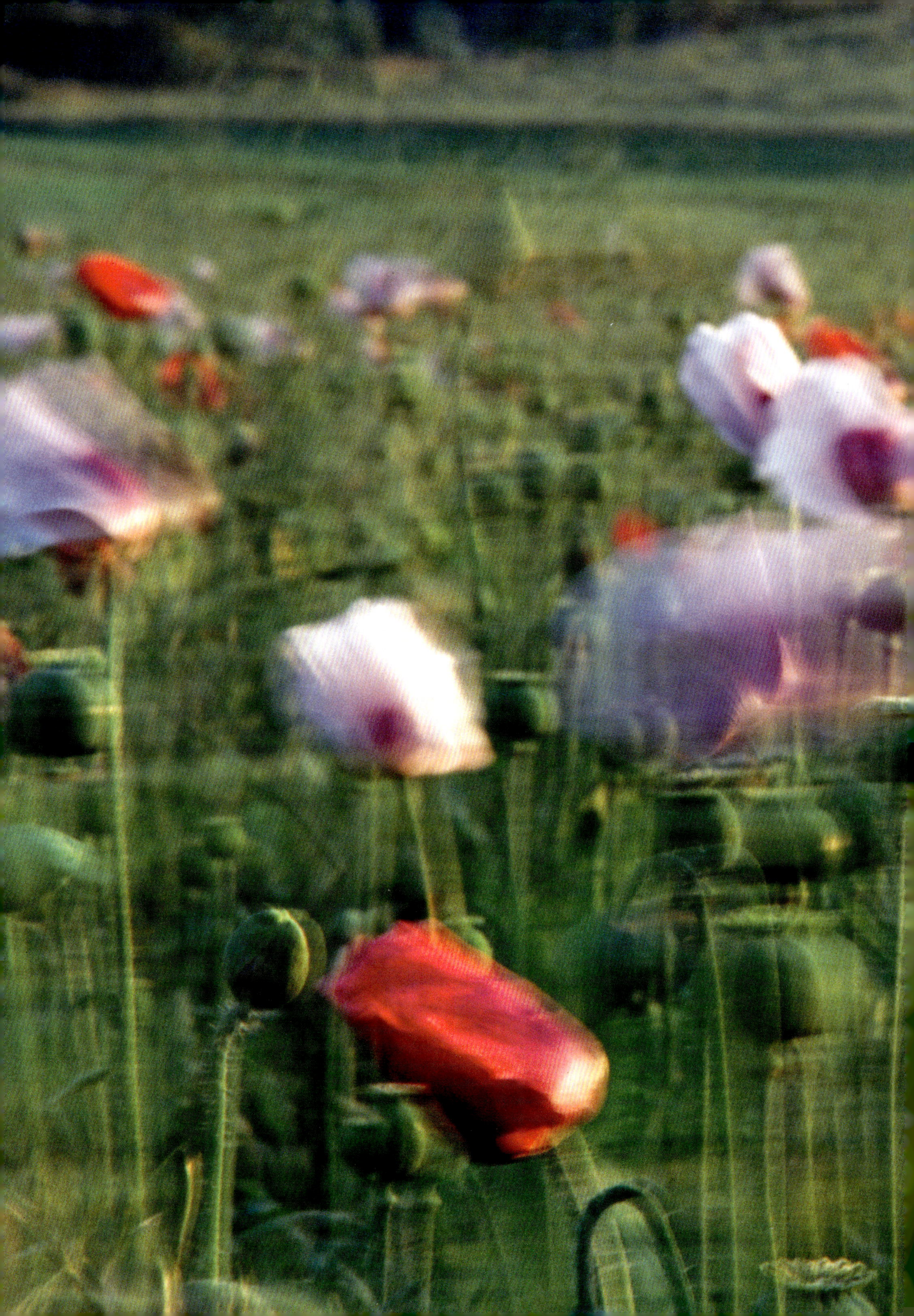

Lebensmittel

Mella Waldstein

# Schmecken, riechen, Farbenrausch

*Vom Überlebensmittel zu kulinarischen Kostbarkeiten:*
*Erdäpfel, Kräuter, Mohn, Whisky und Fisch von bester Qualität.*

*Waldviertler Erdäpfel am*
*Wiener Brunnenmarkt*

Die Landschaft trägt Mohnblüte. Blutrot, Altrosa, Weiß mit violetten Schatten. An den Wegrändern glüht der wilde Bruder Klatschmohn. Die flattrigen Blüten biegen sich im Wind. Sie schweben auf hellgrünem Grund. Die Mohnblüten sind vergängliche Schönheiten. Nach nur einem Tag verwelken die seidigen Blüten. Da aber eine Pflanze bis zu zehn Knospen hervorbringt, hält der Farbenrausch eines blühenden Feldes ungefähr ein Woche.

Der Mohn ist Genuss-, Öl-, Gewürz-, Arznei- und Zierpflanze. Er zählt zu den ältesten Kulturpflanzen Mitteleuropas. In Ausgrabungen der Hallstattzeit wurden Mohnsamen als Grabbeigaben gefunden. Den Ägyptern war der Mohn als Heilpflanze bekannt, und die Griechen haben den Schlafgott Hypnos mit einer Mohnkapsel dargestellt. Im Orient war er als Gewürz geschätzt. Die Kinder des antiken Roms wurden mit Mohnbrei gefüttert. Der lateinische Name für Mohn, papaver somniferum, leitet sich von lateinisch papa für Brei ab. Auch die Waldviertler Kinder werden mit einem „Papperl" gefüttert. Doch der Mohnbrei ist nicht zu verwechseln mit dem „Mohnzuz", der frühen und schädlichen Form des Schnullers. Man kochte aus Mohnkapseln einen Tee, in den man einen Stoff tauchte. An diesem ließ man die Kinder saugen. Die Kinder dämmerten ruhig gestellt hinüber ins Land der Träume – viele sind von dort nicht mehr zurückgekommen.

Bevor der ölhaltige Samen als Nahrung erkannt wurde, war der Mohn schon als Schmerz- und Schlafmittel bekannt. Im 1. Jahrhundert n. Chr. notierte Plinius der Ältere in seiner „Historia naturalis" über die narkotische Wirkung. „Aus dem schwarzen Mohn gewinnt man einen Schlaftrunk. Er hat nicht nur Schlaf bringende Wirkung, sondern verursacht sogar, reichlich genommen, den Tod im Schlafe. Man nennt es Opium." Dem Mohn wurde eine so starke magische Kraft zugeschrieben, dass man glaubte, eine Mohnkapsel unter dem Kopfpolster genüge, um einen ruhigen Schlaf zu haben. Und die große Fruchtbarkeit des Mohnes sollte sich auch auf die Fruchtbarkeit der Hühner übertragen. In der

*Vorangehende Doppelseite:*
*Farbrausch bei der sommerlichen*
*Mohnblüte*

*Johannes Gutmann,*
*Gründer von „Sonnentor"*

Hoffnung, ebenso viele Eier wie Mohnsamen zu bekommen, fütterte man die Hendln mit Mohn. Dem Fruchtbarkeitskult ist es auch zuzuschreiben, dass nur die Bäuerin, und nicht die Magd, den Mohn aussäen durfte. 35 Dekagramm Samen genügen für eine Fläche von einem Hektar.

Der Waldviertler Mohn hat eine lange Tradition und seine erste Erwähnung ist in einem Zehentbuch des 13. Jahrhunderts zu finden. Der Mohn wurde in den Klostergärten als Heilpflanze gezogen und das Mohnöl zum Nähren des Ewigen Lichtes verwendet. Familiennamen wie Mohnhaupt oder Moher zeugen von der Bedeutung des Mohnanbaus. „Mogn" nennen die Waldviertler den Mohn. Anfang des 20. Jahrhunderts waren hier 1.200 ha mit Mohn bepflanzt. An der Londoner Produktenbörse war der Zwettler Graumohn bis in die 1930er Jahre notiert und er galt als Qualitätsmaßstab. Im Krieg war die Ernte ausschließlich für die Pharmaindustrie bestimmt, die heimlich gebackenen Mohnstrudel hießen „Galgenstrudel". In den 1980er Jahren war der Mohnanbau fast gänzlich verschwunden. Erst mit dem Aufschwung von Bio- und Alternativfrüchten erinnerten sich die Waldviertler wieder ihrer ureigenen Produkte. Die „Waldland Genossenschaft" mit ihrem Sitz in Oberwaltenreith bei Zwettl hat den Mohn wieder entdeckt. Heute wird im Waldviertel auf 622 ha Mohn angebaut. Der Graumohn ist im Gegensatz zum Blaumohn ölhaltiger. Zwettler Graumohn wird zum überwiegenden Teil händisch geerntet und auch die Samen werden mit Geduld aus den Kapseln geschüttelt. Das schont einerseits den Samen, der nicht zerquetscht werden darf, da er sonst ranzig wird. Andererseits kommen die schönen Kapseln in die Blumenhandlungen zum Verkauf. Der Zwettler Graumohn ist gesund und bekömmlich. Er ist reich an Vitamin E und sein Öl besteht zu 90% aus ungesättigten Fettsäuren. Köche verwenden Mohnöl gerne, weil es den Eigengeschmack der Speisen unterstreicht.

Der Graumohn heißt auch Schüttmohn oder „sehender" Mohn, da seine Kapseln Löcher haben, aus denen der Samen fällt. Der Blaumohn ist „blind".

*Mohnkapsel (o. li), Mohnmühle (o. re), Mohnnudeln (u. li), Mohnzelten (u. re)*

Die Kapseln sind geschlossen und bei der maschinellen Ernte werden diese zerquetscht, um die Samenkörner zu gewinnen. Wegen seines geringeren Fettgehalts wird Blaumohn zum Bestreuen von Gebäck verwendet. Er schmeckt herber als der graue, der den „mohnigsten" Geschmack hat. Der weiße Mohnsamen ist eine Rarität und im Geschmack nussig und fein.

Armschlag ist „das Mohndorf". Ein Mohnlehrpfad und ein Mohnmuseum in Ottenschlag zeigen und erklären die Pflanze in all ihren Aspekten. Mohn steht selbstverständlich am Speiseplan und ist in allen Varianten als Mitbringsel zu haben. Die Waldviertler sind Spezialisten in der Zubereitung. So ist es besser, den Mohn in einem Mörser zu zerstoßen, denn gemahlene Körner geben weniger Saft ab als zerstoßene. Im Waldviertel gibt es fast keine Bäckerei, die nicht ihre eigenen Mohnzelten anbietet. Im Mohnkaffeehaus in Drosendorf an der Thaya werden die Mehlspeisen ausschließlich mit Mohn gebacken, wie etwa die Weiße Mohntorte mit Hollerkoch oder der Mohn-Birnenstrudel. Pikante Varianten mit Erdäpfeln und Sauerkraut sind noch Geheimtipps. Mohnkäse ist eine weitere Variation. Einen Mohnbrand stellt die Whiskydestillerie in Roggenreith her. Eine besondere Mohnspezialität bietet die Bäckerei-Konditorei Kasses in Thaya mit dem Gugelhupf aus weißem Mohn.

Mohnnudeln, Mohntorte, Mohnparfait, Mohnhonig, Mohnstrudel, Mohnbrand, Mohnschokolade, Mohnzelten – Mehlspeisen aus Mohn können „süchtig" machen!

## Urkorn und Co

Das Waldviertel, das sich erfolgreich als Österreichs Bioecke präsentiert, leistet in der Kultivierung alter Getreidesorten Pionierarbeit. Kamut, das „Getreide der Pharaonen", ist mit dem Hartweizen verwandt. 1848 wurde bei Grabungen in Ägypten eine Steinschale mit großen Weizenkörnern als Grabbeigabe gefunden. Diese Entdeckung geriet in Vergessenheit, bis 1977 ein Musterglas des damaligen Fundes wieder auftauchte und Interesse erregte. Mit dieser Handvoll Körner begann die Kamutproduktion wieder aufzuleben. Kamut ist ein züchterisch nicht manipuliertes Getreide mit einem natürlich hohen Eiweiß- und Selengehalt.

Im Herbst stehen rote Rispen am Feld: der Amarant. Amarant ist keine Getreidepflanze, er gehört zu den Fuchsschwanzgewächsen. Die sehr kleinen Körner sind fast rund und gelblich. Die Pflanze war bereits den Maya und den präkolumbianischen Azteken bekannt. Amarant gedeiht in warmen trockenen Steppengebieten. In Flockenform dem Müsli oder dem Brot beigemischt, gibt er diesen einen exotischen Geschmack.

Immer größerer Beliebtheit erfreut sich Reis aus alten Getreidesorten. Dieser wird durch schonendes Schleifen und Polieren von Getreidekörnern hergestellt. Unter der Devise „so wenig als möglich – so viel als notwendig" wird ein Teil der äußeren Getreidehülle – der Kleie – entfernt, um den Kochvorgang abzukürzen, der Großteil der wertvollen Kleie und der Keimling bleiben erhalten. Dinkelreis ist die Waldviertel-typischste Variante von Getreide-Reis. Hildegard von Bingen propagierte den Dinkel wegen seiner wärmenden, basischen Wirkung.

Winter-Emmer-Reis ist der alte, klassische Risotto in der Toskana. Einkorn-Reis wurde aus dem ältesten Urweizen hergestellt und sein Geschmack ist fein und nussig. Auch Emmer ist eine alte Weizensorte. Sie eignet sich für die Herstellung von Grieß und für die Nudelproduktion. In Norditalien wird Emmer für Suppen verwendet und kann Salaten beigefügt werden.

*Bio-Getreide vom „Meierhof",*
*Familie Ehrenberger*

Der Wirtschaftshof des einstigen Zisterzienserklosters St. Bernhard liegt im Horner Becken. Das mildere Klima wirkt sich positiv auf die Kornkammer des Waldviertels aus. Auf diesem Meierhof hat sich Familie Ehrenberger-Hamader ganz auf alte Getreidesorten spezialisiert, die zu Reis, Grieß, Mehl und Müsli verarbeitet werden.

Roggen ist der Getreideklassiker des Waldviertels. Das „Troad" wächst immer. Er laugt den Boden nicht aus. Er ist unempfindlich gegen widrige Witterungseinflüsse, ihm sind karge Böden egal und seine langen Wurzeln machen ihn gegen Trockenheit resistent. Er ist nicht krankheitsanfällig und durch seine Höhe wächst er dem Unkraut davon. Das macht ihn in der Biolandwirtschaft beliebt. Allerdings hat Roggen eine lange Vegetationszeit und das Korn beginnt gerne früh zu keimen. Das wiederum beschleunigt den Abbau von Eiweiß und Stärke und beeinträchtigt die Backfähigkeit. Der Waldviertler Roggen wird in den regionalen Mühlen verarbeitet und in Roggenreith, Bezirk Zwettl, wird daraus der Waldviertler Whisky erzeugt.

## Whisky from the Woods

Wo einst Kühe wiederkäuten, reift Whisky in Fässern. Wo einst Mitzis und Murlis sich im warmen Stroh zusammenrollten, streunen Katzen, die auf die Namen Wodka und Whisky hören, zwischen Holzfässern umher.

„Eine Honignote ist der Grundton des Roggens, der vom Gerstenmalz ins Herbe gezogen wird. Er brennt nicht am Gaumen, nicht im Abgang." Johann Haider lässt das Glas mit den Initialen „J.H" – und wir sollen das durchaus dschej-ädsch aussprechen – beinahe in seinen großen Händen verschwinden. „Er ist keinen Moment ohne Harmonie."

Dem Landwirt Johann Haider wurde das Whiskybrennen nicht in die Wiege gelegt. Er übernahm den elterlichen Bauernhof mit 14 Milchkühen, und als Österreich der EU beitrat, musste er überlegen, ob er den Kleinbetrieb zusperren

*„J.H." Johann Haider und sein Waldviertler Whisky*

oder langsam zugrunde gehen lassen sollte. Er entschied sich 1995 für einen Aufbruch zu unbekannten Ufern. Und weil man im kleinen Dorf Roggenreith schon immer Roggen anbaute, weil das Wasser, das aus dem Granit tritt, reines, starkes Urgesteinswasser ist, und weil „wir über die keltischen Vorfahren mit den Schotten verwandt sind", entschied sich Johann Haider für Whisky. Er passt gut ins Waldviertel. Ebenso mystisch wie Schottland, ebenso schweigsam wie Irland und beinahe so einsam wie die kanadische Weite.

Whisky transportiert nicht nur Geschmack. Whisky ist Image. Whisky wird aus Getreide hergestellt: Gerste, Mais, Weizen oder Roggen. Haferbrand hat man eingestellt, denn er kratzt im Abgang. Whisky wird aus einer Getreidesorte (single) oder aus einer Mischung aus mehreren (blended/verschnitten) hergestellt, wobei die Menge der als Grundstoff genannten Getreidesorte über 50 Prozent betragen muss. Single Whisky hat ein ausgeprägteres Aroma, der verschnittene ist milder und mit geringerem Alkoholgehalt.

Johann Haider ist ein Naturtalent. Er hat keine Whiskydestillerie besucht. Er hat Bücher studiert, das Schnapsbrennen erlernt und experimentiert. „Das war gut so. Dadurch habe ich niemanden kopiert." Der Erfolg hat ihm Medaillen eingebracht.

Im Keller lagert der Whisky in hellen Holzfässern. Auf jeden Deckel ist das Monogramm geschnitzt. „Das Holz", J.H. lehnt leger an einem Fass, „war maßgeblich an unserem Erfolg beteiligt. Wir verwenden keine französische Eiche sondern Manhartsberger Sommereiche. Diese hat in Niederösterreich seit Generationen Erfolg im Barriqueausbau. Die Geschmacksnote ist mild und lieblicher und gibt unserem Whisky eine neue Geschmacksrichtung." Was für Wein gut ist, kann dem Brand nicht schaden. Vor der Füllung wird das Fass ausgekohlt: Unter dem Fass wird ein kleines Feuer entzündet, die angekohlte Holzschicht verleiht dem Whisky die rauchige Note. Nach zwei Befüllungen wird das Fass aufs Neue gekohlt, daher sind die Dauben extra dick, denn die alte Schicht wird abgehobelt. Roggenwhisky, Roggenmalzwhisky und Gerstenmalzwhisky werden zwischen drei und zwölf Jahre lang gelagert. Nach der Lagerung wird der Whisky mit Urgesteinswasser (weich und kalkfrei) auf 42 Volumenprozente Alkohol verdünnt und in einem Stehfass ein paar weitere Monate gelagert, damit die Wassermoleküle sich mit den Brandmolekülen „verbeißen" können. Dann wird der Whisky abgefüllt und muss sich einen Monat „beruhigen", ehe er in den Verkauf kommt.

Destilliert wird mit einer Anlage von Christian Carl. Das ist der Rolls Royce unter den Apparaturen und hat dem Landwirt ein halbes Vermögen gekostet. Das Getreide wird mit einer vierfachen Menge an heißem Wasser vermischt. Es werden Enzyme frei, die die Stärke in Zucker umwandeln. Der so entstandenen Maische wird Hefe beigesetzt und sie wird vier Tage lang vergoren. Dann beginnt die Destillation. Die Maische kommt als Dünger zurück aufs Feld.

Der Gerstenmalzwhisky „Karamell" besteht aus dunkel gemälzter und gerösteter Gerste, welche einen rauchig herben Geschmack mit Karamellnote hervorbringt. Dieser und der Roggenmalzwhisky singlemalt sind Haiders edelste Tropfen. „Wir sind die Einzigen, die in Europa einen Roggenmalzwhisky brennen."

*Kirchberg am Walde:*
*Karpfensortieren*

Teiche kochen

Der Nebel entzieht dem Land alle Farbe. Es bleibt eine Skala an Grautönen. Das ist die Zeit, in der die Teiche „zu kochen" beginnen. Das Wasser ist abgelassen und es bleiben Wasserlöcher, in denen die Karpfen Rücken an Rücken zappeln, zaudern, durch den Schlamm zuckeln.

Die ersten Teiche des Waldviertels wurden im 13. Jahrhundert angelegt. Südböhmische Teichgräber waren dafür gefragte Arbeitskräfte. Diese unstete Gruppe wurde teilweise von Handwerkern und Hirten begleitet. Aber auch Diebe und Kriminelle zogen die rauen, stets bewaffneten Männer an. Die Wanderarbeiter kannten sich in Terrainarbeiten aus und wurden deshalb auch beim Bau von Gräben und Wällen in Kriegszeiten herangezogen.

Fischzucht war nicht der einzige Verwendungszweck der Teiche. Sie waren auch Löschteiche, Energielieferanten für Schmieden, Mühlen, Sägewerke oder Glashütten. Sie waren Schwemmteiche, deren Wasser für die Holztriften benötigt wurde.

Die Teiche werden durch einen Zufluss gespeist, der so viel Wasser bringt, dass trotz der Verdunstung der Wasserstand gehalten werden kann. Der Abfluss wird durch einen „Mönch" geregelt. In diesem Schacht werden Bretter als Schleusen eingeschoben. Es gibt Himmelteiche, die ausschließlich von Regen und Schnee gespeist werden. Die dritte Art ist der Quellteich, der sein Wasser durch eine Quelle erhält, die entweder im oder nahe dem Teich liegt.

Der Höhepunkt der Waldviertler Teichwirtschaft war im 16. Jahrhundert. Auf den Fischmärkten wurden Karpfen, Schleien, Barsche, Hechte, Rotfedern, Grundeln, Karauschen, Aale, Krebse und Weißfische angeboten. Grund für den großen Fischkonsum waren die vielen Fastengebote der katholischen Kirche.

Ab dem 18. Jahrhundert ging die Teichwirtschaft zurück. Billige Importe aus Böhmen und Ungarn, steuerliche Maßnahmen sowie die Aufhebung der Robotleistung 1848 und bessere Preise für Getreide ließen die Fischproduktion sinken. Teiche wurden aufgelassen und in landwirtschaftliche Flächen umgewandelt. Manchmal erinnert ein Flurname noch an einen ehemaligen Teich.

In der Region des Oberen Waldviertels gibt es etwa 1.000 Teiche mit einer Gesamtfläche von 1.600 ha. Die Stifte und Gutsbetriebe sind die größten Karpfenlieferanten und sie verfügen über eine jahrhundertelange Tradition in der Fischzucht. Vom Ablaichen der Mutterfische bis zu einem stattlichen 3 kg schweren Karpfen benötigt es vier Jahre der Aufzucht und Pflege. Als Nahrung dient ihnen Plankton. Zugefüttert wird verschrotetes Getreide. 15 Grad Celsius ist die optimale Wassertemperatur für Karpfen. Sie wachsen je nach Alter in verschiedenen Teichen auf. Es gibt die Streich- und Brutteiche, wo abgelaicht wird und die kleinen Fische aufwachsen, sowie die Streck- und die Kaufteiche. Den Winter verbringen die Fische an den tiefsten Stellen in einer Art von Winterschlaf, wobei sie nicht fressen und auch nicht wachsen. Mit der Eisschmelze erwachen sie. Diese Winterruhe ist der Grund dafür, dass auf vielen Teichen das Eislaufen verboten ist. Das Kratzen der Kufen kann die Fische in den seichten Gewässern aufwecken, sie schwimmen an die Oberfläche und erfrieren.

Im Oktober beginnt das Ablassen der Teiche. Wenn die Fische in den Fischgruben sind, „kocht" der Teich. Wenn das Wasser zu schnell abfließt, „brennt der Teich ab" und die Fische verenden. Männer in Ölzeug und hüfthohen Gummistiefeln ziehen mit Netzen und Käschern die Ernte ans Ufer. Dort werden die Fische nach Größe sortiert und auf Traktoranhängern stehen Bottiche bereit. Besatzfische werden für die Sportfischerei verkauft. Die Mutterkarpfen (sie können über 12 kg schwer sein) und die Besatzkarpfen kommen in andere Teiche, wo sie überwintern.

An den Ufern brennen Lagerfeuer. Hier halten sich die Arbeiter warm, Gulasch und Bier wird als Stärkung gereicht. Es ist harte Arbeit, im kalten Schlamm zu waten, wenn die Nässe von unten und oben bis an die Knochen dringt. „Es ist ein Beutemachen, eine gemeinsame Handarbeit, ein Akt des Überlebens, die präökonomische Zusammenkunft", schreibt der Fischer und Dichter Hans Eichhorn in seinem „Oratorium" über das Abfischen.

Die Speisekarpfen werden ab Teich verkauft oder kommen in die Fischhälter, wo sie im kalten, klaren Wasser ihren morastigen Geschmack verlieren. Der älteste noch in Betrieb befindliche Fischhälter aus dem 17. Jahrhundert steht am Gartenteich des Stiftes Geras. Ab November beginnt der Verkauf der Weihnachtskarpfen.

## Von Mädesüß und Pestwurz

„Halleluja!" So grüßt ein Guru. Er trägt eine Brille mit roter Fassung und ein breites Lächeln im Gesicht. Johannes Gutmann gründete 1988 die erfolgreichste aller Waldviertler Kräutermarken.

Die Sonne ziert viele Hoftore des Waldviertels. Unter ihren warmen, hellen Schutz stellte Johannes Gutmann seine Idee, die Kräuter und Gewürze der Region zu vermarkten. Mittlerweile ist „Sonnentor" eine Weltmarke. In 44 Länder werden seine Produkte geliefert, Russland, Saudi-Arabien, Iran, Neuseeland – um nur ein paar zu nennen. 200 Mitarbeiter gehören der Firma Sonnentor an, als Vertragslieferanten im Waldviertel, in Rumänien, Ungarn und Albanien, als Mitarbeiter in Sprögnitz bei Zwettl und in der Teeproduktion in der Tschechischen Republik.

Ein ehemaliger Bauernhof in Sprögnitz hat hintaus riesige Hallen bekommen und vorne neben den Büroräumen eine Kräuterstube, die mit Düften verführt und ihrem Design verlockt, sodass es nur unter größter Anstrengung möglich ist, sie ohne einen Gute-Laune-Tee, einer Gewürzmischung namens Sonnenkuss, einem Honig mit Chili, einem Kräuterkissen oder einem Buch („auf der sonnenseite" von Johannes Gutmann) zu verlassen.

Düfte durchziehen das ganze Gelände. In den Hallen – sie tragen alle Namen und die jüngste heißt Halle-luja – lagern auf Regalen Ballen gefüllt mit Brennnesseln und Majoran, Ringel- und Kornblume, Kümmel und Hibiskus, Bockshornklee und Lemongras, Nelken und Süßholz, Galgant und Quendel, Salbei und Safran.

Mit Beifuß, Dost und Quendel hat es begonnen. „Alles, was eben ums Haus wächst", erklärt Johannes Gutmann die Anfänge bei einem Rundgang durch den Betrieb. Hier klopft er eine Schulter, dort hält er einen Arm – das Image einer Kräuterproduktion ist auch ein integraler Teil des Betriebsklimas: gehaltvoll und gesund.

Neben den qualitätvollen Produkten aus biologischer Landwirtschaft zählt sicher das Image, das durch eine äußerst professionelle Werbung transportiert wird, zu den Säulen des Erfolgs. „Und die Hände", ergänzt Johannes Gutmann. Die Produktion beruht auf Handarbeit. Es sind wirklich wenige Maschinen zu sehen: die eine, die mit Sieben die hereinkommenden, bereits am Hof getrockneten Kräuter und Gewürze reinigt. Die zweite, die Gewürze in Säckchen abfüllt. Das Verpacken in Schachteln ist Handarbeit. Das sichert einerseits Arbeitsplätze in alter Art der Heimarbeit und ist zugleich Qualitätskontrolle. Hände, junge und alte, zerfurchte und kraftvolle, sind auch zentrale Motive der Werbung. „Die Hände transportieren wir ganz bewusst", so Firmengründer Gutmann. Die Hände seiner Eltern Berta und Ignaz sind es, die das wertvollste Gewürz Safran verpacken.

Johannes Gutmann wollte nach der Matura nicht in die Stadt. Den elterlichen Bauernhof wollte er aber auch nicht übernehmen. Er suchte nach neuen Wegen in der Peripherie des Waldviertels. Als sein Arbeitsplatz in der benachbarten Produktion von „Waldland" in Oberwaltenreith verloren ging, schuf er sich eine eigene Marke. Besonders prägte ihn die Bekanntschaft mit dem „Kräuterpfarrer" Hermann-Josef Weidinger.

*Kräuterpfarrer Hermann-Josef Weidinger*

Die kleinstrukturierte Landwirtschaft, das große Kapital an sauberer Umwelt und reiner Luft sowie Aussteiger und Alternative der 1970er Jahre (damals noch „Alternaive" geschimpft) schufen aus dem Waldviertel ein Bioeck und einen Feinkostladen.

Felder mit violetter Mariendistel und pink leuchtenden Echinacea (purpurroter Sonnenhut), mit dottergelben Ringelblumen und den zartweißen Dolden des Kümmels: Der Sommer ist ein Farbenrausch am Acker. Sonnentor ist nicht die einzige Kräuterproduktion. Die Vereinigung Waldland vertreibt und veredelt Kräutertees und viele weitere Produkte der Landwirtschaft. Frauen aus Traunstein haben sich zum Verein der „Kräutertanten" zusammengetan und neben der Herstellung ihrer Tees aus dem Hausgarten pflegen sie einen öffentlich zugänglichen Kräutergarten, in dem sie bei Führungen ihr Wissen vermitteln. In Karlstein an der Thaya schuf Kräuterpfarrer Weidinger (1918–2004) mit dem Paracelsushaus einen der größten Betriebe in Karlstein mit 35 Mitarbeitern. Der Prämonstratenser-Chorherr Hermann-Josef Weidinger schöpfte sein Wissen aus langen Jahren in China und aus alten Klosterbüchern. Er selbst schrieb gut 40 Bücher und auch fünf Jahre nach seinem Tod sind jeden Sonntag seine volksnahen Ratschläge in Österreichs meist gelesener Zeitung zu finden.

*Braumeister im Sudhaus der Zwettler Brauerei*

Conrad Seidl

# Es braut sich was zusammen

*Werbetafel der Schremser Brauerei, erstmals erwähnt 1410, seit 1838 im Besitz der Familie Trojan*

Jemals etwas vom Horner Bier gehört? Dieses Bier hat es außerhalb von Niederösterreich nie zu besonderer Berühmtheit gebracht – aber in Wien, der damaligen Hauptstadt des Landes und der ganzen Monarchie, war es zur Zeit Joseph II. hochbegehrt: Die Leute tränken Plutzer vom Horner Bier, hieß es in einer alten Beschreibung des Spittelbergviertels, damals die verrufenste, aber gerade deswegen viel frequentierte Gegend der Kaiserstadt. Noch heute gibt es am Spittelberg das Plutzer Bräu. Und es gibt seit zwei Jahren auch wieder ein Horner Bier, das Pfützl-Bräu (auch wenn dieses nicht in Horn gebraut wird).

Es knüpft an eine alte Waldviertler Tradition an: In der Nähe von Horn gab es schon im 15. Jahrhundert Hopfengärten und im Jahr 1524 konnte ein Horner Bierbrauer seinen Sohn („Stephanus Braxatoris") auf die Wiener Universität schicken. Sein Bier war damals aber eher noch von lokaler Bedeutung. Erst 1654 wurde das Horner Bier als eigener Typus kreiert – Christof Ertl braute damals ein Weißbier aus vermälztem Hafer. Es dürfte jener Bierstil gewesen sein, der dann im Spittelbergviertel erfolgreich war. Aber der Erfolg reichte nur bis zum Ende des 19. Jahrhunderts, da vermeldete der „Waldviertler Bote" am 15. Jänner 1888, dass die Perle aller Biere, das „Horner Pfützerl" nicht mehr gebraut würde.

Das war jene Zeit, als die großen Industriezentren bedeutend wurden und mit ihnen die großen industriellen Brauer, die die Arbeiterschaft mit Bier zu versorgen hatten. Anton Drehers Wiener Lagerbier wurde weltberühmt – nur bei uns in Österreich kennt man es nicht. Genauer: Man kennt diesen Bierstil nicht mehr. Jener Biertypus, der von hier (oder genauer: von Schwechat) aus die Welt erobert hat, ist bereits im frühen 20. Jahrhundert wieder aus der Mode gekommen. Und dann ausgerechnet in seinem Ursprungsland Österreich ausgestorben.

So kann man beispielsweise in Cleveland, Ohio, ein wunderbares Vienna Lager („Eliot Ness" der Great Lakes Brewing Company) kaufen. Aber hierzulande wusste man mit dem Stil nichts anzufangen, bis der junge Waldviertler Braumeister Christian Pöpperl, der eben sein Studium in Weihenstephan abgeschlossen hatte, in seine Heimatstadt Weitra zurückkehrte. Dort kreierte er ein eigenes Bier für die Landesausstellung des Jahres 1994. Das Bier wurde nach dem Stadtgründer Hadmar von Kuenring „Hadmar Bräu" benannt – und mit seiner außergewöhnlichen Mischung von Malzen und seiner balancierten Hopfung entsprach es von Anfang an jenem Biertypus, den andere aufgegeben hatten.

Und es passte perfekt zur Waldviertler Bierkultur: Weitra ist verbriefter Weise die älteste Braustadt Österreichs – das Braurecht wurde ihr 1321 verliehen. Das war im Mittelalter von entscheidender Bedeutung für den Wohlstand einer Stadt. Bürger mit Braurecht konnten auf ein ziemlich sicheres Geschäft bauen – und sie genossen den Schutz des so genannten Meilenrechts: Im Umkreis von mehr als sieben Kilometern durfte nur von den Weitraer Bürgern gebrautes Bier ausgeschenkt werden. Wer das nicht zahlen konnte oder wollte, musste einen ziemlich weiten Weg in Kauf nehmen.

Weitras Braubürger hatten bald die bedeutendste Brauerzunft der Umgebung – hier stand die Zunftlade aller Brauer im Viertel ob dem Manhartsberge, zeitweise waren auch die Wiener Braumeister dieser Zunft angeschlossen. Wenn also ein Wiener Biertyp im Waldviertel ein neues Zuhause gefunden hat, ist das eine ausgleichende Gerechtigkeit der Historie.

Und noch heute kann man an vielen Häusern Hinweise auf die ehemals hier ausgeübte Braugerechtigkeit entdecken.

Zwei Weitraer Braustätten werden noch bis in unsere Tage betrieben: Die Bierwerkstatt vor dem Stadttor ist die ehemalige Bauerei der Familie Pöpperl; sie wurde an die größere Brauerei in Zwettl verkauft, die nunmehr in Weitra ihr Bio-Bier braut. In Zwettl ist alles viel größer, aber nicht weniger traditionell: Im Oktober 2008 feierte die Familie Schwarz das dreihundertjährige Bestehen ihres Familienbetriebs, der sich vor allem mit unfiltriertem Zwicklbier einen Namen gemacht hat. Seniorchef Karl Schwarz hat die Brauerei von einem kleinen Handwerksbetrieb zu einem Vorzeigemodell der mittelständischen Brauindustrie ausgebaut – hinter der schmucken Fassade verbirgt sich moderne Brautechnik – und die Rohstoffe kommen aus eigenem Vertragsanbau. So wird die Sorte „Zwettler Original" praktisch ausschließlich aus im Waldviertel gezüchteter und angebauter Gerste und aus dem von Bauern der Umgebung angebauten Hopfen gebraut.

Die zweite Braustätte in Weitra befindet sich im Keller des Brauhotels, das seinerseits früher ein zum Schloss gehörendes Hofbräuhaus war. Heute wird die kleine Brauanlage von der Schremser Brauerei mit betreut. In der Granitstadt Schrems hat sich die Familie Trojan eine außerordentliche Kompetenz für Bierspezialitäten aufgebaut. So wird mit dem „Schremser Roggenbier" ein außergewöhnliches halbdunkles Ale gebraut, das im Frühjahr 2008 beim World Beer Cup die Silbermedaille errang.

Die Schremser Brauerei ist eine der ältesten des Landes, die Biertradition ist nicht viel jünger als die von Weitra: Die erste urkundliche Erwähnung der Brauerei Schrems stammt aus dem Jahre 1410. Im Jahre 1838 kaufte Jakob Trojan die Brauerei Schrems. Seither befindet sich das Unternehmen in Familienbesitz. Der heutige Chef Karl Trojan hat auch entdeckt, wie gut die Waldviertler Biertradition mit dem Wiener Biergenuss zusammenspielt: Im malzaromatischen „Schremser Naturparkbier" steht dem weichen Eindruck auf der Zunge der herbe, lange anhaltende trockene Hopfengeschmack am Obergaumen gegenüber. Noch heute können die Wiener Brauer etwas von den Waldviertlern lernen!

*Reifelager der Zwettler Privatbrauerei*

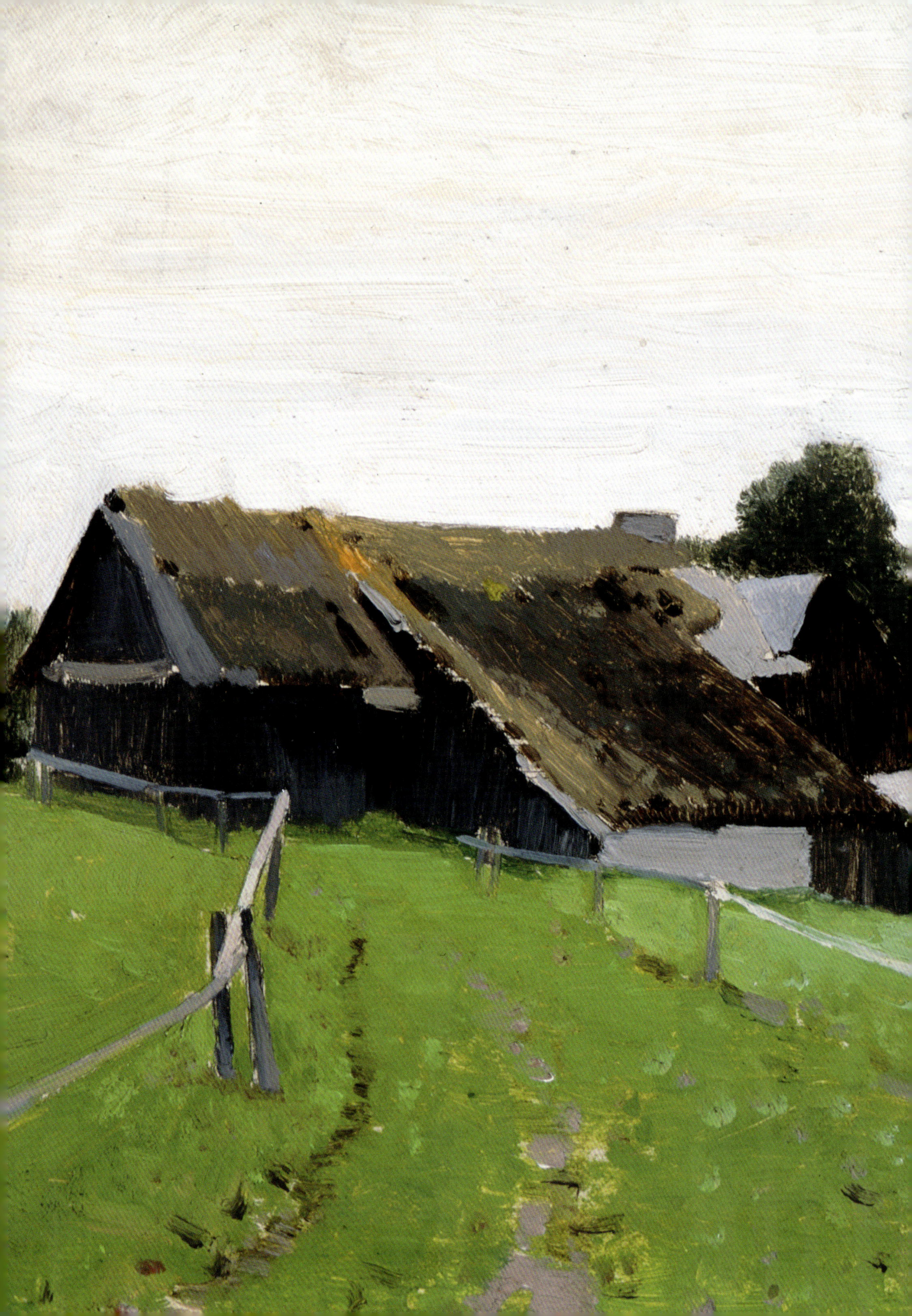

Malerei

Wolfgang Krug

# „… die Gegend hier herum ist herrlich"

*Mit der „Entdeckung" der Wachau durch die Wiener Künstlerschaft kam es ab den 1870er Jahren zu Erkundungstouren in den Norden.*

*Joseph Mössmer: „Rastenberg am kleinen Kamp", um 1910/11, Aquarell/Papier, (Abb. 2), NÖLM*

„Ich bin sehr vergnügt, denn die Gegend hier herum ist herrlich, und ich habe alles, was ich mir wünschen kann", schrieb Franz Grillparzer 1807 – erst sechzehnjährig – von seinem Sommeraufenthalt im Schloss Greillenstein in einem Brief an seine Mutter. Es sind dies nicht nur sehr persönliche Zeilen des jungen Schriftstellers, sondern mit die ersten niedergeschriebenen Eindrücke vom nördlichsten Viertel Niederösterreichs. Heute ist das Waldviertel kein Geheimtipp mehr. Kunstschaffende aller Sparten, Musiker, Literaten und bildende Künstler, haben es für sich entdeckt, um hier zu leben und ihrer Arbeit nachzugehen.

In früheren Zeiten verschlug es sehr selten Künstler in den „Großen Nordwald". Trotz wichtiger klösterlicher Zentren und stattlicher Burganlagen finden sich aus dem Waldviertel daher nur wenige druckgrafische Serien mit Ansichten bedeutender Sehenswürdigkeiten, wie wir sie sonst aus fast allen Landesteilen Österreichs in großer Zahl und Vielfalt kennen. Mangels Reiseliteratur fehlte die Kenntnis von malerischen Motiven aus dieser Gegend, mangels Angebot an Darstellungen verständlicherweise auch die Nachfrage.

## Rare Individualisten

*Vorangehende Doppelseite:*
*Ferdinand Brunner: „Das Haus auf der Höhe", 1901, Öl/Holz, (Abb. 1), NÖLM*

Nach der Italien-Euphorie des ausgehenden 18. Jahrhunderts kam in der ersten Hälfte des 19. Jahrhunderts die alpine Bergwelt immer mehr in Mode. Die Wiener Künstler reisten ins Salzkammergut, ins Salzburgische, nach Bayern und Tirol. In die abseits gelegene Region des Waldviertels „verirrten" sie sich dabei fast nie. Bildliche Darstellungen sind daher rar und vor allem Individualisten zu verdanken, die wie etwa Joseph Mössmer (1780–1845) auf der Reise nach Böhmen einen Abstecher hierher unternahmen (Abb. 2), oder wie Thomas Ender (1793–1875) von der Donaugegend aus zögerliche Vorstöße in „unbekanntes" Gebiet wagten (Abb. 3). Die Straßen waren schlecht, die Distanzen

*Thomas Ender: „Würnsdorf am Ostrong", um 1830, Aquarell/ Papier, (Abb. 3), NÖLM*

*Ludwig Halauska: „Gars am Kamp", 1882(?), Öl/Papier/ Karton, (Abb. 4), NÖLM*

weit, Annehmlichkeiten für Reisende nicht oder nur unzureichend vorhanden. Johann Anton Friedrich Reil, der 1823 den ersten und lange Zeit wichtigsten Reisebericht zum Waldviertel verfasste, musste, wie er schreibt, selbst lange dazu überredet werden, eine Reise dorthin zu unternehmen. Seinem Buch ist zu verdanken, dass in der Folge eine Reihe weiterer Persönlichkeiten ihre Liebe zum Waldviertel entdeckte. Wieder waren es Individualisten, „Abseitsgeher", die nicht dem Strom der Masse folgten.

Im Zusammenhang mit der schrittweisen „Entdeckung" der Wachau durch die Wiener Künstlerschaft kam es ab den 1870er Jahren zu häufigeren Erkundungstouren ins Waldviertel. Die Künstler wanderten entlang der Flusstäler gegen Norden, durch das Weitental, das Kremstal und das Kamptal.

Belohnt wurden sie mit wildromantischen Landschaftsszenerien und Ansichten „trutziger" Wehrburgen. Im Weitental, dem der bekannte Landschaftsmaler Eduard Zetsche (1844–1927) in seinem 1902 erschienenen Band „Bilder aus

*Eduard Zetsche: „Ruine Mollenburg im Weitental", um 1890/95, Öl/Leinen/Karton, (Abb. 5), NÖLM*

der Ostmark" ein eigenes Kapitel widmete, waren es vor allem die Mollenburg (Abb. 5), Streitwiesen und Pöggstall, die zum Verweilen einluden, im Kremstal die Burgen Rehberg, Senftenberg und Hartenstein, im Kamptal schließlich Gars und die Rosenburg. Kaum einer gelangte über diese Ziele hinaus, da die Wanderungen doch zumeist in Verbindung mit einem Aufenthalt im Donautal der Wachau standen.

Das Kamptal und insbesondere der Marktfleck Gars entwickelten sich in den letzten Jahrzehnten des 19. Jahrhunderts immer mehr zur Sommerfrische. Von 1876 bis zu seinem Tod 1895 befand sich hier das Sommerdomizil des berühmten Komponisten Franz von Suppé, und auch Ludwig Halauska (1827–1882), der letzte große österreichische Alpenmaler, stattete Gars einen Besuch ab (Abb. 4).

Die Erreichbarkeit des nördlichen Waldviertels wurde durch den Bau der Franz-Josefs-Bahn erheblich verbessert. Bereits 1869 war das Teilstück von Eggenburg über Gmünd nach Budweis eröffnet worden, 1870 folgte die Strecke Wien – Eggenburg. Nun waren selbst die im „tieferen" Waldviertel gelegenen Regionen und Städte einigermaßen bequem zu erreichen. Der neuen Bahnlinie verdanken wir wohl auch Johann Nepomuk Gellers (1860–1954) Ansichten aus der Gmünder Gegend aus dem Jahre 1889. Ansonsten scheinen Künstler die Verkehrsverbindung nicht sehr in Anspruch genommen zu haben. Die Mehrzahl der Landschaftsmaler bewegte sich Ende des 19. und zu Beginn des 20. Jahrhunderts auf der Suche nach reizvollen Motiven noch immer hauptsächlich in der Umgebung von Gars und Horn (wie Karl Friedrich Gsur, 1871–1939, Abb. 6) beziehungsweise im an die Wachau angrenzenden südlichen Teil des Waldviertels. So finden wir Anton Romako (1832–1889) im Herbst 1885 in Greillenstein und im Oktober 1886 am Kamp bei der Rosenburg. Ein anderer bekannter Zeitgenosse, Johann Hamza (1850–1927), hielt sich um 1890/95 im Stift Altenburg auf. Ein dort gemaltes Bild, die Kaiserstiege darstellend (Abb. 7), diente ihm später als Hintergrundmotiv für eine seiner charakteristischen höfischen Gesellschaftsszenen.

*Karl Friedrich Gsur: „Schloss Rosenburg am Kamp", 4. August 1909, Öl/Holz, (Abb. 6), NÖLM*

*Johann Hamza: „Die Kaiserstiege im Stift Altenburg", um 1890/95, Öl/Leinen, (Abb. 7), NÖLM*

Das Tal der Thaya war – abgesehen von ihrem Mittellauf bei Lundenburg, der mit der Kaiser-Ferdinand-Nordbahn schon seit einiger Zeit bequem erreicht werden konnte – von Künstlern bislang noch wenig „erforscht", desgleichen der Oberlauf des Kamp und die Gegend um Zwettl. Zu Beginn des 20. Jahrhunderts wurde dies nachgeholt – vielfach von Malern böhmischer oder mährischer Herkunft. Für Carl Gödel (1870–1948) zum Beispiel, einen in Brünn geborenen Landschaftsmaler, sollten Ansichten aus dem Waldviertler Thayatal zum Markenzeichen werden (Abb. 8).

## „Echte" Waldviertelmaler

Fragt man nach dem ersten „echten" Waldviertelmaler, so wird zumeist und auch zu Recht der Wiener Ferdinand Brunner (1870–1945) genannt, der hier, als Einzelgänger wohl auch Einsamkeit suchend, künstlerisch ergiebige Anregungen fand. Ihm gelang es in unnachahmlicher Weise, in seinen Darstellungen weiter Landschaften oder beeindruckender Wolkenformationen die so charakteristische,

*Carl Gödel: „Landschaft mit Burgruine Eibenstein a.d. Thaya", 1910, Öl/Leinen, (Abb. 8), NÖLM (o. li)*
*Karl Scholz: „Prozession in Mödring bei Horn", um 1910, Öl/Leinen/Karton, (Abb. 9), NÖLM (o. re)*
*Thomas Leitner: „Altwaidhofen im Winter", 1921, Öl/Karton, (Abb. 10), NÖLM (u. li)*
*Walther Gamerith: „Landschaft bei Eggenburg", um 1935, Öl/Leinen, (Abb. 11), NÖLM (u. re)*

*Siegfried Stoitzner: „Oberndorf-Weikertschlag", 1941, Tempera / Malkarton, (Abb. 12), NÖLM*

lyrische Stimmung des Waldviertels einzufangen (Abb. 1). Wesensmäßig am ehesten an die Seite zu stellen ist ihm der Landschaftsmaler Thomas Leitner (1876–1948), der aus Oberösterreich gebürtig hier im Waldviertel, und zwar in Waidhofen an der Thaya, eine zweite Heimat fand (Abb. 10). Mit Karl Scholz (1879–1957) aus Horn (Abb. 9), Karl Hoefner (1886–1954) aus Waidhofen und Walther Gamerith (1903–1949) aus Eggenburg (Abb. 11) können noch weitere schätzenswerte, aus dem Waldviertel stammende Künstler angesprochen werden.

Als Malergegend gewann das Waldviertel dennoch kaum an Aktualität. Wir kennen daher auch nur vereinzelt Darstellungen aus diesem Landesviertel von namhaften Künstlern der Zwischenkriegszeit, etwa von Richard Harlfinger (1873–1948), Albert Janesch (1889–1973), Fritz Silberbauer (1883–1974), Franz Windhager (1879–1959) oder Fritz Zerritsch (1888–1985). Häufiger findet man Waldviertel-Motive von Siegfried Stoitzner (1892–1976), dem bekannten Wachaumaler. Eines seiner Werke, die 1941 entstandene Ansicht von „Oberndorf-Weikertschlag" (Abb. 12), wurde 1942 in der NS-Ausstellung „Niederdonau, Mensch und Landschaft" im Wiener Künstlerhaus präsentiert.

Als „Ahnengau des Führers" war das Waldviertel zwar wieder in Erinnerung gebracht worden, doch mit dem Krieg kam erneut eine Zäsur. Nur eine Handvoll hier ansässiger Künstler – neben den bereits erwähnten der Druckgrafiker Franz Traunfellner (1913–1986) in Gerersdorf bei Pöggstall und der Landschaftsmaler Franz Dörrer (1920–2004) in Waidhofen – blieb ihrer Heimat in den Nachkriegsjahren auch in ihrer künstlerischen Arbeit treu. Es wurde still um diese Region. Noch 1963 nannte Franz Eppel das Waldviertel „ein vergessenes Land", doch es sollte bald neuerlich „entdeckt" werden, als eine beliebte Rückzugsgegend vorzugsweise für Künstler und Kunstschaffende. Doch das ist eine andere Geschichte.

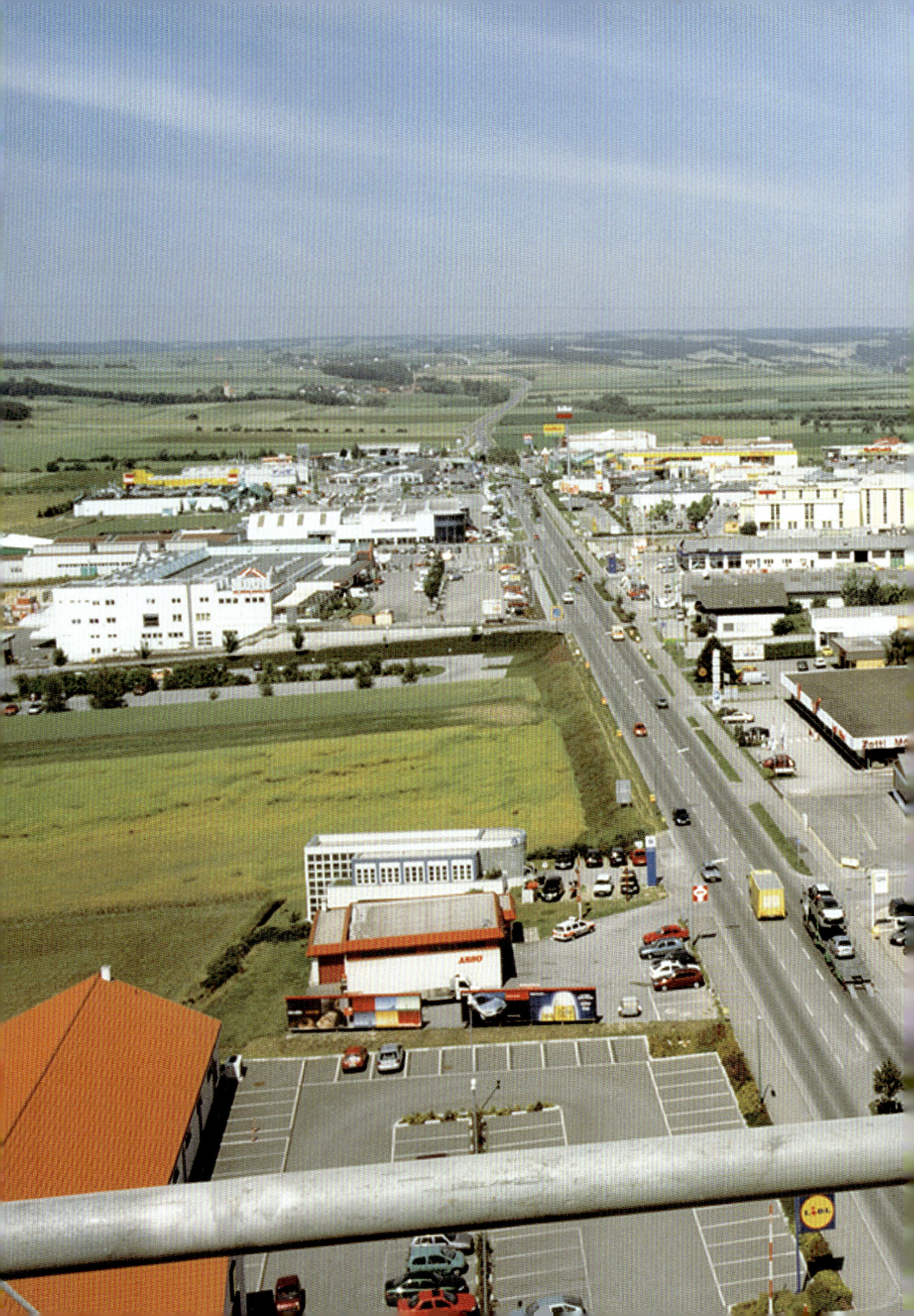
LIDL

# Zeitgenössische Kunst

Carl Aigner

# Ein Viertel voller Kunst

*Denn schließlich haben Bilder auch den Zweck,
uns glücklich zu machen.* (Paul Klee)

*Hermann Walenta:
„Rhythmisches Kräftespiel", 1964,
Bronze, 55 x 75,5 x 42 cm,
NÖLM*

„Das was die Kulturszene des Waldviertels verbindet, ist ihre enorme Heterogenität, das gilt für die Maler ebenso wie für all die anderen, die die Waldviertler Peripherie als perspektivischen Fluchtpunkt schöpferisch für sich zu nutzen wissen", schreibt der Philosoph Wolfgang Müller-Funk in der Publikation „Landauf. – Künstler aus dem Waldviertel" 1992.

Für viele gilt das Waldviertel spätestens seit den siebziger Jahren des letzten Jahrhunderts als mythische Kultur- und als besondere Künstlerlandschaft. Die damaligen institutionellen (Kunst-)Aktivitäten von Joachim Angerer haben dazu ebenso beigetragen, wie etwa die Übersiedelung von Christa Hauer und Johann Fruhmann in das kleine Wasserschloss Lengenfeld; Toni Kurz ist hier für Horn zu nennen, ebenso wie die Blaugelbe Viertelsgalerie in Zwettl oder Schloss Grafenegg; ganz zu schweigen von der Kunstmeile Krems seit den 1990er Jahren und vielen anderen kleineren oder größeren kunstinstitutionellen Engagements, die hier aus Platzgründen nicht alle aufgelistet werden können, wie auch im Folgenden viele KünstlerInnen nicht erwähnt werden können.

Rund siebzig KünstlerInnen sind in der oben genannten Publikation aufgelistet, viele davon mit akademischer Ausbildung. Heute könnten sicher wesentlich mehr angeführt werden, die entweder im Waldviertel geboren wurden und dort auch seitdem leben (wie etwa Richard Künz, Christian Gmeiner, Wolfgang Böhm, Leo Zogmayer, Franz Part), dort geboren wurden und nach einer längeren beruflichen Wanderschaft wieder zurückgekehrt sind (wie Erich Steininger, Iris Andraschek, Karl Korab und viele andere), seit vielen oder einigen Jahren dort wohnen (wie Adolf Frohner, Franz Xaver Ölzant, Norbert Fleischmann, Erwin Wurm), wie Franz Grabmayr zur Sommerzeit dort arbeiten oder aus dem Waldviertel stammen, aber seit dem Studium nicht zurückgekehrt sind (wie Veronika Dirnhofer oder Romana Fischer).

Immer wieder wird gesagt, dass das Burgenland jenes österreichische Bundesland sei, wo nach 1945 zuallererst KünstlerInnen vor allem aus Wien begon-

*Vorangehende Doppelseite:
Maria Theresia Litschauer:
„landscapes_MALLS", 2001,
Auflage Nr. 2/3, C-print,
112 x 150 cm
(Wirtschaftsdaten siehe Seite 245)*

*Arnulf Neuwirth:*
*„Und grün des Lebens goldener*
*Baum", 1972,*
*Collage/Aquarell/Tusche/*
*Pergament, 22,2 x 17,4 cm,*
*NÖLM*

nen haben, auf das Land zu ziehen und dort zu leben und zu arbeiten wie Karl Prantl oder Walter Pichler. Doch auch hier ist Niederösterreich Pionier. Der Doyen der österreichischen Bildenden Kunst, Arnulf Neuwirth (Jahrgang 1912), ist Anfang der sechziger Jahre bereits nach seinen Weltreisen wieder in das nördliche Waldviertel in seinen Heimatort zurückgekehrt (ein Jahrzehnt später Hermann Nitsch nach Prinzendorf im Weinviertel), Franz Grabmayr arbeitet seit Mitte der sechziger Jahre im Sommer im Waldviertel, und als jüngster Zuzug sei einer der international wohl bedeutendsten österreichischen Gegenwartskünstler, Erwin Wurm, angeführt.

So heterogen die Künstlerpersönlichkeiten sind, so heterogen sind auch deren Werke, die zeigen, dass das Waldviertel eine besondere künstlerische Virulenz impliziert. Im Folgenden wird notgedrungen der Fokus auf Malerei, Fotografie und Skulpturen gelegt, auch weil der überwiegende Teil mit diesen bildnerischen Medien (neben der Zeichnung) arbeitet. Die Auseinandersetzung mit der Waldviertler Landschaft ist für viele KünstlerInnen ein vorrangiges und langjähriges Thema. Dies gilt für Arnulf Neuwirth, Franz Grabmayr und Karl Korab in besonderer Weise.

**Arnulf Neuwirth** spürt in der Verfahrensweise der Collage (meist mit Aquarellfarben „ausformuliert") vor allem den Mythen, Erzählungen und Märchen nach und verdichtet sie in filigraner Weise zu subtilen Bilddichtungen voller Anspielungen, sowohl auf die Kunstgeschichte als auch auf die Literatur, Musik und Oper. Die Landschaft wird gleichsam zu einem konzertanten Bildereignis, das erlaubt, tief in die Geschichten des Waldviertels einzutauchen; dabei ist es immer wieder der (grüne) Wald, der motivisch viele Bildwerke prägt. Es ist das (verborgene) Thema einer aufgehobenen Zeit, welches in der narrativen Rhythmik die bildnerischen Kompositionen formt und eine große Musikalität der Bildwerke bewirkt.

Natur und Landschaft sind in den letzten dreißig Jahren die vorrangigen künstlerischen Themen im umfangreichen Werk von **Karl Korab**. Dabei faszinieren ihn in besonderer Weise archäologische Funde und Spuren; er begleitete Grabungen im Waldviertel als Zeichner und entwickelte so einen besonderen Blick auf die nicht sichtbare, unterirdische „Landschaft". Ebenfalls mit der Technik der Collage, die er mit Malerei und Aquarell verschränkt, gelingt es ihm, analog zu archäologischen Schichten, Bildschichten zu entwickeln, um die Vielfalt und Eigenart von Landschaftsformationen darzustellen. Die Ambivalenz von äußerer und innerer Landschaft wird zu einem ästhetischen Charakteristikum seines künstlerischen Arbeitens. In subtiler und behutsamer Weise macht er uns dabei auf die Kostbarkeit des Landschaftlichen mit seinen kulturellen Spuren aufmerksam.

*Karl Korab:*
*„Weiße Häuser", 2006,*
*Gouache mit Collage, 46x46 cm*

Die Opulenz und Sinnlichkeit der Ölfarbe als verwandelte Waldviertler Landschaft – so knapp kann die Malerei von **Franz Grabmayr** umrissen werden. 1964 bezieht er in Rosenau sein Atelier; es entstehen die so genannten „Grünen

*Franz Grabmayr: "Landschaft bei Schloss Rosenau", 1965, Öl/Leinen, 89,9 x 189,7 cm, NÖLM*

Bilder" als erste Landschaftsgemälde in der Tradition von Herbert Boeckl und Gerhart Frankl; 1966–1971 entstehen, meist in einer Sandgrube, neue Landschaftsarbeiten; diese markieren den Beginn seiner Materialbilder aus Pigmenten, Stroh und zahlreichen anderen thematisch bezogenen Materialien. Ohne Zweifel ist es neben der kunsthistorischen Auseinandersetzung mit Landschaft das Waldviertel, welches ihn zu beeindruckenden und suggestiven „Gemälden" führt. Von immenser imaginativer Atmosphäre durchwirkt, sind es darüber hinaus kraftvolle Maler-Statements im Zeitalter der damals heraufdämmernden Mediengesellschaft.

Fast kontrapunktisch nehmen sich dazu die Landschaftsarbeiten von **Maria Theresia Litschauer** aus (Fotografie Kapitelanfang). Es sind kritische Recherchen über Landschaft und Randurbanisationsphänomene im Spannungsfeld von Ökonomisierung und Globalisierung. Das Ineinander von fotografisch-konzeptuellen Dokumentationen mit exakten technischen Datenangaben zeigt in oft erschütternder Weise die gesellschaftliche Bewusstlosigkeit gegenüber Natur und Landschaft und deren Degradierung zu bloßen kapitalistischen Nutzwerten. Die Fotografie ist dabei Teil einer wissenschaftlichen Untersuchung in dieser umfangreichen Werkserie, in gewisser Hinsicht auch deren Visualisierung.

Das Werk von **Erich Steininger** ist geprägt durch die ausschließliche Verwendung einer scheinbar alten Bildtechnik, des Holzschnittes. Waren die frühen Arbeiten stark von expressionistischen Holzschnitten mit den Themen Mensch und Landschaft geprägt, entwickelte er in den letzten zwanzig Jahren einen freien Umgang mit dieser Bildtechnik, indem er diese selbst thematisiert. In serieller Weise werden zahlreiche Drucke auf verschiedenformatigen Papieren realisiert, der Gestus des Abstrakten wird vorrangig und damit auch neue und unerwartete Ausdrucksformen geschaffen. Er zeigt, dass ein Bildmedium weder alt noch jung ist, sondern dass es auf die Art und Weise ankommt, wie ein Künstler es zu verwenden versteht.

*Erich Steininger:*
*„figurieren", 2008,*
*Holzschnitt, 60 x 40 cm*

Drei völlig differierende Weisen des Selbstverständnisses von Malerei und damit Kunst finden wir bei Veronika Dirnhofer, Norbert Fleischmann und Romana Fischer. Eine der spannendsten Positionen aktueller Malerei entfaltet **Veronika Dirnhofer** in ihrem bereits umfangreichen Werk. Es ist eine Malerei der Fülle, zwischen Abstraktion und Gegenständlichkeit oszillierend, werden teilweise fast expressive Malerei und intellektuelles Zeichnen ineinander verschränkt. Die Themen reflektieren Autobiographisches; überbordende, fast barocke und gleichzeitig auch minimalistische Formen und Strukturen prägen den kompositorischen Vorgang, der nachdrücklich von emotionalen und reflexiven Momenten bestimmt wird.

*Veronika Dirnhofer:*
*„sich gegenseitig", 2008,*
*Mischtechnik auf Leinwand,*
*140 x 170 cm*

Eines der komplexesten und reflexivsten Bildwerke der Malerei hat in den letzten zwanzig Jahren **Norbert Fleischmann** im Waldviertel entwickelt. Die Auseinandersetzung mit kunsthistorischen Diskursen spielt dabei eine ebenso wesentliche Rolle wie die Aufhebung des Gegensatzes von abstrakt und gegenständlich. In minutiöser Weise werden Bildzitate als Wahrnehmungsmodelle in immer neuen Bildzusammenhängen entfaltet und die Frage nach einer Darstell-

*Norbert Fleischmann:*
*„get lost", 2006, Acryl auf*
*Holzkonstruktion, 70 x 123 cm*

*expand II, 2008, 37,5 x 166 cm,*
*Siebdruck auf Glas, Blattgold,*
*gerahmt, Edition 1/3 bis 3/3,*
*„Werkstatt Salzer", Wien*

barkeit von Welt und Wirklichkeit ins Blickfeld gerückt. Die Natur als Bild von der Natur (etwa die artifiziellen englischen Landschaftsgärten) wird in engen Zusammenhang mit der Subjektivität des Blicks und der Subjektkonstitution generell gebracht. Fleischmann gelingt es in intensiver Weise, die Vorstellung und den Begriff des Subjekts sowie dessen Identitätskonstitution mit dem Begriff des Bildes selbst zu verschränken und deren Parallelität sichtbar zu machen.

Die Frage nach Bildrealismus und autobiographischer Reflexion steht im Zentrum der jungen **Romana Fischer**. Ihre altmeisterliche, technisch perfekte Malerei greift alltägliche Gegenstände in nuancierter und penibler Form eines Photorealismus auf, ohne jedoch auf die kompositorische Freiheit zu verzichten. Es geht nicht um eine sklavische Wiedergabe von Wirklichkeit, sondern um deren Bezüge zur eigenen Identität. Die präsentierten Objekte markieren autobiographische Alltagsrealitäten und sind damit Stationen einer Subjektbildung. Bestimmte Objekte wie etwa das Huhn sind Leitmotive und Reflexionen persönlicher Befindlichkeit und Erfahrung.

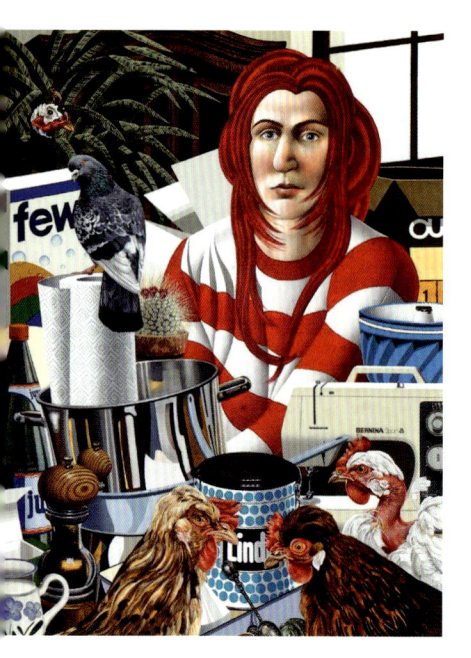

*Romana Fischer:
„Für Kasper, Gustav, Wülmze, Chölli und den Hals", 2005, Öl/Leinwand, 140 x 105 cm*

Das Organische in seiner archaisch-vegetativen Form ist Mittelpunkt des künstlerischen Arbeitens von **Hermann Walenta**. Neben Malerei und Graphik hat er ein umfangreiches bildhauerisches Werk geschaffen. Kunststein, Marmor und verschiedene andere Steinarten sind sein bevorzugtes Arbeitsmaterial, wobei die Holzskulptur bei ihm einen besonderen Stellenwert vor allem im Bereich der Großplastik einnimmt. Das von ihm bevorzugte abstrakte Formenvokabular besitzt einen stark surrealistischen Charakter. Inhaltlich thematisiert es in einer erstaunlichen Vielfalt und einem beeindruckenden Formenreichtum die menschliche Figur im Spannungsfeld von kubistischer und organischer Gestaltungsmöglichkeit. Die meist modular konzipierten Plastiken beeindrucken in ihrer Rhythmik auch durch einen stark meditativen und poetischen Gestus.

Einen singulären Rang in der österreichischen Bildhauerei der Gegenwart hat sich **Franz Xaver Ölzant** erarbeitet, der auch als großer Erneuerer der Plastik gilt. Organik, Form und Natur sind prägende Momente in seinen unkonventionellen und auf verschiedenen Materialien basierenden Werken, die seit den 1990er Jahren auch die Form der Großplastik angenommen haben. Ölzant ist eine der eigenwilligsten Künstlerpersönlichkeiten des Waldviertels, ihm ist der Dialog von Kunst und Natur existentiell. So spricht er selbst von Landschaftsskulpturen, die aus seiner langjährigen Begegnung mit der Naturlandschaft des Waldviertels resultieren. Die scheinbar fehlende subjektive Komponente seiner Arbeiten entspricht seinem Grundverständnis von Kunst, die nicht willkürliche Subjektivität vermitteln soll, sondern fast strukturale, also beziehungsmäßige Konstellationen als Erlebniserfahrung. Auch bei ihm findet sich eine intensive und prägende Begegnung mit dem Charakter des Waldviertels, der sein Werk existentiell zu bestimmen begonnen hat.

*Franz Xaver Ölzant:
Ohne Titel, 1994,
Chromstahl, 345 x 314 x 197 cm,
NÖLM*

**Erwin Wurm** zählt zu den vielfältigsten und bedeutendsten zeitgenössischen österreichischen Künstlern. Triviale Materialien wie Beton oder Blech in Auseinandersetzung mit den klassischen Skulpturprinzipien zeichneten sein Frühwerk aus, das in den 1980er Jahren auch in eine erweiterte Malerei führte. In den 90er Jahren entwickelte Wurm eine völlig neue Form der Skulptur, seine

„Ein-Minuten-Skulpturen", ein minutiöses skulpturales Infotainment. Personen und Gegenstände werden für wenige Minuten zu einer temporären Plastik bzw. Skulptur gefügt. Banale, alltägliche Gegebenheiten sind dabei oft Ausgangspunkt seiner Überlegungen, die sich mit der physischen, spirituellen, psychologischen, gesellschaftlichen und politischen Dimension des Menschen befassen. In oft witzigen, ja skurrilen Inszenierungen werden Grundbefindlichkeiten des Menschlichen thematisiert. „brothers & sisters" ist eine Werkserie, die mit vielfältigen Bedeutungen von Religiösem und Klösterlichem spielt. Die Verschränkung von Markenprodukten, Mode, Werbung mit dem menschlichen Körper findet in verschiedenen anderen Werkserien eine ironische, humorvolle und kritische Auseinandersetzung.

Die hier fokussierten elf Kunstpositionen verstehen sich als paradigmatische Beispiele aus dem Waldviertel. Viele wären hier noch zu nennen, Hans Scharnagel ebenso wie Brigitte Kordina, Martin Anibas, Elisabeth Homar, Sabine Müller-Funk, Josef Schagerl, Linde Waber, Udo Wid oder Eva und Günter Wolfsberger. Beeindruckend ist die Vielfalt an künstlerischen Diskursen und ihre Verschränkung von Regionalem und Globalem. Lange schon ist der negative Begriff des Provinziellen in sein Gegenteil verkehrt, werden wesentliche Arbeiten der Gegenwartskunst längst schon nicht mehr (aber kunsthistorisch sehr oft) allein nur im urbanen Kontext entwickelt und realisiert. Die Vitalität der Landschaft verwebt sich mit der Vitalität der künstlerischen Äußerungen, wie sie übrigens auch in einzigartiger Weise in Niederösterreich durch Projekte mit Kunst im öffentlichen Raum ergänzt und erweitert wird. Otto Wagner hatte schon recht, wenn er vor mehr als einhundert Jahren geschrieben hat, dass nicht vergessen werden darf, „daß die Kunst eines Landes der Wertmesser nicht allein seines Wohlstandes, sondern vor allem auch seiner Intelligenz ist." – Schön, dass das Waldviertel eine derart intelligente Kunstregion ist!

*Erwin Wurm:*
*„brothers & sisters", 2002,*
*C-Print, 126 x 184 cm*

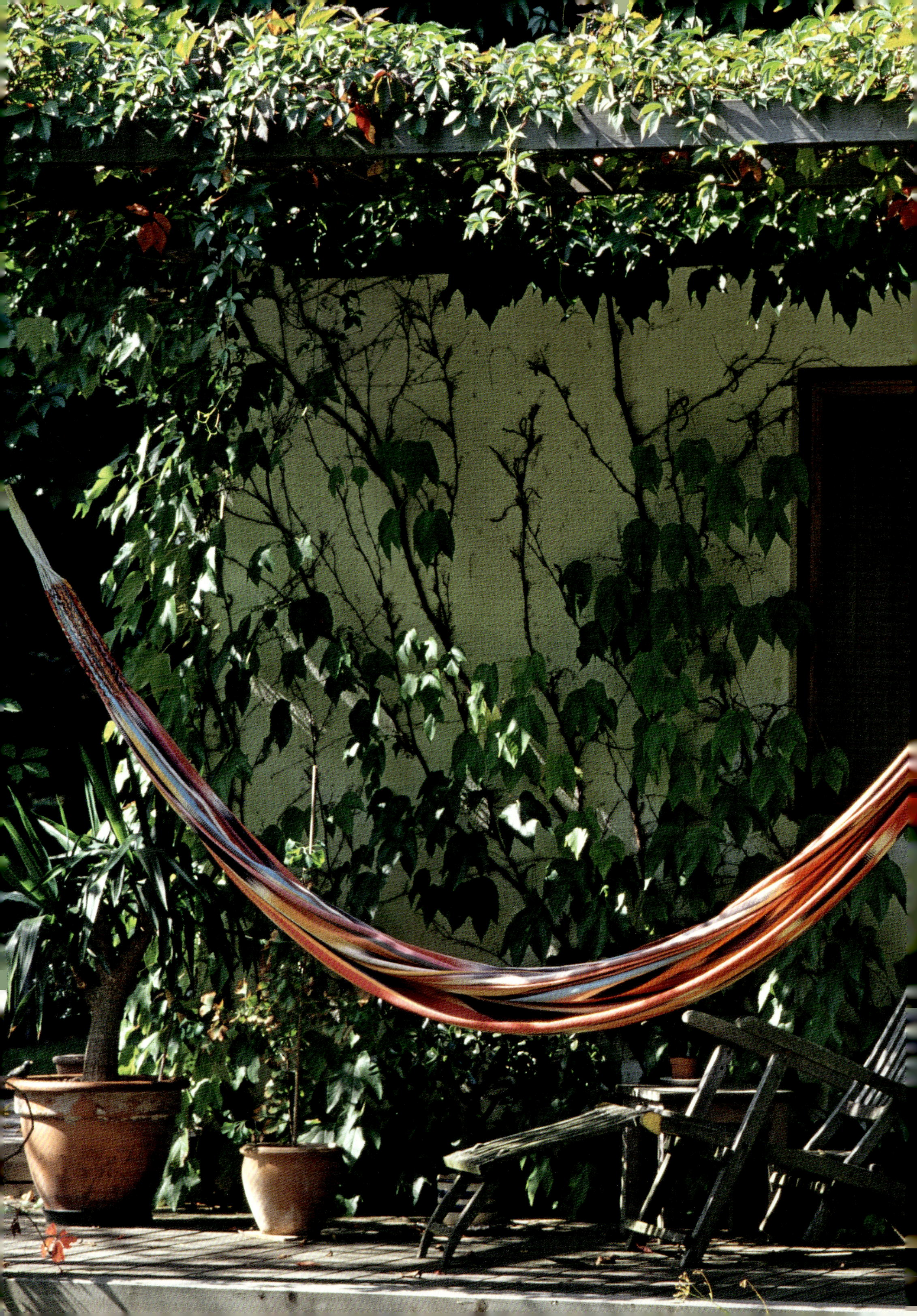

Literatur und Musik

Anna Souček

# „Es war alles ganz anders"

*Hier lässt es sich ohne „Lügenkulisse" arbeiten, findet Robert Menasse. Fünf Schriftsteller und Schriftstellerinnen, die für die dichte Literaturlandschaft des Waldviertels stehen.*

## Robert Hamerling

ist im Oberen Waldviertel vor allem als Denkmal bekannt. Gedenktafeln, Büsten, Gassenbenennungen – der Name Hamerling ist ein Begriff, doch sein Werk kennt kaum wer: „Hamerling? Der steht dort drüben, beim Stadtpark."

Dabei war er im 19. Jahrhundert immerhin der meistgelesene österreichische Dichter. In Deutschland soll sogar ein richtiger Hamerling-Kult geblüht haben, mit Hamerling-Souvenirs wie Aschenbechern und Kaffeetassen.

Als Sohn eines armen Leinenwebers wurde er 1830 in Kirchberg am Walde geboren. Das Milieu der Weber sollte er später beschreiben, ebenso wie seine Verbundenheit mit den Stätten seiner Jugend im Waldviertel zu einem Motiv seiner Lyrik wurde.

Seine Heimatliebe gab Anlass zur Vereinnahmung durch konservative bis eindeutig rechts stehende Vereine und Parteien. „Ich hab' mein Herz daheimgelassen bei den golddurchglänzten Quellen und Bächen, bei den grünen Wiesen und bei den singenden Wäldern, im Waldviertel", schreibt er in seinem Lobgesang auf „Die schönste Gegend der Erde", 1881 erstmals veröffentlicht. 1938 wurde der Essay neu aufgelegt, diesmal mit dem Übertitel „Der Ahnengau des Führers", denn „dieses weltabgeschiedene Waldviertel ist jene Gegend, in der die Eltern unseres Führers Adolf Hitler ihre Jugend verlebt haben, ehe Beruf und Schicksal sie in die Weite sandten", wie es im Vorwort heißt.

Robert Hamerlings Geburtshaus in Kirchberg am Walde ließ der deutschnationale und antisemitische Politiker Georg Ritter von Schönerer zwei Jahre nach dem Tod des Dichters 1889 abreißen. An seiner Stelle wurde das „Hamerling-Stiftungshaus" errichtet, wo sich heute das Gemeindeamt von Kirchberg am Walde befindet.

*Vorangehende Doppelseite:*
*Robert Menasse auf der Terrasse*
*seines Waldviertler Hauses*

*Robert-Hamerling-Haus in Kirchberg am Walde*

Genau genommen hatte Robert Hamerling nur während seiner ersten zwei Lebensjahre in Kirchberg am Walde gewohnt: 1832 übersiedelte die Familie nach Groß-Schönau, später nach Zwettl, und ab 1844 lebte sie in der Residenzstadt Wien. Eine Stelle als Gymnasiallehrer in Triest nahm Robert Hamerling 1855 an, wo er sich eine schwere Krankheit zuzog, frühzeitig in den Ruhestand versetzt wurde und nach Graz übersiedelte. Ab dieser Zeit, um 1865, ist er als freier Schriftsteller tätig.

Das Waldviertel hat Hamerling immer wieder als heimatverbundener Sommerfrischler besucht, das letzte Mal 1867. „Die wenigen Verwandten waren beinahe ausgestorben, aber die Stätten grünten und blühten noch, wo ich als Knabe verlebte. Daß ein Poet in mir stecke, hatte man hier früher gewußt als irgendwo; jetzt war die Bestätigung davon aus der Ferne auch bis hierher gedrungen, und ich fand nun schon einige Leute in der damals noch stillen und ziemlich abgelegenen Waldmark, namentlich jüngere Landesgenossen, die obgleich mir bis dahin fremd, dem Gruße der Heimat an den heimkehrenden Sohn schlichte, freundliche Worte liehen." Zu den Stätten seiner Kindheit und Jugend in Kirchberg, Groß-Schönau und Schweiggers, wo er bei Verwandten viel Zeit verbrachte, führt der 52 Kilometer lange Hamerling-Wanderweg.

## Vicki Baum

Im 12. Jahrhundert wurden entlang des Flusses Thaya Burganlagen errichtet, die das Land vor feindlichen Einfällen aus dem Norden schützen sollten. Eine der Thaya-Festungen ist das Schloss Peigarten im nördlichen Waldviertel, nahe bei Waidhofen an der Thaya. Zu den prominenten Persönlichkeiten, die auf dem Schloss gelebt hatten, gehört nicht nur die spätere Geliebte Napoleons, Gräfin Maria von Walewska, sondern auch die weltbekannte Bestsellerautorin Vicki

*Vicki Baum*

Baum. 1888 in Wien geboren, war Baum als Jugendliche bei ihrem Onkel zu Gast, der als Pächter des Schlosses darin eine Teppichweberei betrieb.

An ihre Schulferien auf Schloss Peigarten erinnert sich Vicki Baum in ihrem mehr als fünf Jahrzehnte später erschienenen Bestseller „Es war alles ganz anders" höchst lebendig: „In meinem Dörfchen, in Peigarten, wimmelte es eines Sommers im Schloß von Feldmäusen. Sie kamen in Scharen, waren überall. In der Küche, in den Kammern, hinterm Ofen, ja selbst in Brotlaiben bauten sie Nester für ihre Brut. ‚Es gibt Hochwasser', brummelten die alten Bauern. ‚Vielleicht auch einen Wirbelsturm, wie den Anno siebenundachtzig.' Und richtig, wir bekamen beides. Da das Schloss auf seinem Hügel der einzige trockene Zufluchtsort war, hatten wir nicht nur die Mäuse, sondern auch sämtliche Dorfbewohner zu Gast. Als das Hochwasser nachließ, kehrten Mäuse und Menschen zu ihrem normalen Leben zurück."

Sie beschreibt die allsommerlichen zehn Ferienwochen gar als „bedeutendste Zeit" ihres Lebens: „Während dieser Sommerwochen entwickelte ich die einzigen Wurzeln, die ich jemals besaß; sie gaben mir einen festen Halt und waren gleichzeitig der notwendige Ausgleich für mich als Großstadtkind mit meinem anfälligen, hochgezüchteten, überforderten Organismus."

Den Großteil ihres Lebens sollte Vicki Baum in den USA verbringen: nach dem überragenden Erfolg ihres 1929 erschienen Buchs „Menschen im Hotel" wurde der Romanstoff 1931 von der Hollywood-Filmproduktionsfirma MGM mit Greta Garbo und Joan Crawford in den Hauptrollen verfilmt. Im folgenden Jahr zog Vicki Baum mit Mann und Kindern nach Santa Monica in Los Angeles, um Drehbuchautorin zu werden. Ab 1937 schrieb sie in englischer Sprache, 1938 erhielt sie die US-Staatsbürgerschaft und kehrte nicht mehr zurück. Ihre zahlreichen Unterhaltungsromane erschienen auch im Exil in hohen Auflagen und machten Vicki Baum zu einer der kommerziell erfolgreichsten Autorinnen ihrer Zeit. In Romanen wie „Hotel Shanghai", „Marion lebt" und „Die große Pause" behandelt sie Gegenwartsthemen wie Krieg und Exil. Bemerkenswert ist, dass ihre Protagonistinnen oft emanzipierte, unabhängige Frauen in künstlerischen oder wissenschaftlichen Berufen sind, ganz wie die Autorin selbst ihr Leben und ihre Karriere gestaltete.

## Jörg Mauthe

Namensgeber eines Wanderweges im Waldviertel ist auch der Journalist, „Watschenmann"-Erfinder, Politiker und Romanautor Jörg Mauthe (1924–1986), dessen Residenz die Mollenburg im südlichen Waldviertel war. Endpunkt des Dr.-Jörg-Mauthe-Weges in der Gemeinde Weiten ist die „Dr. Jörg Mauthe Milleniums-Sonnenuhr", und unterwegs passiert der Gedenkwanderer Stationen mit Zitaten aus Mauthes Werk.

Sein letztes Buch „Demnächst" beginnt der schwerkranke Mauthe mit der Tagebucheintragung vom 8. Juli 1985: „Demnächst werde ich sterben. Ich begriff es schon in der ersten Minute der Visite. Ich bin schließlich lange genug Journalist gewesen, um über zehn oder zwölf weißen Mänteln ein Gesicht oder einen

*Jörg Mauthe*

Blickwechsel zu finden, dem man so was ablesen kann." Neben Wien ist der wichtigste Schauplatz des Buches, das Lebenserinnerungen, eine fiktive Erzählung und Gedanken zur Politik verwebt, die Mollenburg.

1973 hatte Mauthe die Ruine von den Bundesforsten erworben und mit seinen Söhnen mehrere Gebäude der Vorburg wiederaufgebaut und renoviert: „An die zehn Jahre lang sind die drei an jedem freien Tag hier draußen gewesen, haben die Stromleitung den Berg hinunter und die Wasserleitung heraufgelegt, haben Mörtel gerührt, Holzbalken geschleppt, Installationen eingebaut, die bis heute funktionieren – und nun haben wir hier vier Wohnungen, ein paar Gäste- und Badezimmer, Werkstätten, einen Saal, und ein Schwimmbad auch noch."

Auf den letzten Seiten seiner Memoiren hofft er im Kapitel „Die Mollenburg (hortensisch und utopisch)" darauf, dass sich unter den Nachkommen jemand findet, der das weitläufige Gründstück in einen Zaubergarten verwandelt – ganz ohne exotische Gewächse: „[…] viele Glockenblumenarten sind hier heimisch und lösen einander vom Frühling bis in den Spätsommer so zuverlässig ab, daß eine der Arten immer blüht; sie ließen sich mit wenig Aufwand beliebig vermehren, zu großen blauen und violetten Beeten; Schwertlilien gedeihen auch im Halbschatten, die Clematis mit ihren vielen Varianten ebenfalls: in die Sonnenstellen könnte man Türkenbund und Feuerlilien setzen, Rosenkaskaden natürlich auch, aber nicht die rote Massenware aus den Versandhäusern, sondern ältere Sorten. Geradezu unglaubliche Bilder wären da mit sehr einfachen Mitteln zu erreichen."

## Christiane Singer

Eine „eingeheiratete" Waldviertlerin war die französische Schriftstellerin Christiane Singer, die 1943 in Marseille geboren wurde und als Literaturdozentin in Basel und Freiburg lebte. Mit ihrem Mann Giorgio Thurn-Valsassina zog sie auf dessen Familiensitz in Rastenberg, wo sie – vor allem in Frankreich erfolgreiche – Romane verfasste. Zu den Werken, die ins Deutsche übersetzt und Bestseller wurden, gehören „Der Tod zu Wien" und „Zeiten des Lebens".

*Christiane Singer*

Im Roman „Rastenberg" beschreibt sie den eigentümlichen Reiz der Burg: „Erhaben, schlank und keusch auf seinem Fels, kennt Rastenberg für niemanden Gnade. Seit achthundert Jahren saugt die Burg eine Generation nach der anderen aus und wirft sie dann mit der gleichen seelenruhigen Unbekümmertheit fort wie jene alte Frau mit versteinertem Gesicht, die ich einmal auf Delos beobachtete, wie sie am Straßenrand saß und ihre Olivenkerne einen nach dem anderen in hohem Bogen den Passanten an die Absätze spuckte."

Während ihre Bücher unter Christiane Singers Mädchennamen erscheinen, lebte sie im Waldviertel als Dr. Christiane Thurn-Valsassina auf Burg Rastenberg. Ihr Mann, ein esoterisch ausgerichteter Architekt, baute im Wald hinter der Burg das Seminarhaus „Die Lichtung" nach Gesetzen geomantischer Kraftfelder und mit einem angrenzenden halbmondförmigen Teich. „Als ein Ort der Kraft geplant", so ist das Haus auf der eigenen Website beschrieben, „hat das Seminarhaus seit 1989 Gäste aus ganz Europa zu tiefgreifenden Erkenntnissen begleiten dürfen". Der Seminarbetrieb wird auch nach dem Tod von Christiane Singer 2007 von ihrer Familie aufrechterhalten.

## Robert Menasse

Im 1995 erschienenen Roman „Schubumkehr" von Robert Menasse verlagert der Protagonist seinen Lebensmittelpunkt in ein Dorf im nördlichen Waldviertel, nahe der tschechischen Grenze. Aus dieser Gegend stammt die Familie des Schriftstellers Robert Menasse. Das Haus seiner Großmutter, wo er als Kind oft die Schulferien verbrachte, ist heute – neben Atelier und Wohnung in Wien – sein wichtigster Aufenthaltsort: „Vor allem, wenn ich an größeren Projekten arbeite, dann ziehe ich mich über längere Zeiträume dorthin zurück und arbeite unbehelligt von den Ablenkungen und Anfechtungen des Wiener Alltags."

Robert Menasse legt zwar Wert auf Ruhe zum Arbeiten, doch entzieht er sich dem lokalen Kulturgeschehen nicht völlig, so sind auf seine Initiative Künstler wie etwa Peter Turrini oder Michael Köhlmeier hier aufgetreten. Der befreundete Schriftsteller Robert Schindel ist sogar sein Nachbar geworden: Er zog ins Nebenhaus ein.

„Es ist das ehemalige Haus meiner Mutter. Sie hat es mir überschrieben. Sie wollte nach Omas Tod nicht mehr dort sein. Sie hat ein Bauernhaus sechs Kilometer entfernt gekauft. Jetzt habe ich zwei Häuser. Aber man kann ja nur in einem sein. Daher wollte ich das andere einem Freund zur Verfügung stellen, der gelegentlichen Rückzug sucht und da arbeiten will. So kam es zu der produktiven Nachbarschaft mit Robert Schindel. Er hat genau so etwas gesucht. Wir wissen beide immer, was der andere gerade schreibt. Wir erzählen uns vom Schreiben und diskutieren über Geschriebenes. Wir essen ab und zu Abend miteinander (wenn ich koche). Schindel ist ein sehr guter Leser. Wenn ich unsicher bin, hilft es mir sehr, wenn er liest, was ich gerade geschrieben habe, und dann mit mir darüber redet. Wir haben aber einen ganz anderen Rhythmus: Er ist ein Morgenarbeiter. Wenn ich nach dem Frühstück vors Haus trete, dann winkt er vom Nebenhaus her, und deutet mit den Fingern, wie viele Seiten er schon geschrieben hat – Tagwerk beendet. Das macht mich wahnsinnig. Am späten Abend will ich es ihm zurückgeben – mit den Fingern von zwei Händen. Aber das gelingt fast nie.

Wie er lachen kann!

Das ist das beste Antidotum gegen meinen Hang zur Schwermut …"

Seinen Arbeitsalltag im Waldviertel gestaltet Robert Menasse folgendermaßen:

„Ich stehe auf, hole frisches Brot aus dem Ort (wir haben einen Bäcker, der hat ein so gutes Brot, wie man es nirgends in Wien bekommt), frühstücke und setze mich dann zum Schreibtisch. Da fällt mir ein, ich muss den Rasen mähen. Nach dem Rasenmähen setze ich mich zum Schreibtisch – da fällt mir ein, ich muss ja noch dringend die Rosen schneiden. Also schneide ich die Rosen, setze mich zum Schreibtisch, und – da fällt mir ein: ich kann nicht dauernd am Schreibtisch sitzen, ich muss mich auch bewegen, also mache ich einen Spazier-

*Robert Menasse*

gang. Nach dem Spaziergang habe ich meine Gedanken so weit geklärt, dass ich weiß – ich muss etwas einkaufen für das Abendessen. Und so weiter, ganz normales Schriftstellerleben. Spätestens wenn die Frösche am Teich in der Dämmerung mit ihrem Choral beginnen, schreibe ich, vier bis sechs Stunden."

Sich am Land in Klausur zu begeben ohne die Angebote einer Metropole zu vermissen, meint Menasse, ist eine Arbeitsweise, die nur einem bestimmten Künstlertypus entspricht. Aber für jemanden, der das schätzen kann, ist vor allem das nördliche Waldviertel sehr verführerisch: „Es gibt hier keine Lügenkulissen. Es ist alles, wie es ist: Das Schöne ist schön, weil es schön ist, und nicht weil es schön hergerichtet ist. Wie auch das Hässliche einfach hässlich ist, es ist wie es ist: in der Architektur zum Beispiel, da zeigt sich moderner verdorbener Massengeschmack ganz unverdorben, sozusagen authentisch. Das Rückständige ist rückständig, weil es leider wirklich rückständig ist, und nicht weil es etwas „Altes", „Uriges" oder „Traditionelles" vorspielen soll. Alle Versuche, in dieser Region Massentourismus durchzusetzen, sind gescheitert. Hier rennen keine Legionen von Dodeln in Loden herum. Keine City-Förster auf Sommerfrische verderben hier die Unsitten. Es ist für die Kunst gut, wenn sie nicht in einer künstlichen Welt entsteht. Und, wenn ich will, bin ich in zwei Stunden in Wien. Oder in Prag."

*Robert Schindel*

Mella Waldstein
# Stille hören

Seine Heimat war die Bühne, sein Wohnort das Theater. Der Begründer der Wiener Operette ließ sich erst spät in einem eigenen Heim nieder – in Gars am Kamp.

Franz von Suppé wurde am 18. April 1819 in Spalato/Split geboren, das damals noch zu Venetien gehörte. Seine Mutter Katharine war Wienerin, des Vaters Familie stammte aus den österreichischen Niederlanden. Sie wanderte in die Lombardei aus und Vater Peter von Suppé war Beamter wie auch der Großvater. Als Dalmatien 1813 zu Österreich-Ungarn kam, trat Peter von Suppé in den Verwaltungsdienst ein.

Von Kindheit an war für den Sohn Franz – oder korrekt Francesco Ezechiele Ermenegildo – eine Beamtenlaufbahn bestimmt. Mit sieben Jahren im Domchor von Zara/Zadar, entdeckt der Chorleiter seine große musikalische Begabung. Der Vater ist um die Interessen des Sohnes besorgt und limitiert die musikalischen Vergnügen auf ein Minimum. Mit einer selbst zusammengestellten Serenade erweicht Franz von Suppé das väterliche Herz und er erhält musikalischen Unterricht.

*Villa Suppé in Gars am Kamp*

Als der Vater stirbt, kann die Mutter das Jus-Studium von Franz in Padua nicht weiter finanzieren. Sie kehrt mit Franz in ihre Heimatstadt Wien zurück. Hier wendet er sich ganz der Musik zu.

Alois Pokorny, Direktor des Theaters an der Wien, versucht verzweifelt eine Lizenz für Offenbach-Aufführungen zu erhalten. Vergeblich. Er beauftragt daher seinen Kapellmeister Franz von Suppé mit der Vertonung eines passenden Librettos im französischen Stil. Es entstand „Das Pensionat", laut Überlieferung die erste Wiener Operette. Das war 1860. Während Suppé als Arbeitstier aber im Schatten der Dynastie Strauß verblieb, wurde Johann Strauß mit dem Erfolg der „Fledermaus" 1874 sofort als Meister der Operette verehrt. Suppé wird zu dieser Zeit nur als „ein auch komponierender Kapellmeister zur Kenntnis genommen", so Hans-Dieter Roser in seiner Suppé-Biografie. Dabei war Franz von Suppé schon 30 Jahre an den Bühnen tätig, vornehmlich am Carl-Theater an der Praterstraße, und hatte über 1.000 Werke verfasst. Er ist beinahe tagtäglich am Theater und leidet an einem Burn-out-Syndrom.

Das Ehepaar Suppé wohnt im 4. Stock des Carl-Theaters. Das war an sich nichts Ungewöhnliches. Auch Beethoven hatte eine Zeit lang in der Dienstwohnung im Theater an der Wien gewohnt. Das ersparte den Musikern während der Proben eine weite Anreise. Suppé allerdings verbringt sein halbes Leben im Theater.

Nach dem Erfolg der „Fazinata" (1876) empfiehlt sein Freund Eduard Kremser einen erholsamen Landaufenthalt im Kamptal. Das Ehepaar Suppé entscheidet sich für Gars am Kamp, wo sie den Sommer erstmals als Gäste in der Villa des k.k. Rittmeisters Josef Freiherr von Haan in der Zögergasse 27 verbringen. Die Villa ist heute nach dem Freiherrn Haan benannt.

Das Kamptal war durch den Bau der Eisenbahnlinie Wien–Prag 1870 und die Errichtung der Nebenlinie von Absdorf nach Krems an der Donau gut erreichbar. Die Sommerfrischegesellschaften konnten ab Sigmundsherberg oder Hadersdorf die Reise mit Pferdekutschen fortsetzen. Die Kamptalbahn wurde erst 1889 eröffnet. In der Villa Haan verweilten Sophie und Franz von Suppé zwei Sommer.

## Garser Genüsse

„Essen war seine Lieblingsspeise." Das wollte Friedrich Torberg auf seinem Grabstein stehen haben. Bei Suppé hätte es auch gepasst. In der Sommerfrische kann er seiner Leidenschaft frönen. Er hat anstatt zu komponieren mit großem Vergnügen an dem Kochbuch „Jahres-Menu samt Recepte internationaler Speisen, größtenteils nach italienischen Zubereitungsmethoden und mit Berücksichtigung eines bescheidenen Haushalts, erprobt und Zusammengestellt von Sofie von Suppé" getüftelt.

Das Jahr 1876 bringt nicht nur den ersten Aufenthalt im Kamptal, sondern auch eine Reise nach Bayreuth, wo das Ehepaar Suppé den ganzen Ring der Nibelungen besucht und den Triumph der Amalie Materna miterlebt. Franz von Suppé ist es, der ihr Talent gefördert hat.

Mit den Tantiemen der Operetten „Fazinata" und „Boccaccio" können sich Sofie und Franz von Suppé zwei Bauernhäuser in der Kremser Straße Nr. 40 kaufen, die sie zum „Sofienheim" umgestalten. Historistische Elemente des städtischen Wohnbaus werden für den Umbau verwendet. Musen zieren den Giebelaufsatz. Auch das Innere wird den Ansprüchen eines behaglichen Landhauses gerecht. Doch der erste Sommer im eigenen Haus will nicht so richtig gelingen. Das Wetter ist schlecht und es mangelt an der richtigen Inspiration. Der Komponist entschließt sich zu einer Italienreise, um die Arbeit an „Donna Juanita" voranzutreiben.

1882 beendet Suppé mit 63 seine Kapellmeisterlaufbahn und er ist endlich ein freier Mann. Sein Arbeitspensum ist deswegen nicht geringer: „Ich stehe zeitig auf, zumeist schon um ½ 7 Uhr früh, und arbeite unausgesetzt bis 1 Uhr mittags; dann halte ich mit bestem Appetit eine tüchtige Mahlzeit, schlafe hierauf bis gegen 5 Uhr und widme den Abend bis in die späte Nacht hinein der Erholung und dem geselligen Vergnügen. Vor 2 Uhr morgens komme ich selten zu Bette."

Das 50-jährige Komponisten- und Dirigentenjubiläum 1891 nahmen Wien und manche Theater, in denen er gewirkt hatte, nur nebenbei zur Kenntnis. In diesem Jahre feiert das Ehepaar Suppé auch Silberne Hochzeit und Gars überreicht ihm die Ehrenbürgerschaft.

Trotz fortgeschrittenem Alter und körperlichen Beschwerden versiegt die kompositorische Arbeit nicht. Für Bertha von Suttner schreibt er „Die Waffen nieder" – einen Chor für vier Stimmen. Eigentlich hatte ja Johann Strauß der Friedensaktivistin einen Walzer versprochen und man überlegte schon den Titel (denn bei „Die Waffen nieder" hätten die Offiziere nicht getanzt). Aber Strauß kam wegen Arbeitsüberlastung nicht dazu. So komponiert Suppé für Bertha von Suttner. Sie sind in gewisser Weise Nachbarn, denn Baronin Suttner lebte zeitweise in Harmannsdorf am Manhartsberg. Beim Chor, den Suppé komponierte, hat sich das Tanzproblem von selbst gelöst.

*Franz von Suppé*

*Suppé-Gedenkzimmer im Zeitbrücke-Museum in Gars*

Suppé versucht trotz Schmerzen an der Operette „Das Modell" zu arbeiten. Nach seinem Geburtstag im April 1895 lässt er sich nach Gars bringen, weil er auf die Wirkung der frischen Luft hofft. Doch sein Zustand verschlechtert sich zusehends und er muss zurück nach Wien, wo er künstlich ernährt wird. Im Mai stirbt Franz von Suppé, der Begründer der Wiener Operette.

Schon 1898 bestand im Rathaus in Gars ein kleines Lokalmuseum: Nach dem Tod des Komponisten im Jahre 1895 gab seine Gattin Sofie in Gars den Auftrag, ein Suppé-Museum zu errichten. Widrige Umstände verhinderten, dass die komplette Sammlung in Gars blieb, nur einige Objekte kamen ins Lokalmuseum im Rathaus. Die Ausstellungstätigkeit des Lokalmuseums war immer wieder unterbrochen, 1949 konnte aber eine Ausstellung im Rathaus präsentiert werden. Auf Initiative von OSR Prof. Hans Heppenheimer wurde 1971 die Ausstellungs- und Sammlungstätigkeit des Museums wieder in Angriff genommen. Es war sein Verdienst, dass auch Möbelstücke aus dem ehemaligen Besitz des Komponisten angekauft werden konnten.

1972 konnten die Neuerwerbungen und die Objekte aus dem Lokalmuseum in dem ehemaligen Landsitz Suppés untergebracht werden. Die Ausstellung des Heimatmuseums kam ins „Tauchnerhaus", Hauptplatz 4, das Depot blieb weiterhin im Rathaus. 1974 wurden das Heimatmuseum und die Franz von Suppé-Gedenkstätte eröffnet und der Museumsverein Gars am Kamp gegründet. Unter Obfrau MMag. Dr. Ingrid Scherney fand 2002 die Übersiedlung der Suppé-Gedenkstätte ins Zeitbrücke-Museum (Kollergasse) statt.

2010 wird die Wiener Operette ihren 150. Geburtstag feiern und ihrer Protagonisten gedenken. Franz von Suppé und seinem Werk wird man dabei wohl einen besonderen Platz einräumen. Gars wird mitfeiern.

## Sankt Kringel

Gottfried von Einem, Komponist und Kosmopolit, suchte schöpferische Ruhe und fand sie im Waldviertel. Fernab vom urbanen Getriebe hat er jene „unverbrauchte Atmosphäre" vorgefunden, die ihm Inspiration für sein Schaffen gab.

Gottfried von Einem wird am 24. Jänner 1918 in Bern geboren. Sein Vater ist ein österreichischer Militärattaché, seine Mutter, eine geborene Baronin Rieß von Scheurnschloß, stammt aus einer Offiziersfamilie. Er wächst in einem großen Haus in Malente, Schleswig-Holstein auf. Den ersten Klavierunterricht bekommt er beim Dorfschullehrer. 1937 geht er nach Berlin und wird an der Berliner Oper Korrepetitor. Bei Boris Blacher nimmt er Kompositionsunterricht, woraus sich eine lebenslange Freundschaft entwickelt.

Der Durchbruch gelingt Gottfried von Einem mit der Oper „Dantons Tod" nach Georg Büchner, die 1947 bei den Salzburger Festspielen uraufgeführt wird. In rascher Folge übernehmen die Opernhäuser in Wien, Hamburg, Berlin, Hannover, Stuttgart, Paris, Brüssel und New York das Werk.

Nicht nur Ruhm, auch eine Niederlage erfährt er in Salzburg. Über seinen Freund Caspar Nehrer mit Bertolt Brecht bekannt, setzt er sich für den Dichter ein. Brecht suchte um österreichische Staatsbürgerschaft an, was für heftige Dispute in der Öffentlichkeit sorgte. In der Folge wird Einem 1951 wegen „schlechten Benehmens" und „Einführung des Trojanischen Pferdes in Form eines Kommunisten" aus dem Salzburger Direktorium ausgeschlossen.

Ab 1953 lebt Einem in Wien. 1962 stirbt seine erste Frau Lianne von Bismarck. Von 1963 bis 1972 ist er Professor für Komposition an der Wiener Musikhochschule. 1978 tauchen in Amerika die ersten Schwarzpressungen von Schallplatten mit seiner Musik auf. Sein Verlag in Berlin propagiert ihn zum erfolgreichsten zeitgenössischen Komponisten der letzten Opernspielzeiten, in Amerika kommt sein Capriccio (Opus 2) in die 25 Bestseller.

Der Rückzug in die eigene Welt ist nicht ohne Widerstände. Der 60. Geburtstag wird hochoffiziell gefeiert, dann die große Wiener Wohnung in der Marokkanergasse aufgelöst. Danach verbringt er die Zeit zwischen den Auftritten im weltweiten Musikbetrieb in St. Kringel, wie er sein Refugium im Waldviertel liebevoll zu nennen pflegt.

## „Da bleibe ich keine zwei Tage"

Es gibt wenige Komponisten unserer Zeit, die so in der Öffentlichkeit standen, wie Gottfried von Einem. Der Grandseigneur mit dem Lächeln hinter einem Gestrüpp von Bart bezieht mit seiner zweiten Frau Lotte Ingrisch ein Haus in Rindlberg bei Großpertholz. Das Haus hat Lotte Ingrisch in sein Leben gebracht. Wie er in Holstein, verbrachte auch Lotte Ingrisch ihre Kindheit in

*Gottfried von Einem in Rindlberg*

*Der Komponist und das liebe Vieh*

einer kargen Landschaft des „hohen Nordens"; in ihrem Fall im Waldviertel bei Neu-Nagelberg.

„Dabei hat es ihm zuerst gar nicht gefallen. Rindlberg hatte nicht einmal eine Ortstafel … Halt ein Holzfällerhäuschen, Stube, Küche, Kammer und sonst nichts. Sonst wirklich nichts, aber auf einer Waldwiese. Einmal kam der damalige Landeshauptmann Andreas Maurer und fragte mich, die gerade Heu machte: ‚Wissen Sie, wo Gottfried von Einem wohnt?' ‚Ja', sagte ich. ‚Hier!' ‚Was', rief er entsetzt, ‚in dieser Keusch'n?'" So schreibt Lotte Ingrisch in „Eine Reise in das Zwielichtland" über ihr Leben im Waldviertel und ihre Erfahrungen, die hinter, neben, unter, ober oder mitten in unserer Wirklichkeit liegen.

In Gottfried von Einems Autobiographie „Ich hab unendlich viel erlebt" wird der erste Eindruck auch ausführlich geschildert:

„Seit den Siebzigerjahren ist das Waldviertel immer wichtiger geworden, was nicht zuletzt Lotte zu verdanken ist. Ich kannte diese Gegend früher nicht. Heute bin ich Niederösterreicher. Die Ratte [so der Kosename für seine Frau, Anm.d.A.] nahm mich, wie eine Igelmutter den kleinen Igel, ins Maul und schleppte mich dahin, nach Rindlberg. Zunächst hat es mir äußert missfallen. Der erste Eindruck war niederschmetternd. Ich sagte ihr, sie solle das Haus kaufen, wenn sie Lust hätte, ich würde hier höchstens zwei Tage im Jahr bleiben. Tatsächlich war ich dann über fünfundzwanzig Jahre lang dort. Heute weiß ich warum das so wichtig war. Es war ruhig."

Doch bevor er nach St. Kringel zieht, hatte er das Waldviertel schon als Besucher bei der befreundeten Familie Thurn auf Burg Rastenberg kennen gelernt. Gräfin Elsa Thurn lud ihn zu einem Landaufenthalt ein. In einem Brief schreibt sie 1958: „Bin so selig, dass Du jetzt Dein Plätzchen hast, u. zw. bei uns, wo Du, wie es Dir die Musen gegeben haben, in Ruhe x-mal polyphon, doppelt synkopiert, dann mit Wolkenaufbruch geheimnisvoll per Blockflöte lieben und lobpreisen kannst." In Rastenberg hat er Lieder nach Gedichten von Karola und Walter Bollmann komponiert.

Im ersten Waldviertler Winter liest er „Das Gewicht der Welt" von Peter Handke, die Tagebücher von Cosima Wagner. Der Fleischhauer aus Großpertholz hat mit seinem LKW den Umzug der Bücher und des Klaviers bewerkstelligt. Die große Bibliothek aus der Wiener Wohnung findet im kleinen Waldviertler Haus nicht Platz. Vieles wird verschenkt.

Rindlberg ist nicht nur Ort des Rückzugs, auch viele Freunde und Kollegen sind hier zu Besuch. Lotte Ingrisch: „Am 18. Juli [1977, Anm.d.A] kam William Fisher mit seiner Frau Dolores aus New York nach Rindlberg. Ein schwarzer Kompositionsschüler Gottfrieds, wir quartieren die beiden beim Kuttner Mariandl, der Greißlerin und Freundin, ein. ‚Mir scheint', vermutet sie scharfsinnig, ‚des san Ausländer.'"

## Klänge, nicht von dieser Welt

Ansonsten verläuft das Leben ruhig. Den vielen Katzen komponieren Einem und Ingrisch zärtliche Namen an: Mea Mea Seidenprinz, Schakalettchen, Gättchen und Sabinettchen, Mumbudukubumbuwu wird kurz Mümmy gerufen. Der kleine schwarze Kater Wui Wui wird von einem Auto überfahren. Er ist nicht der einzige. Die Straße, die oberhalb des Hauses vorbeiführt, ist schlussendlich auch der Grund, dass der Komponist und die Schriftstellerin das Haus später verkaufen werden.

Nachts öffnet sich in Rindlberg eine andere Welt, die Anderswelt, zu der vielen Menschen der Zugang fehlt, nicht aber Lotte Ingrisch und Gottfried von Einem. „Auch parapsychologische Grenzerfahrungen, die in den letzten Jahren immer häufiger wurden, haben mich dazu gebracht, den Übergang in den Tod nicht zu fürchten. Lotte und ich haben in Rindlberg wunderbare Erlebnisse übersinnlicher Art gehabt. Wahrscheinlich gehört absolute Stille dazu. Ich habe in den Nächten im Waldviertel höchst Merkwürdiges erfahren, Klänge, wirklich nicht von dieser Welt."

*Rindlberger Refugium von Gottfried von Einem und Lotte Ingrisch*

In St. Kringel arbeitet Einem an der Oper „Jesu Hochzeit". Ingrisch schreibt am Libretto. Es ist seine leiseste Oper, die aber größten Widerhall beim Publikum hervorbringt. Seit „Wozzek" oder „Jonny spielt auf" gab es keinen derartigen Opernskandal. Durch die Veröffentlichung des Textbuches von „Jesu Hochzeit" lange vor der Opernpremiere bricht in der katholischen Kirche eine Revolte aus. Es ist ein Proteststurm, der auf Missverständnis und Unwissenheit beruht. Vor allem wird Lotte Ingrisch beschimpft, Unterschriften gegen die Oper werden gesammelt, die Künstler erhalten Morddrohungen.

„Es hat keinen Zweck mehr", schreibt von Einem in seiner Biographie. „Im Winter bei Schnee ist es tödlich. Wenn es schneit ist alles bis zu zwei Meter zugeweht." Dabei hat er den Winter ganz besonders geliebt. Wenn alles einsam ist und eingeschneit, beginnt ihm die liebste Jahreszeit mit „Nebel, Sturm, Schnee", so berichtet er 1977 an eine Freundin nach Berlin. Doch die schönste Jahreszeit wird für den Komponisten mit fortschreitendem Alter immer belastender. Im Winter hat es in manchen Nächten bis zu minus 30 Grad Celsius. „… und der Nebel ist oft so dicht, dass wir uns mit dem Briefträger nur noch durch Zurufe verständigen konnten." (Lotte Ingrisch)

25 Jahre haben sie in Rindlberg gelebt. 1995 kommt der Abschied von St. Kringel und in einem Lied von Einem heißt es: „Die Zeit ist ein Lied / Im Herzen entsprungen / Und hast du's gesungen / Dein Herz bricht entzwei."

Dabei hatte sich Lotte Ingrisch gewünscht, hier gemeinsam begraben zu werden. Die Erlaubnis war schon eingeholt. Aber auch fürs „Spuken" hat sie sich abgesichert. Mit juristischem Segen, denn im Kaufvertrag ist festgehalten, „dass wir nach unserem Tod hier spuken dürfen. Ich habe den neuen Besitzer vor kurzem gefragt: Spukt der Gottfried noch? Und er hat geantwortet: Ja, aber ich fürchte mich nicht mehr." (Lotte Ingrisch)

Zwei Häuser wird Gottfried von einem vor seinem Tod noch bewohnen. Beide liegen wieder auf geologischen Störzonen, die durchlässiger sind für die Erfahrungen der Anderswelt. Zemling am Manhartsberg folgt dem Haus von St. Kringel. Die letzte Zeit verbringt Gottfried von Einem in Obersdürnbach bei Maissau im alten Schulhaus gegenüber der Kirche. Hier findet er nochmals jene „unverbrauchte Atmosphäre", die sich in dem ihm zu Ehren veranstalteten Musiktagen in Oberdürnbach widerspiegelt. Die späten Werke, Lieder, Kammermusik und Miniaturen für Soloinstrumente, gehören zum Repertoire der Oberdürnbacher Musiktage.

Gottfried von Einem stirbt am 12. Juli 1996 in Oberdürnbach. Er liegt am Hietzinger Friedhof in Wien begraben.

## „Because er hatte Flair"

*Lebend begraben werden sie uns nie.*
*Was von uns überbleibt ist alles original.*
(Falco, „Königin von Eschnapur")

Legenden leben länger. Falco ist eine. Er zeigte Wien, was ein Popstar ist. Waren alle anderen in Wien weltberühmt, so war Hansi Hölzel tatsächlich ein Superstar – erst recht nach seinem Tod. Im 10. Todesjahr, 2008, kann jedes österreichische Volksschulkind mühelos (und Rap-begabter als die Generationen davor) „Rock Me Amadeus" singen. Es erschien der Film „Falco – Verdammt wir leben noch" (Regie: Thomas Roth) und Katharina Vitkovic schrieb ein Buch über ihre Vater-Tochter-Beziehung zum Popstar. Als sie sieben Jahre alt war, erfuhren Falco und sein vermeintliches Kind, dass sie nicht seine Tochter sei.

In der deutschen Zeitung „Die Welt" erschien anlässlich seines 10. Todestages: „Falco war Genie und Depp, Charmeur und Arschloch, reich und verschuldet, Angeber und Angsthase, nüchtern ein Engel und berauscht aber der Teufel, manisch und depressiv, Dr. Jekyll und Mr. Hyde." Er selbst hat das natürlich in „Rock Me Amadeus" viel schöner gedichtet, als er über Mozart (und sich) sang, „Er hatte Schulden, denn er trank / Doch ihn liebten alle Frauen" und „Er war Superstar, er war populär / Er war so exaltiert, because er hatte Flair".

Am 19. Februar 1957 wird Johann Hölzel als einziger überlebender Drilling in Wien geboren. Mutter Maria Hölzel übernimmt zur Aufbesserung des Familieneinkommens ein kleines Lebensmittelgeschäft in der Ziegelofengasse, im 5. Wiener Gemeindebezirk. Zum vierten Geburtstag bekommt Hans einen Stutzflügel und Klavierunterricht. Ein Jahr später kann er bereits etwa 30 Schlager nach dem Gehör spielen. Als Berufswunsch nennt er: „Popstar!" Hans besucht lieber Prater, Fußballplatz und Musikgeschäfte, statt das Gymna-

*Falco am Wiener Donauinselfest, 1993*

*Falco-Imitator Patrick Simoner in der Garser Eishalle*

sium. Nach dem Abbruch der Schule beginnt er zu arbeiten und schreibt sich in der Jazz-Klasse am Wiener Konservatorium in der Johannesgasse ein. Entdeckt wird Hölzel in der Meidlinger Hauptstraße und für „Halluzination Company" und „Drahdiwaberl" engagiert. Nach einer Tournee in München wird nicht mehr Hansi Hölzel sondern Falco am Bass angesagt. Er trägt Designer-Klamotten und pomadisiertes Haar. Ein Aufenthalt in Berlin hat ihn zu diesem Namen inspiriert. Der ostdeutsche Skispringer Falko Weißpflog gefällt ihm und seine Frisur auch – und das zu einer Zeit, als die DDR bzw. was später davon übrig blieb, noch nicht angesagt war.

1980 ist Falcos erster selbst komponierter und getexteter Song über die Drogenszene „Ganz Wien" zu hören. Er passt nicht ins „Drahdiwaberl"-Repertoire und darf im Rundfunk nicht gespielt werden. Wenn ihn Falco bei Konzerten singt, tobt das Publikum. Der Musikproduzent Markus Spiegel gibt ihm den ersten Plattenvertrag. Der „Kommissar" landet als Hit in fast allen Ländern Europas. Durch den New Yorker Disc-Jockey Afrika Bambaataa wird der „Kommissar" auch zum Szene-Hit amerikanischer Clubs. Falco ist der erste weiße Rapper.

„Wenn der Erfolg schneller wächst, als die Seele mitwachsen kann, hat man Probleme." Tatsächlich überfordert das 1984 veröffentlichte Album „Junge Römer" auch viele seiner Fans.

Im Juli 1985 wird Falco von der Popgruppe Opus zu einem Open-Air-Konzert im Grazer Stadion Liebenau eingeladen und lernt dort die ehemalige „Miss Styria" kennen, seine spätere Frau und Mutter der Tochter Katharina-Bianca. Es folgen ausverkaufte Konzerte in Österreich, Deutschland und der Schweiz. Europaweit erfolgreich wird „Vienna Calling". Die dritte Singleauskoppelung des Albums „Falco2", „Jeanny", gerät zum Skandal und dadurch erst recht zum Hit. Falco hat einen Stellenwert erreicht, von dem österreichische

Popmusiker nicht einmal zu träumen wagen. Im März 1986 erringt „Rock Me Amadeus" drei Wochen lang den ersten Platz der US-amerikanischen Bill Board Charts.

Falco kauft ein im Bau befindliches Penthouse in Hietzing, zieht dort aber nie ein. Später verkauft er es an Ronnie „Mr. Excalibur" Seunig, einen Entrepreneur im Duty free-Geschäft und Nachlassverwalter von Falco.

„Die schwierigste Zeit meines Lebens war zu der Zeit, wo ich begann, Geld zu verdienen, und zwar Geld in einem Ausmaß, das ich mir vorher nicht vorstellen konnte. Geld verdirbt die Menschen und hat auch mich lange Zeit verdorben. Geld verdirbt den Charakter, man glaubt, man ist der Größte." Die Angst vor dem Absturz ist immer da und falsche Freunde auch.

## Zum Service nach Gars

Nach Gars am Kamp fährt er „zum Service". Zuerst in das Gesundheitshotel Willi Dungl, später in die „Burg", wie der seine Villa nennt. Im Jahre 1987 zieht sich Falco von der Öffentlichkeit weitgehend zurück. Zu viel verlangten die letzten Jahre von ihm ab. Er braucht Zeit, um das Erlebte einigermaßen verarbeiten zu können. Er will seine innere Balance finden. Da Hans Hölzel der Ansicht ist, seinem Kind auch ein Stück Natur bieten zu müssen, sucht er ein Haus im Grünen. In Gars findet Hans Hölzel eine Jugendstilvilla mit rund 4.000 m² Garten, der direkt an den Kamp angrenzt. Obwohl adaptierungsbedürftig, gefällt ihm der Landsitz auf Anhieb. Sein Freund Ronnie Seunig: „Gars hat er als seinen Ruhepol gesehen. Mein persönlicher Eindruck war, dass ihm Gars immer sehr gut getan hat und er sich in seiner ‚Burg' wohl gefühlt hat." Doch Ruhe fand er nicht. 1996 verlegt er seinen Wohnsitz in die Dominikanische Republik. 1998 stirbt er bei einem Autounfall auf der Karibikinsel.

Die Villa in Gars steht heute leer. Mehrmals gab es Versuche, daraus eine Gedenkstätte, ein Museum zu machen. Das Projekt liegt auf Eis. Freund, Szenemensch und Türsteher des legendären U4, Conny de Beauclair, erzählt von Leuten, die nach Falcos Tod kartonweise Memorabilia aus Falcos Landsitz herausgetragen haben. Die so Beschuldigten berichten auch von solchen Raubzügen, allerdings bezichtigen sie wiederum andere namentlich. Freunde gegen so genannte Freunde und umgekehrt. Manches ist gerichtsanhängig. Für echte Fans ist das aber kein Grund, nicht nach Gars zu pilgern, um das Haus zu fotografieren, Blumen, Botschaften oder Kerzen zu hinterlegen.

Über Gars sagt Falco: „Es geht gar nicht darum was ich versäum' wenn ich hier bin, sondern darum welchen Blödsinn ich auslass' wenn ich nicht in Wien bin." Oder in der Dominikanischen Republik.

# Thayatal

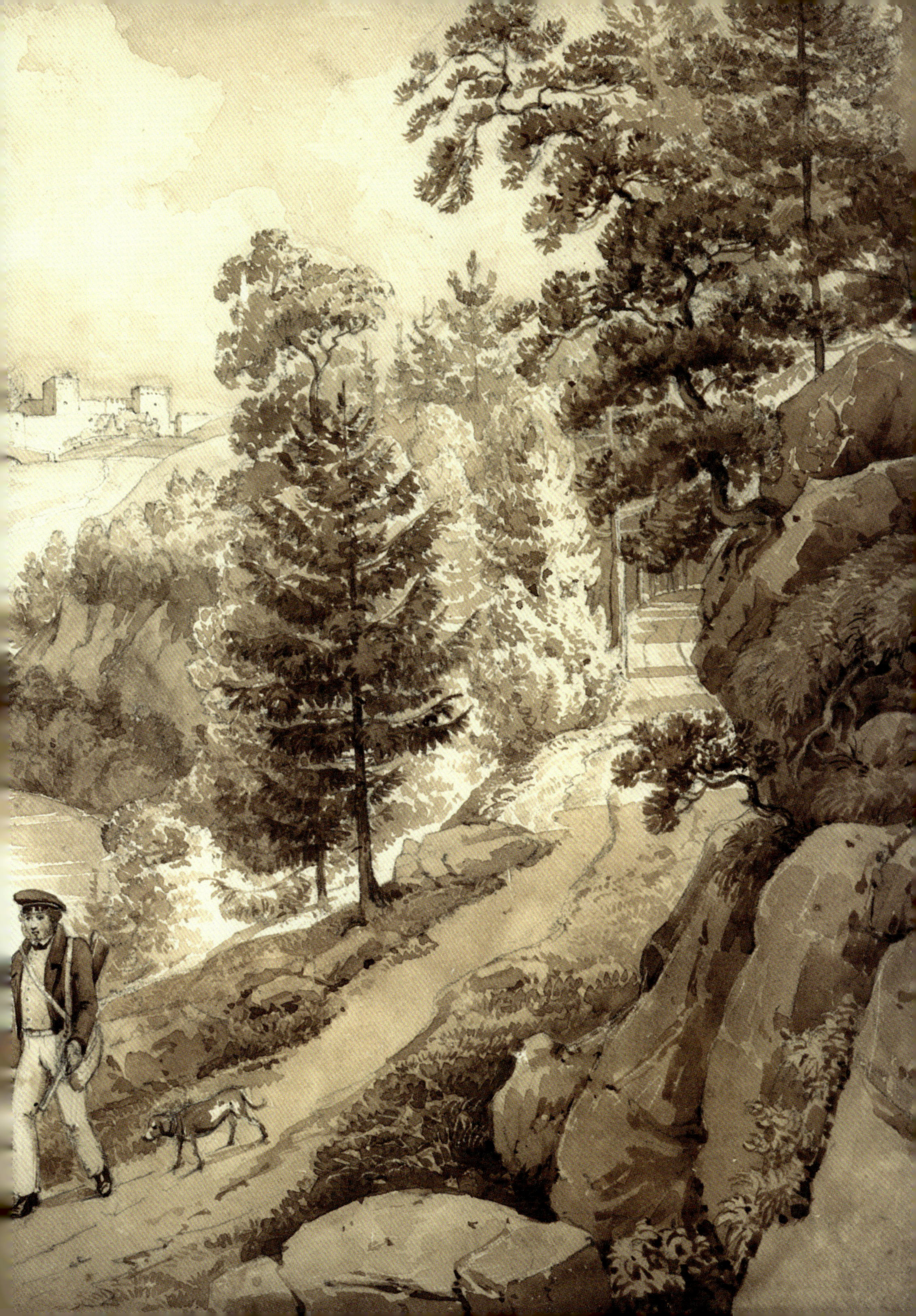

Ralph Andraschek-Holzer

# Ansichten einer Flusslandschaft

*Vier Jahrhunderte Thayatal im Bild. Die Rezeption einer Flusslandschaft mit ihren Städten und Burgen.*

Georg Matthäus Vischer: Weikertschlag, 1672, (Abb. 1), NÖLB

Die bildkünstlerische Erschließung des Thayatals beginnt im 17. Jahrhundert. Damals, als mit dem Aufkommen topographischer Werke erstmals größere politische Einheiten in einiger Vollständigkeit erfasst wurden, setzt die Überlieferung entsprechender Ansichten ein. Anhand von zehn ausgewählten Ortsbildern aus der Topographischen Sammlung der Niederösterreichischen Landesbibliothek wird im Folgenden eine von 1672 bis 1974 während Tradition und damit eine noch heute andauernde Epoche topographischen Ansichtenschaffens nachgezeichnet.

Unseren Bilderreigen eröffnet der 1672 in Georg Matthäus Vischers Niederösterreich-Topographie publizierte Kupferstich von Weikertschlag (Abb. 1). Dieser stellt eine der wenigen Ansichten von „Landschaft" dar, welche in jenem Werk begegnen; zudem dürfte es sich um die vielleicht erste Ansicht einer Thayapartie überhaupt handeln. Die Vogelschau-Perspektive wurde freilich nicht gewählt, um einen Teil des Thayatals als solchen ins Bild zu bringen, sondern um das Ensemble von Marktsiedlung diesseits, Burg und Oberndorf jenseits des Flusses ausführlich wiedergeben zu können.

Wie kostbar solche frühen Bilder als Geschichtsquellen sind, lässt sich auch anhand der Federzeichnung des Friedrich Bernhard Werner aus 1712 für Vitis (Abb. 2) ermessen. Der gebürtige Schlesier wanderte in jener Zeit quer durch Europa und hat zahlreiche, nie im Stich veröffentlichte Zeichnungen von Ortschaften und größeren Architekturkomplexen angefertigt. Diese befinden sich in einem heute vom Oberösterreichischen Landesarchiv aufbewahrten Skizzenbuch und stehen allen Interessierten zur Verfügung. Die Vitis-Aufnahme verrät verschiedene für Werner und seine Zeit typische Tendenzen: Schaffung eines „vollständigen" Ortsprofils, „Streckung" der Monumentalbauten und die Integrierung der Siedlung in die umgebende Natur.

Vorangehende Doppelseite: *Josef Höger: Drosendorf, um 1830, NÖLB*

Ebenfalls nicht im Stich erschienen ist die Georg Ignaz von Metzburg zugeschriebene Serie lavierter Feder- bzw. Bleistiftzeichnungen aus etwa 1794. Seine

Aufnahme von Waidhofen an der Thaya (Abb. 3) steht hinsichtlich des Blickpunkts in einer bis zu erwähntem Vischer zurückreichenden Tradition. Von dieser Warte aus wurde die Darstellung der Stadt in ihrer gesamten Ausdehnung zwischen Kapuzinerkloster (oben links) und Schloss möglich; auch die Vorstadt Niedertal konnte so ins Bild gebracht werden. Ergebnis ist eine sorgfältig gezeichnete, prächtige Ansicht der stolzen landesfürstlichen Stadt, welche zahlreiche Architekturdetails bietet und somit auch eine wichtige Quelle für einschlägige Forschungen darstellt.

*Friedrich Bernhard Werner: Vitis, 1712, (Abb. 2), NÖLB*

## Großzügige Naturszenerie

Aus einer der schönsten Graphikserien der Zeit um 1800 stammt die kolorierte Radierung von Laurenz Janscha. In jener Epoche bemühte man sich, Landschaft nicht nur zur näheren Kennzeichnung des jeweiligen Ortes ins Bild zu bringen, sondern die Ortschaft gleichsam als Vorwand für den Entwurf großzügiger

*Georg Ignaz von Metzburg zugeschrieben: Waidhofen a.d. Thaya, um 1794, (Abb. 3), NÖLB*

*Laurenz Janscha: Raabs a.d. Thaya, um 1810, (Abb. 4), NÖLB*

*Jacob Gauermann: Dobersberg, um 1810/20, (Abb. 5), NÖLB*

Naturszenerien zu nützen – so auch in diesem Bild von Raabs an der Thaya (Abb. 4). Die alte Marktsiedlung auf der nördlichen, Burg und Oberndorf auf der Südseite der Thaya dominieren zwar, spielen jedoch eine Rolle als Teil eines herrlichen Landschaftsbildes. Dieses gemahnt an alpine Gegenden und ist vor dem Hintergrund damals beliebter romantischer Gebirgsbilder zu beurteilen. Das Thayaland ist seither wohl kaum mehr so attraktiv durch einen Künstler verarbeitet worden …

Jacob Gauermann hat – wohl in den 1810er/20er Jahren – zwei Gouachen zum Thema Dobersberg erarbeitet, deren eine hier näher vorgestellt werden soll (Abb. 5). Eine „herkömmliche" Vordergrundbühne leitet den betrachtenden Blick in die Tiefe des Bildes, zur Marktsiedlung selbst hin. Diese, durch Schloss und Pfarrkirche unverwechselbar gemacht, bildet das Zentrum einer zwar konventionell komponierten, doch unverkennbar den Geist des Biedermeier atmenden Ansicht. Entwurf und Ausführung befinden sich qualitativ auf der Höhe jener Zeit; Jacob Gauermann war somit deutlich mehr als der Vater seines noch berühmteren Sohnes Friedrich!

*Josef Höger: Drosendorf, um 1830, (Abb. 6), NÖLB*

Auf Josef Högers Sepia-lavierter Bleistiftzeichnung aus ca. 1830 (Abb. 6) erscheint die historische Stadt Drosendorf fast an den Rand gedrängt. Das Interesse dieses – mit der Familie Gauermann bestens bekannten – Künstlers galt hier zweifellos der Darstellung einer Uferpartie mit Weg, Felsen und Bäumen. Dennoch verrät das Bild mehr Raffinesse, als es auf den ersten Blick erscheinen mag: Die Figur des Wanderers leitet den Blick direkt nach oben in Richtung Schloss, welches im Verein mit der imposanten Befestigung und der Kirche ein unverwechselbares Stadtprofil konstituiert. Die bildliche Überlieferung zum Thema Drosendorf weist mit diesem Blatt eines ihrer schönsten Bildzeugnisse auf.

Seit den 1830er Jahren meldet sich vermehrt die Fotografie zu Wort. An Bildfolgen des Biedermeier schlossen Lichtbildner wie Amand Helm an, der seine Fotomappe „Das Thayathal" um 1880 herausbrachte. Man sieht sogleich, dass diese noch junge Technik sich auch kompositionell an ältere Bilder anlehnt: Eine von Helms Hardegg-Aufnahmen (Abb. 7) spiegelt deutlich überkommene Errungenschaften wider, welche in Richtung eines Gleichgewichts von Natur und Architektur, Landschaft und Ortschaft zielen. Damit stellt sich die gemäldeartig komponierte Ansicht in eine Reihe mit Bildschöpfungen des Biedermeier.

Daneben bestanden „klassische" Ansichten von Burgen fort. Adolf Albin Blamauers Aquarell von Schloss Karlstein an der Thaya aus 1912 (Abb. 8) ist außerdem ein Beweis für die Tatsache, dass die Fotografie ältere Ansichtenzyklen keineswegs abgelöst, sondern ergänzt hat: Der begabte Dilettant Blamauer schuf nämlich etliche Aquarelle heimischer Burgen und Schlösser, deren eines hier präsentiert wird. Der Künstler schließt deutlich an ältere, etwa durch Georg Matthäus Vischer repräsentierte Traditionen an, indem er den wuchtigen Bau allein wirken lässt und die ihn umgebende Natur auf das Wesentliche reduziert. Dennoch schuf er mit diesem Blatt ein reizvolles Zeugnis damaliger Aquarellierkunst.

Die angedeutete Tendenz besagt nun nicht, dass die Fotografie sich mit bloßer Wiedergabe des Baulichen begnügt hätte: Eine von Georg Binders Aufnahmen der Burg Kaja aus 1912 (Abb. 9) bezeugt das Gegenteil. Der versierte Burgenforscher berücksichtigte neben Architekturdetails auch die Lage seiner Objekte, hier Kajas Situierung an dem zur Thaya führenden Kajabach. Binders an der NÖ Landesbibliothek verwahrte Aufnahmen weisen insgesamt bedeutend mehr Qualitäten auf, als für eine reine Baudokumentation erforderlich gewesen wären.

Gleichermaßen ein Burgenspezialist war der Akademische Maler Ferdinand Dorner. Dieser erarbeitete von 1961 bis 1977 die „Topographia romantica", eine umfangreiche Serie von Aquarellen und Zeichnungen niederösterreichischer Wehrbauten, welche dokumentarische und ästhetische Zwecke zugleich

*Amand Helm: Hardegg, um 1880, (Abb. 7), NÖLB*

*Adolf Albin Blamauer: Schloss Karlstein a.d. Thaya, 1912, (Abb. 8), NÖLB*

verfolgte. Sein Aquarell von Schloss Schwarzenau (Abb. 10) zeigt, dass Abbilden und Gestalten von Bauwerken einander keineswegs ausschließen, dass Fotografie und bildende Kunst bis heute in fruchtbarer Symbiose und ohne Qualitätseinbußen nebeneinander bestehen können.

## Künstlerspuren

Damit endet unsere Bilderreise durch das Thayaland. Geographisch möge man die eben gemachten Sprünge verzeihen; chronologisch konnte immerhin ein Bogen von vier Jahrhunderten vom Frühbarock weg geschlagen und gezeigt werden, wie die Möglichkeiten, ein Objekt abzubilden, im Lauf der Zeit wechselten, sich veränderten oder gar gleich blieben.

Wir konnten zeigen, dass Landschaft im Barock oft nur dann einen Platz im Bild zugestanden bekam, wenn ein komplexeres Siedlungsgefüge dargestellt oder eine Ortschaft näher bezeichnet werden sollte. Ab 1800 meldete sie vermehrt ihre Ansprüche an, bis sie viele Ansichten in geradezu dominanter Weise bestimmte. Anders gesagt: Siedlungen und Einzelbauten konnten ihre Position als „eigentliche" Bildgegenstände behaupten; die Einbindung von Natur ins Bild war jedoch kaum mehr wegzudenken. Dies bedeutet indes keine Aufgabe primär dokumentarischer Ansprüche, welche auch keineswegs von der jungen Fotografie allein verfolgt wurden.

Im Gegenteil: Die Fotografie trat dort ergänzend, ja bereichernd hinzu, wo man den Primat des Landschaftlichen ausschließlich in den Händen der Maler und Zeichner vermuten würde. Sie bediente sich kompositionell aller Errungenschaften der Landschaftskunst sogar in den genuin „dokumentarischen" Funktionsbereichen, löste jene aber keineswegs ab.

Für die künstlerische Darstellung des „Thayalandes" führt dies alles zum Schluss, dass diese Region als „gleichberechtigt" neben anderen betrachtet werden muss, etwa neben Kamp- oder Ybbstal. Gewiss: Mit der Wachau kann sich hinsichtlich der künstlerischen Überlieferung so rasch keine andere Flusslandschaft messen, doch verdient das Land um die Thaya gleichwohl mehr Beachtung: Ist es doch ein Gebiet, in welchem nicht wenige bedeutende Künstler ihre Spuren hinterlassen haben.

*Georg Binder: Burg Kaja, 1912, (Abb. 9), NÖLB*

*Ferdinand Dorner: Schloss Schwarzenau, 1974, (Abb. 10), NÖLB*

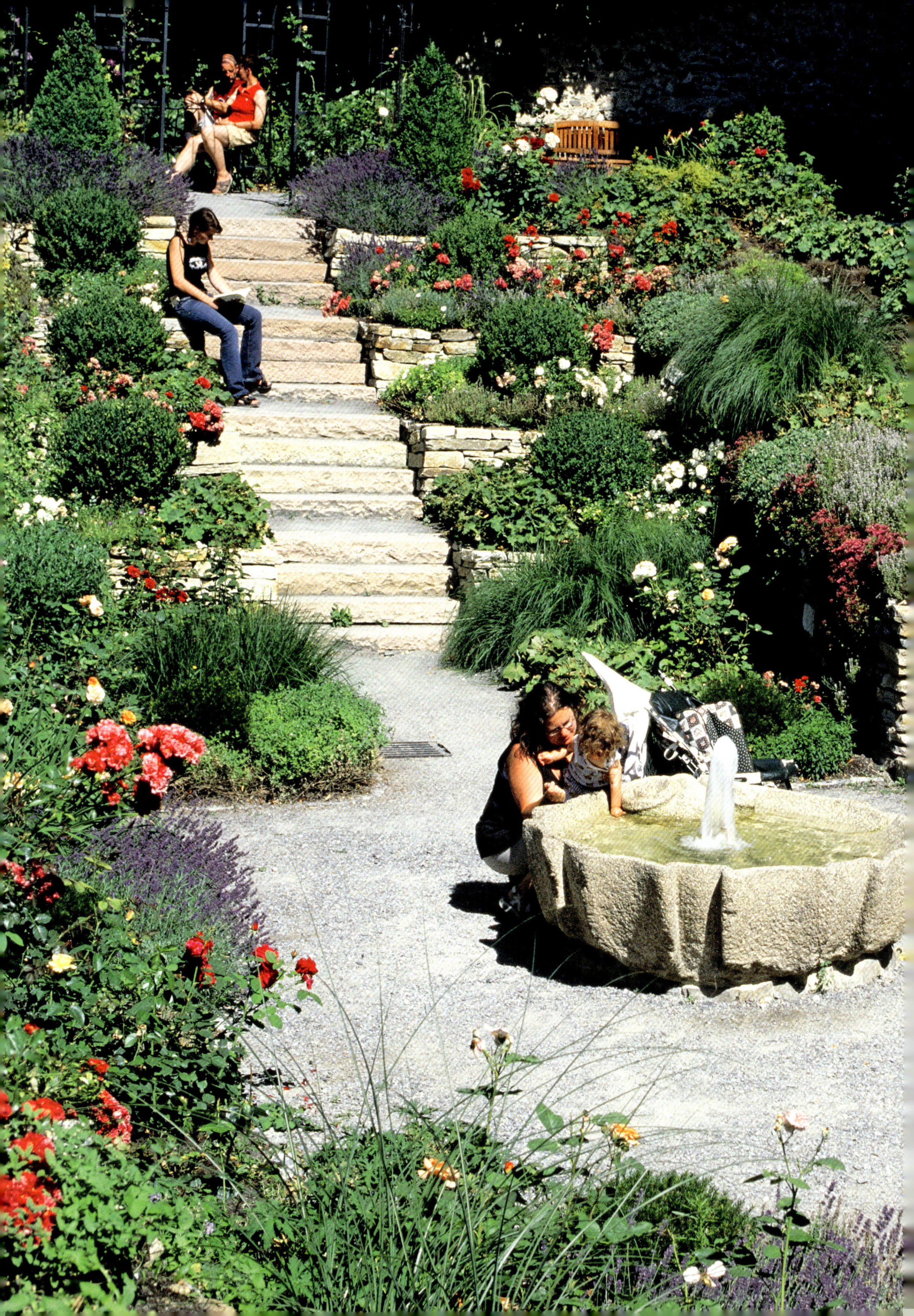

Gärten

Eva Berger

# Lustgarten mit „Khreutern"

*Gartenkunst der Frühen Neuzeit im Waldviertel am Beispiel der Gärten und Höfe des Schlosses Rosenburg.*

Der Anblick der Schlossanlage in Rosenburg beeindruckt uns durch die Lage steil oberhalb des Ortes und des Kamp, durch die machtvolle Größe der Bauten und Freiflächen, durch die Schönheit vieler architektonischer Zierden im Äußeren und Inneren. In den Zeitläufen gingen jedoch die pflanzlichen, baulichen und skulpturalen Details der ehedem so reich und vielteilig gestalteten Freiflächen, die von den Fenstern und Altanen am Schlossgebäude und den Türmen sowie von den Wandelgängen in und auf den Umfassungsmauern überblickbar sind, fast völlig verloren, einige Beschreibungen und Ansichten aus dem 17. Jahrhundert veranschaulichen jedoch den einstigen Reichtum und die Pracht der Gesamtanlage.

Von 1593 bis 1597 erfolgte der Um- und Ausbau der mittelalterlichen, im 15. Jahrhundert erweiterten Höhenburg Rosenberg zu einem stattlichen Wohnschloss mit Zier- und Nutzgärten für die protestantische Familie des Sebastian Grabner und der Johanna Grabner, die hier ein Zentrum des Protestantismus in Niederösterreich einrichteten. Der Anschlag aus dem Jahr 1603 listet die damals bestehenden Gärten auf: „Sovill aber die nuzung darvon hernach absonderlichen einkhombt, zunegst vor dem Thor und im Schloß zway herlich schene Lustgarten, mit Allerley schonen Khreutern und Plumben geziert, auch mit gueten schenen Obst-Paumen sambt einen schenen grossen Kheller, eben ainem Schonen, wolgezirten, unnd zuegerichteten wilt badt, und wasser werk, neben allem dem, was zu einem schönen Lustgarten gehörig ist" (1). Das Bad in einem der Ecktürme, bis heute erhalten, ist ein wichtiges Beispiel für die verfeinerte Lebensweise des Landadels. Den Zustand der Baulichkeiten, auch des Bades und der Gärten, wird im Urbar aus dem Jahr 1659 beschrieben: „Ausser deß Schloss befindet sich im Ekhe des grossen Lustgarten ein schönes herrliches Wildtbädl, und oben auf in dem darauf erbauthen Thürntl ein lustiges Recreation Zimmer, das zu disem bädl gehörige AbZiechstübel, wie auch die kuchel ist noch Anno Sechzehenhundert Ain und zwaizig, im böhemischen Unwesen Ruiniert, Und

*Vorangehende Doppelseite:*
*Rosengarten auf Schloss Rosenburg*

zwar seithero nit mehr auferbauth wordten, und khan ein khünfftiger Herr Inhaber nach seinem gefallen Dasselbe Stubel widerumben zuerichten lassen" (2). Der Große Lustgarten wird in diesem Urbar ebenfalls geschildert: „Gleich an ErstErmelter Gallaria ligt der Schöne grosse Lustgartten, welcher Umb und Umb mit einer mauren eingefangen, und mit unterschidlichen künstlichen stukhem von Puxbaum ausgesezt ist, auch mit schönen Paumbwerchen geziert, darinnen sich etliche köstliche Obstbäumb Von allerhand Gattungen befinden, und ligt auch obbemelter Massen in Ekh dises garten das Wildtbädl, Und darauf ein lustiges Recreations Zimmer, von den man auf ainen aufgemaurthen mit schönen kriegln versezt Gang Von der Höche biß inns garttnerhauß khomben khan; Es ist auch in der Mitten dises Gartten ein schöner Lustbrunnen mit stainern Zierlichen Muscheln, die zwar iezo nicht allerdings zuegericht, doch mit ein […] UnCosten widerumben zurecht gebracht werdten khan." Weiters werden in diesem Urbar der Kleine Lustgarten, der Garten im Graben, der Küchengarten und der Obst- und Krautgarten sowie ein weiterer kleiner Obstgarten aufgezählt (3). Dieses Urbar nennt den Vorbesitzer Vinzenz Muschinger von Gumpendorf als Auftraggeber des großen, „dritten" Hofes mit den Galerien und der Umgestaltung der Ziergärten (4).

*Clemens Beuttler: Ansicht des Schlosses Rosenburg, um 1664, Kupferstich in: Hyacinthus Marian Fidler, Topographia Windhagiana, NÖLB*

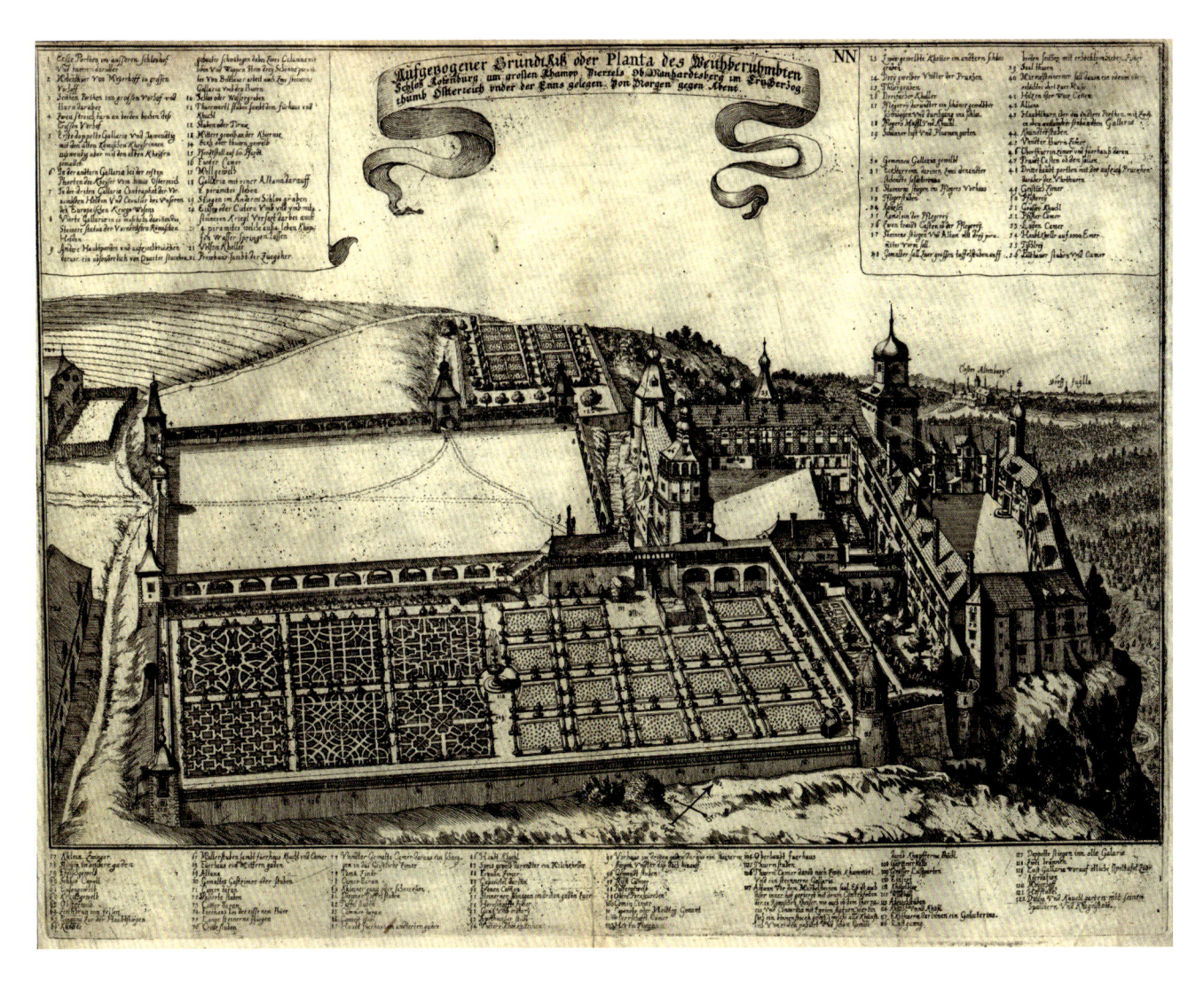

*Schloss Rosenburg, Liebesgarten*

Joachim von Windhag ließ die Gärten, den für Vinzenz Muschinger von Gumpendorf nach 1614 angelegten oder aus einer älteren Anlage umgeformten so genannten Turnierhof (im 17. Jahrhundert als „Großer Vorhof" bezeichnet) und das im Dreißigjährigen Krieg in Mitleidenschaft gezogene Schloss ab 1659 umgestalten und zum Mittelpunkt seiner im Rahmen seiner gegenreformatorischen Tätigkeit erworbenen Waldviertler Besitzungen machen. Er gab zahlreiche Ansichten seiner ober- und niederösterreichischen sowie Wiener Besitzungen bei dem aus Schwaben stammenden Maler und Graphiker Clemens Beuttler (um 1623 bis 1682) in Auftrag und ließ diese zunächst in einem Anhang der von Matthäus Merian dem Älteren herausgegebenen österreichischen Topographie im Jahr 1649 sowie 1656 in der Neuauflage dieses Werkes sowie als Sonderdruck bei Caspar Merian erscheinen (5). Im Jahr der Besitznahme der Grundherrschaft Rosenburg fertigte Clemens Beuttler die Herrschaftskarte als Kupferstich an (6). Im Jahr 1673 erschien die um die neu erworbenen Güter beträchtlich erweiterte, vom einstigen Bibliothekar Windhags auf dessen Schloss Windhaag, dem Dominikaner Hyacinthus Marian Fidler verfasste eigenständige Topographie, wiederum illustriert von Clemens Beuttler (7). Mit dieser Topographie liegt uns ein rares, ausführliches Bild- und Textdokument adeliger Wohn- und Lebensverhältnisse in Österreich im dritten Viertel des 17. Jahrhunderts vor, in ihr wird auch der „grosse Lust-Garten" der Rosenburg beschrieben: „Obwolen sich in- und ausser deß Schloß unterschiedliche kleine Lust- Kuchl- Kraut- und Obst-Gärtl befinden; So ist doch in sonderbahre

Obacht zunemmen/ der grosse und schöne Lust-Garten (in welchem einer Seits ein annehmlicher Prospect von obgemelter Galeria deß ersten Vor-Hofs/ wie auch anderer Seits von dem also genanten Grünen-Gang; In der dritten Seitten aber auf dem Kampp: Papier-Mühl/ und andere Mühlen zusehen. Es ist auch allda ein kleines Teichtl/ darinnen Schildkroten oder Fisch aufzuhalten; In der Mitten aber desselben ein Lust-Brunn von Steinernen Muschlen/ mit springendem Wasser/ und etlichen Aufsätzen; wie bey obigen Kupfer-Blätern sub litteris NN.OO.PP. und QQ. erscheint". Einer der vier großformatigen, jeweils zwei Seiten in der Veröffentlichung einnehmenden Kupferstiche, die Schlossanlage aus den vier Himmelsrichtungen zeigend, sei ausgewählt, um die einstige Gestaltung wieder auferstehen zu lassen (8).

Aus der Vogelperspektive von Süd nach Nord gesehen, erhebt sich das um zwei Innenhöfe gruppierte Höhenschloss in an drei Seiten steil abfallender Felslage über dem Kamptal. Südlich jenseits des Halsgrabens liegt der kleine, so genannte Löschgarten, in der Legende von Clemens Beuttler als „schönner lust und Pluemen garten" bezeichnet, als Giardino secreto nahe dem Schloss. Im Süden, dem großen Turnierhof („Grosser Vorhoff") vorgelagert, auf einer eingeebneten und aufgeschütteten, mit hohen Substruktionen gegen den Südabhang gerichteten Fläche angelegt, enthält der „Grosse Lustgarten" in der östlichen, schlossnahen Hälfte den „Kuchl Gartten". Die in Italien entwickelten, nördlich der Alpen im 16. Jahrhundert übernommenen und tradierten Renaissancegestaltungselemente treten hier konzentriert auf: der zentrale Springbrunnen, regelmäßige Beetkompartimente, ein umlaufender, so bezeichneter „Lustgang" oberhalb der begrenzenden Mauern und „Gallaria"-Bauten, von denen eine doppelläufige Freitreppe samt weiterem Springbrunnen an der Nordseite in den Garten führt. In den Ecktürmen untergebracht sind eine Sala Terrena (Gartenraum) und ein Bad. In nördlichem Anschluss an den weiten Turnierhof erstreckt sich der „Baum und Khuchlgarten mit seinen Spalliern und Khegelstatt" als ebenfalls gleichmäßig gestalteter, ummauerter Nutz- und Lustgartenbereich. Die drei Zier- und Nutzgärten stehen mit den Baulichkeiten des Schlosses in keiner Beziehung außer der Sicht von Altanen und Fenstern aus.

Der wichtigste Garten ist der Große Lustgarten mit über 5.200 m² (der kleine Ziergarten, der so genannte Löschgarten, ist etwa 450 m² groß). Die Hälfte der Fläche des Großen Lustgartens nahm ein regelmäßig bepflanzter Nutzgarten ein, die Detailgestaltung mit den im Rechteck regelmäßig untergebrachten quadratischen Beetkompartimenten im Nutz- und im Lustgarten blieb nicht erhalten – die vier großen Kupferstiche in der „Topographia Windhagiana aucta" geben die Beetgestaltung jedoch sehr unterschiedlich wieder: die Ansicht von Süd gegen Nord zeigt eine üppige ornamental-floral verschlungene Füllung, während die drei weiteren Ansichten streng geometrische, unterschiedlich gemusterte Zierbeete vorführen. Die Einteilung der Gartenflächen und die Ausformung der Beete erfolgte unter Zuhilfenahme gedruckter Werke der Gartentheorie und der Hausväterliteratur als Handbücher zur Führung des „Ganzen Hauses" des Landadels, in denen auch die Pflege und die Anlage von Zier- und Nutzgärten (Blumen-, Küchen-, Arznei-, Baum- [d.h. Obst-] und Tiergärten) behandelt wurde. In der Bibliothek des Auftraggebers Joachim von Windhag, von der ein gedruckter Katalog aus dem Jahr 1733 erhalten ist, lassen sich einige dieser Werke feststellen: z.B.: Johann Coler, „Calendarium perpetuum oeconomicum […]", Wittenberg 1592, Johann Coler, „Economia oder Hauß-Buch", Wittenberg 1593–1595, Jean Libault (Charles Estienne), „15 Bücher Von dem Feldbaw", Straßburg 1588 (im Windhaag'schen Bibliothekskatalog ist die Ausgabe Paris 1602 angeführt), Christoph Fischer, „De oeconomia suburbana", Prag, 2 Teile in 1 Bd., 1679–1683, 2 Bde, Gabriello-Alfonso de Herrera, „De agricultura", Venedig 1592.

Es finden sich auch gartentheoretische, gartenkundliche und botanische Werke im Bibliothekskatalog: z.B. August Mandirola, „Blumen- Garten und Blumen-Büchlein", Nürnberg 1669, Emanuel Sweerts, „Floriliegium", Frankfurt am Main 1614, Georg Viesscher, „Blumen-Garten […]", Nürnberg 1648, Carolus Clusius, „Rariorum plantarum historia […]", Antwerpen 1601, Everardus Vorstius Hg., „Carolus Clusius, Caroli Clusii Atrebatis Curae Posteriores, seu […] stirpium […] novae descriptiones […]", Antwerpen 1611, Michael Boym, „Flora sinensis […]", Wien 1656

Die Rosenburg stellt jedenfalls ein treffliches Beispiel eines baulichen Mittelpunktes einer Grundherrschaft der Frühen Neuzeit dar, die viele Aufgaben politischer, sozialer, wirtschaftlicher, religiöser und kultureller Art wahrzunehmen hatte. Die Freiflächen der Rosenburg künden vom verstärkten Interesse an der Natur und ihren Erscheinungsformen, die in der italienischen Renaissance entwickelte symmetrische Architektonisierung der Freiräume wurde im 16. Jahrhundert nördlich der Alpen aufgegriffen und ab dem späten 16. Jahrhundert in den Zier- und Nutzgärten auch unseres Beispiels, der Rosenburg, gepflegt. In der veröffentlichten Trauerrede auf den 1678 verstorbenen Reichsgrafen Joachim von und zu Windhag wird ausdrücklich auf die Gedächtnisfunktion der Architektur und der Gartenkunst hingewiesen: „[…] also/ daß Er nach Seinem zeitlichen Absterben auch jetzunder noch scheinet zu leben/ in Seinen hinterlassenen Büchern/ schönen Gebäwen und Schlossern/ gleich wie auch in Kunstreichen auffgerichten Wasser-Künsten und Gärten" (9). Nach dem Tod von Windhag im Jahr 1678 verkaufte die einzige Tochter und Erbin, Eva Magdalena, Priorin des Dominikanerinnenklosters Windhaag in Oberösterreich, das im Anschlag aus dem Jahr 1678 als baufällig bezeichnete Schloss an die Familie Sprinzenstein (10). Im Übrigen gilt die Tochter von Reichsgraf Windhag, die das väterliche reiche bauliche Erbe teils veräußerte, teils abbrechen ließ, als Verfasserin des „Gartenbichl wie solliche Garten in der Clausur begriffen sollen fundirt und fortgepflanzt werden beschrieben 1694" (Manuskript, den Klostergarten in Windhaag betreffend) (11).

Unter Ernst Karl Heinrich Graf Hoyos-Sprinzenstein wurde von 1859 bis 1876 die seit dem 18. Jahrhundert unbewohnte, 1809 durch einen Brand stark beschädigte Schlossanlage als Schauburg wiederhergestellt; der Turnierplatz wurde aufgeschüttet, die Gartenflächen planiert und durch Gärtner von 1872 bis 1876 gestaltet (12). Die damals längst ihrer einstigen pflanzlichen und architektonischen Details benommenen Gärten blieben als begrünte Freiflächen bestehen und erhielten 2006 in Anspielung auf den Namen der Gesamtanlage mehrere neu gestaltete, vor allem mit Rosen bepflanzte Ziergartenbereiche (13).

(Fußnoten siehe S. 248)

Mella Waldstein
# Paradiesgärten hinter Klostermauern

Gärten entstanden ab dem Zeitpunkt, als der Mensch nicht mehr ein Teil der gegebenen Umwelt war und sich Landschaften nach seinen Bedürfnissen formte. Gärten sind Kultur. Der Nutzgarten bringt einerseits Grundnahrungsmittel hervor, anderseits Luxusgüter wie spezielles Obst und Gemüse, sowie Heilpflanzen. Parallel dazu entstehen in Europa ab dem 13. Jahrhundert die „Lustgärten" mit Blickelementen und Wandelgängen.

Das Paradies ist seit jeher in der Vorstellung der Menschheit kein Palast und auch keine prallgefüllte Vorratskammer. Das Paradies ist ein Garten. Diesem Paradies kommen die Klostergärten in der Verbindung von Spiritualität und kultivierter Natur am nächsten. Der erste uns überlieferte Klosterplan stammt von den Benediktinern in St. Gallen aus dem Jahre 816. An ihm zeigt sich, dass der Garten nicht nur zweckmäßig angelegt ist. An den Portalen befinden sich Flächen, die als „Paradeys" bezeichnet werden und zur Einkehr und meditativen Vorbereitung für das Gebet dienten. Diese Paradiese waren mit Rosen bepflanzt, die das Himmlische und Göttliche versinnbildlichen.

Die Gartenforschung stützt sich auf schriftliche und bildliche Quellen, sowie auf archäobotanische Funde. So können unsere ältesten Gartenblumen und Gemüsesorten genannt werden: Veilchen, Schwertlilie, Weiße Rose (Rosa alba) und Rote Rose (Rosa gallica). Sie können ab dem 9. Jahrhundert nachgewiesen

*Prälatengarten und ehemalige Orangerie, Stift Zwettl*

werden. Mangold, Pastinak, Rettich, Mohrrübe, Garten-Melde, Porree und Kohl ist Gemüse, welches seit dem 9. Jahrhundert in Mitteleuropa kultiviert wird. Zu den ältesten heimischen Gewürzen zählen Petersilie, Knoblauch, Kümmel, Dill, Fenchel, Salbei, Kresse, Schnittlauch und Sellerie.

Im „Liber simplicis medicinae" der Äbtissin Hildegard von Bingen (1098– 1179) werden über zweihundert Pflanzen meist schon mit ihrem deutschen Namen aufgeführt. Das lässt vermuten, dass diese Pflanzen auch außerhalb der Klostermauern weit verbreitet waren.

Mehr als 500 Sorten an Gemüse, Kräutern, Zierpflanzen und Obstgehölzen sind jedes Jahr im Schaugarten in Schiltern zu bewundern. Um die Erhaltung alter Sorten macht sich seit 1994 der Verein Arche Noah verdient. Diese Arche Noah ankert am terrassierten Schlossgarten von Schiltern und ist eines der bedeutendsten Pflanzenarchive. Bereits 1706 werden im Schilterner Urbar die „Hoffgärten" im Umfeld des Schlosses erwähnt. Der heutige barocke Schlossgarten wird als „Kuchlgarten" bezeichnet. In seiner Mitte wird der Gartenpavillon mit dem darunter liegenden „Krautkeller" erwähnt. Anschließend an den „Kuchlgarten" folgt der „Zwerglgarten", der von einer Planke eingefasst wurde und mit „auf Quitten gebältzten Obstbäumen" bepflanzt war. Im barocken Gartenpavillon, in der Hauptachse des Gartens, befinden sich an den Wänden der Sala Terrena originale Seccomalereien mit historischen Gartenszenen.

In den barocken Stiftsanlagen entwickelte sich eine Vielfalt an Gärten. Sie spiegeln die Organisation und die Hierarchie des Stiftes wieder: Prälatengarten, Dechantsgarten, Kapitelgarten, Wäschegarten und Nutzgarten. Nicht alle Gartenanlagen sind allen Klostermitgliedern zugänglich. Das 1137 von Hadmar I. von Kuenring gegründete Zisterzienserstift Zwettl zeigt in seiner Anlage den typischen Kosmos an Gärten mit verschiedenen Aufgaben. Der elegante Prälatengarten mit den beiden Orangerien und dem Sommerstöckl war früher dem Abt und seinen Gästen vorbehalten. Heute steht er allen Besuchern offen. Histo-

*Pater Michael im Schöpfungsgarten, Stift Altenburg*

*Erhaltung alter Sorten im Schlossgarten von Schiltern*

rische Gärten wurden mit architektonischen Details ausgestattet – die revitalisierten Terrassengärten über dem Kamp sind mit sparsamen zeitgemäßen Akzenten versehen. An den besten Sonnenplätzen im Waldviertel sind die Zwettler Terrassengärten angelegt: ein Garten ist nach den Ratschlägen der Hildegard von Bingen gestaltet, einer ist ein Herbarium und einer ein Naschgarten. Zum Duftbad wird der Lindenhof im Frühsommer während der Blütezeit. Das grüne Herz von Zwettl ist der Kreuzganghof. Er versinnbildlicht das Paradies und belebt mit seiner Farbigkeit das Grau der romanischen Architektur.

Das Benediktinerstift Altenburg hat nach einer zeitgemäßen Form der Gartengestaltung gesucht. Das Entree zu den Stiftsführungen bildet der im Jahr 2003 geschaffene Schöpfungsgarten. Er verkündet die biblischen Begriffe „Heil" und „Shalom". Der „Garten der Religionen" lädt ein, über Gott und den Sinn des Lebens nachzudenken: Wege führen zu Hinduismus, Buddhismus, Judentum, Christentum und Islam. Ein Baumkreis steht für die ältesten Naturreligionen. 2007 kamen neu gestaltete Gartenflächen dazu, so ist im Bereich der Altane ein Garten nach der Regel des hl. Benedikts angelegt. Über den Ausgrabungen des mittelalterlichen Hospitals wurde eine moderne Interpretation des Apothekergartens angepflanzt.

Der Kräutergarten des Prämonstratenserstiftes Geras zeigt heimische Heil- und Küchenkräuter. Seit Gründung des Stiftes im Jahre 1153 werden die Gärten, vor allem auch der Prälatengarten in Verbindung mit den klostertypischen Teichanlagen, gepflegt. Auf Initiative des Kräuterpfarrers Hermann-Josef Weidinger (1918–2004) wurde der Kräutergarten nach alten Plänen von St. Gallen angelegt. Unter den 100 Heil- und Gewürzpflanzen befinden sich seit Jahrhunderten bekannte Heilkräuter ebenso wie „moderne" Arzneipflanzen.

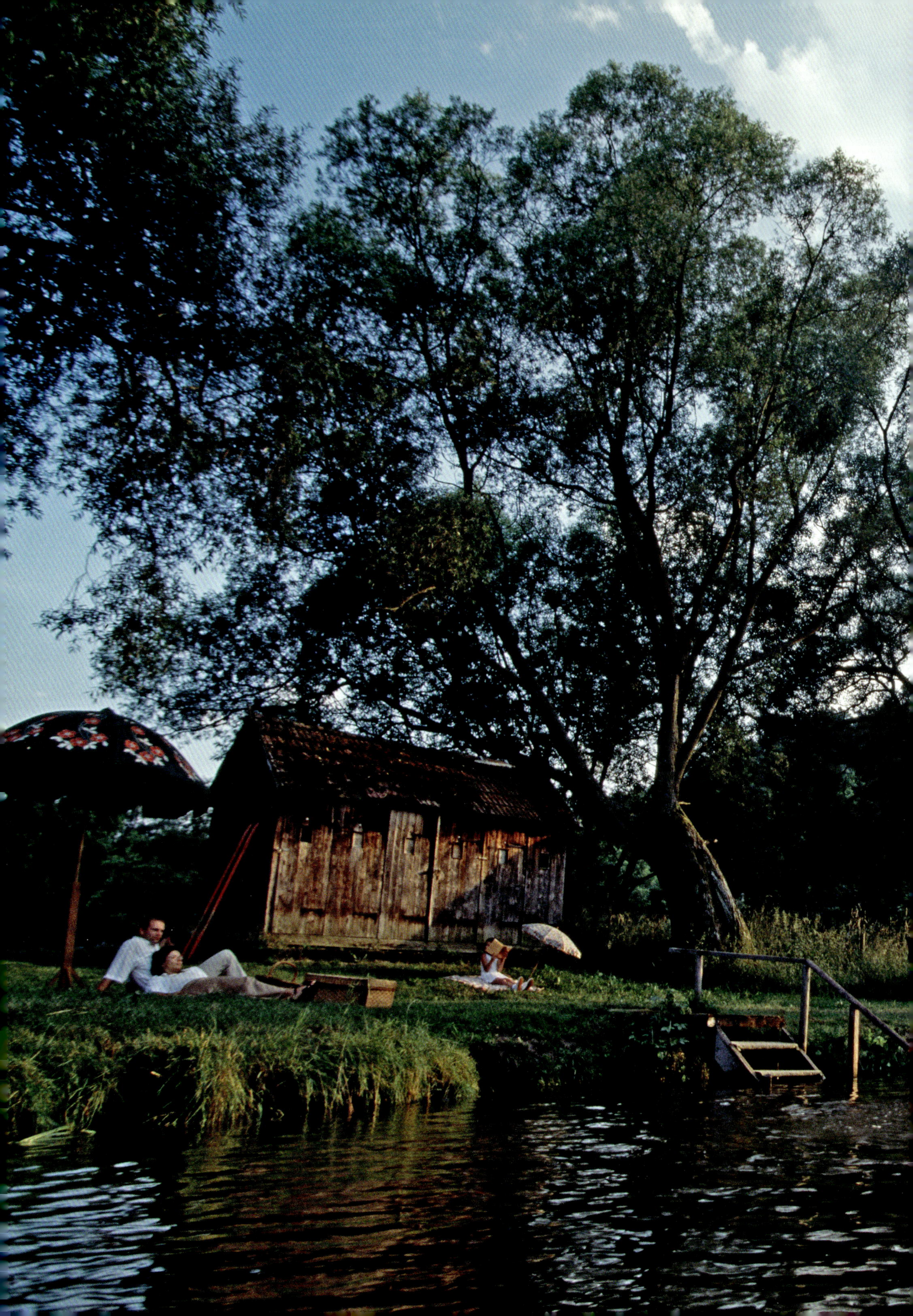

# Sommerfrische

Bettina Nezval

# Geselligkeit im Grünen

*Juhu, wir fahren auf Sommerfrische! Mit so viel Freude startete man über 100 Jahre lang in den Sommer.*

*Sommerfrischegesellschaft in den 1920er Jahren, Drosendorf*

Was bedeutet Sommerfrische? Verreisen, Stadtflucht, Erholung. Die heißen Wochen während der Sommermonate wollten Menschen aus Städten schon immer in kühleren Gefilden verbringen. Ursprünglich war der sommerliche Aufenthalt in einer anderen Region eine sehr kostspielige Angelegenheit und schon deshalb vorwiegend ein adeliges Vergnügen, das bald vom wohlhabenden Bürgertum übernommen wurde (siehe Beitrag Friedrich Polleroß).

Berühmt dafür sind bereits die alten Römer, die den Aufenthalt in ihren Villen oder auf den Latifundien schätzten. Stand damals die Konversation im Vordergrund, war es während der Renaissance die „Villegiatura", der Aufenthalt in der eigenen Villa zum Genuss des Landlebens. Später wurde der gesundheitliche Aspekt hervorgehoben, der Kuraufenthalt wurde Mode, die Badeorte florierten. In Niederösterreich ist der bekannteste Baden bei Wien. Ab dem späten 18. Jahrhundert folgte man den Ideen Jean Jacques Rousseaus „zurück zu einem glücklichen, naturhaften Urzustand", die unterschiedlichen Schönheiten von Landschaften wurden plötzlich entdeckt. „Die Eroberung der Landschaft" stand nun an vorderster Stelle (ein Trend, der bis heute nachzuverfolgen ist). Zunächst waren es Engländer, die die Schönheiten der Schweizer Berge entdeckten, in Niederösterreich wurden die bizarren alpinen Formen des Semmering- und Rax-Gebiets, im Waldviertel die wild-romantischen Landschaften um die Flüsse Kamp und Thaya als reizvoller Rahmen für den Sommeraufenthalt favorisiert.

Sommerfrische, wie wir sie seit dem 19. Jahrhundert in Niederösterreich kennen, wurde erst durch die Schaffung neuer Bahnstrecken möglich. Denn nur durch Benutzung der Eisenbahn wurde eine Reise auch für das mittlere und untere Bürgertum zeitlich und vor allem finanziell erschwinglich – blieb aber trotzdem einer privilegierten Schicht vorbehalten. Ab den 1830er Jahren wurde das Bahnnetz sternförmig von Wien aus in die unterschiedlichen Regionen der Monarchie erschlossen. So mancher Bürgermeister setzte sich vehement dafür

*Vorangehende Doppelseite:*
*Weißbad, Drosendorf a.d. Thaya*

ein, dass die Bahn auch zu seinem Ort geführt wurde, denn dadurch war ein wirtschaftlicher Aufschwung zu erwarten. Diese Entwicklungen trugen wesentlich zur kulturellen und wirtschaftlichen Identität jener Regionen bei, der Fremdenverkehr wurde zum Teil zur wichtigsten Einnahmequelle. Denn die Einwohner konnten ein Zimmer, eine Wohnung oder eine Villenetage vermieten, jedenfalls war eine gute zusätzliche Verdienstmöglichkeit geschaffen. Außerdem wurden Gastwirtschaften, „Restaurationen", Konditoreien, Friseure, Fotografen u.s.w., also Dienstleistungsbetriebe zum Wohl der werten Gäste benötigt.

Nicht zu vergessen die Bauwirtschaft: Denn wenn es den Sommerfrischlern in einem Ort gefiel, blieben sie oft für Jahrzehnte treue Gäste. Bald war ihnen die ländliche Unterkunft zu wenig komfortabel und sie beschlossen eine Sommervilla erbauen zu lassen – mit dem gewohnten städtischen Komfort. Ein weiterer Grund für den Bau der eigenen Villa war natürlich das Prestige, das Vorzeigen der finanziellen Kraft der Eigentümer wie auch das Nacheifern des adeligen Lebensstils. So entstand eine Villa nach der anderen, ein Villenviertel in jedem nobleren Sommerfrischeort. Hervorzuheben ist jenes in Gars am Kamp, wo die neuen Liebhaber des Ortes keine Kosten und Mühen bei der Errichtung scheuten und einige Villen sogar von bekannten Wiener Architekten geplant wurden. Bemerkenswert ist etwa die 1923 von Architekt Josef Hofmann geplante Villa in der Weisergasse.

*Flussbad in Weikertschlag an der Mährischen Thaya (o. li), Bad in Gars am Kamp (o. re), Badeplätze bei Rosenburg am Kamp (u. li), Badanlage in Plank am Kamp (u. re)*

*Durch die Waldviertler Landschaft am Hieronymus-Wanderweg*

Was für andere Sommerfrischen die Berge, der See, das Meer, die Thermalquellen oder Ähnliches bedeuten, sind für das Waldviertel die beiden Flüsse Kamp und Thaya. Die bekanntesten Sommerfrischeorte des Waldviertels sind malerische Orte an diesen beiden Flüssen, die in zahlreichen Schlingen durch romantische Täler fließen, mit dem historischen Hintergrund einer Burg, eines Schlosses oder zumindest einer Ruine. Die Sommerfrischler suchten neben landschaftlichen Schönheiten auch Unterhaltung jeglicher Art. Die neuen „Fremdenverkehrsorte" bemühten sich um ihre Gäste und boten einiges zur Freizeitgestaltung: für Gesundheit, Spiele, Bewegung, Erholung. Als Vorzüge werden schattige Spazierwege in reiner, gesunder Luft, reizende Ruhe- und Aussichtspunkte, gute Verpflegung, unkomplizierte Liebenswürdigkeit der Wirtsleute u.v.m. genannt. Verschönerungsvereine wurden in fast jedem Ort gegründet, durch sie wurden etwa auch Promenaden angelegt. Gepflegte Spazierwege waren von ganz besonderer Bedeutung, denn man flanierte, um zu sehen und gesehen zu werden, um sich zu präsentieren und um die Landschaft zu genießen.

Eine weitere wesentliche Komponente ist der soziale Anschluss an die Bevölkerung, was für das Wohlfühlen, die Bindung an den gewählten Ort von eminenter Bedeutung war.

## Sommerfrischen im Kamptal

Die Kamptalbahn – von Hadersdorf über Horn bis Sigmundsherberg – wurde 1889 eröffnet. Rasch verzeichneten die Orte entlang der Bahn einen touristischen Aufschwung. In all den größeren und kleineren Orten im Kamptal wurden Zimmer und Wohnungen an Sommerfrischler vermietet. Viele von ihnen – etwa Beamte oder Angestellte – mussten unter der Woche ihren Geschäften nachgehen, besuchten ihre auf Sommerfrische weilenden Familien nur am Wochenende und nahmen daher am Sonntagnachmittag oder Montag in der Früh den Zug nach Wien. Die Frauen und Kinder begrüßten und verabschiedeten ihre Männer am Bahnhof herzlich, sodass diese Züge den Namen „Busserlzug" oder „Hofratszug" erhielten.

Man schätzte im 19. Jahrhundert die liebliche Landschaft und das angenehme Klima des unteren Kamptals, den Weinbau an den sanften Bergen, den ruhig fließenden Fluss. Durch das langsame Fließen des Kamps erwärmte sich das Wasser rasch – einst bis 27 Grad Celsius. Das rotbraune, eisenhaltige und daher vielleicht auch heilkräftige Wasser des Kamps war also ein idealer Platz zum Abkühlen, Schwimmen, Bootfahren und für viele andere Wasservergnügungen. Eine gezielte Fremdenverkehrsmaßnahme war die Anlage von Flussbädern, auch Strandbäder genannt. Solche gab es etwa in Stiefern, Plank, Gars und Thunau. Heute, nach Errichtung des Staudamms bei Thurnberg für das Dobra-Krumau-Kraftwerk, das seit den 1950er Jahren den Kamp bis zu einer Wassertiefe von 69 Metern staut, kann sich das Wasser nicht mehr stark erwärmen, das Baden im Fluss ist heute kaum mehr üblich.

In Schönberg am Kamp treffen die Weinterrassen an den Südhängen des Manhartsberges am linken Kampufer auf die Ausläufer des Gföhler Waldes an der rechten Kampseite. Diese Mischung aus Wasser, Wein und Wald war Ziel der Erholung Suchenden. Die Bürger und Bauern vermieteten gerne Zimmer an die Sommerfrischler. Bekannt ist etwa, dass die Schauspielerfamilie Hörbiger in der Zwischenkriegszeit ihre Sommeraufenthalte hier bei einem Weinbauern verbrachte.

Die Bürger gleich des nächsten Ortes, Stiefern, haben viel für die Verwandlung zum Sommerfrischeort unternommen. Ein Bad am Kamp wurde angelegt und ein neuer Ortsteil am anderen Flussufer wurde entwickelt. Hier, entlang der neuen Bahntrasse wurde zunächst das Gasthaus Haimerl erbaut und bald das neue Villenviertel errichtet. Mitglieder der Wiener Philharmoniker verbrachten unter anderen hier ihre Sommerfrische, sodass man bis in die 30er Jahre des 20. Jahrhunderts musikalisch hervorragende Sommerklänge hören konnte.

## Blick auf die Bahn

Das Anfang des 20. Jahrhunderts errichtete Kampbad in Plank am Kamp ist heute noch erhalten. So wie das Bad in Thunau (1928) fällt es durch seine Holzarchitektur auf, dessen horizontale Latten in den Farben Rot und Weiß gestrichen sind (wie auch das Kongressbad in Wien, 1928). Aufwändig sind die Holzkabinen mit Pavillon, Lauben und Uhrtürmchen ausgestattet. In Plank wurden vereinzelt Villen errichtet, in Thunau ist sogar die „Villengasse" nach diesen Bauten benannt. Gemäß dem hohen Stellenwert der Kamptalbahn und des Bahnhofs waren die umliegenden Grundstücke bevorzugte Bauplätze. Anno dazumal empfand man die „Aussicht auf die Bahn" noch als Attraktion. Die Villengasse verläuft entlang der Bahnlinie, die Häuser haben „Blick auf die Bahn". An ihrer Rückseite erhebt sich der Schlossberg mit der Babenbergerburg. Auch in Rosenburg wurden vor der Kulisse der mächtigen Burg hoch auf dem Felsen über dem Kamp Sommervillen für die illustre Gesellschaft errichtet.

Hauptort der Sommerfrische im Kamptal ist Gars am Kamp. Äußeres Zeichen dafür sind neben dem Kurpark die prächtigen Villen, die vornehmlich für die Wiener Sommerfrischler des Fin de Siècle errichtet wurden. Eine der ersten romantischen Sommervillen entstand hier bereits 1851 für Josef Freiherrn von Haan. Er dürfte Kontakt zum Chormeister des Wiener Männergesangsvereins gehabt haben. Denn dieser hatte dem berühmten Operetten-Komponisten Franz von Suppé empfohlen, „bedrückt von der Hast und Enge der Großstadt das ruhige und naturschöne Plätzchen auf dem Lande, Gars, zu besuchen" (Hans Heppenheimer, Franz von Suppé und Gars, 1970). Tatsächlich, ab 1876 verbrachte Suppé drei Sommer in einem zweiten Haus Haans und komponierte dort 1878 den „Boccaccio". Die Liebe zu dem Ort wuchs und der Komponist erwarb 1878 einen Bauernhof, den er 1883 zur „Suppé-Villa" umbauen ließ (siehe Beitrag Mella Waldstein, Stille hören). Bis 1895 weilte er alljährlich in Gars zur Sommerfrische. Um „en vogue" zu sein, musste eine Sommerfrische auch von prominenten Persönlichkeiten besucht werden. So waren etwa in Baden Kaiser Franz, in Bad Ischl Kaiser Franz Joseph, in Abbazia Kronprinz Rudolph und Kronprinzessin Stefanie, in Reichenau Erzherzog Karl Ludwig Motivation für viele Sommerfrischler, ebenfalls dort den Sommer zu verbringen. Franz von Suppé war der gesellschaftliche Glanzpunkt von Gars. In seinem Tross kamen ebenso die Theaterleute mit, bald begann man Theaterstücke und Operetten aufzuführen, zur eigenen Freude und Unterhaltung – die Sternstunde der Sommerspiele! Gars entwickelte sich rasch zur „Nobelsommerfrische".

Die Gemeinde Gars bietet ihren Gästen vieles zur Freizeitgestaltung: 1908 wurde der Kurpark mit Musikpavillon, wo einmal pro Woche Kurkonzerte aufgeführt wurden, angelegt, 1912 daran anschließend das Garser Bad eröffnet. Das bemerkenswerte gemauerte Badhaus und die hölzernen Badehütten wurden vor wenigen Jahren abgebrochen, sie mussten dem neuen Dungl-China-Zentrum weichen.

## Sommerfrischen im Thayatal

Vom Verschönerungsverein Drosendorf wurden die Sommer- und Winterpromenade angelegt, die steil über der Thaya malerisch um die mittelalterliche Stadtmauer führen. Auf der 1,8 km langen Promenade gibt heute der Themenweg „Sommerfrische an der Thaya" mit Info- und Erlebnisstationen Auskunft über die zahlreichen Facetten des Sommerlebens an der Thaya. 1910 wurde Drosendorf durch die Eisenbahn erschlossen. Die beliebte Sommerfrische an der Thaya entwickelte sich von nun an verstärkt in Richtung Tourismus. Alle verfügbaren Zimmer wurden an „Fremde" vermietet, die Einheimischen drängten sich im Sommer in wenigen Räumen ihrer Häuser zusammen. 1926 wurde das Strandbad neu errichtet, eine von damals vier Badeanlagen! Das Strandbad ist ein romantischer Holzbau am Ufer der Thaya, wo man heute noch das einstige Badegefühl erleben kann. Die Anziehungskraft, die das Baden auf die Sommergäste und natürlich auch auf die Bevölkerung schon damals ausübte, können wir noch auf alten Ansichtskarten nachempfinden, wo sich viele Menschen tummeln und vergnügen.

Die Orte an der Thaya, neben Drosendorf vor allem Raabs, Liebnitz, Karlstein und Weikertschlag, entwickelten sich zu beliebten Sommerfrischeorten, die von vielen Wienern besucht wurden. Der Bahnhof in Raabs an der Thaya wurde im Jahr 1900 erbaut, stolz sind die Raabser darauf, dass der Anschluss an das Stromnetz schon vorher hergestellt wurde.

Jedes Jahr traf sich eine Gruppe der Wiener Gesellschaft am selben Ort. Man pflegte gesellschaftliche Kontakte untereinander und kannte die Ortsbevölkerung, bei der man wohnte und deren vielfältige Dienste oft in Anspruch genommen wurden. Vor allem die Kinder dieser beiden Gesellschaftsschichten spielten leidenschaftlich miteinander und lernten viel voneinander.

*Ottensteiner Stausee*

Ebenso wurden die malerischen Orte an den Thayaschlingen, die heute in Tschechien liegen, schon im 19. Jahrhundert als Sommerfrische gewählt: In Podhradí/Freistein, Cornštejn/Zornstein, Lančov/Landschau und Bítov/Vöttau bis nach Vranov/Frain gibt es herrliche Badebuchten und Strände an der Thaya. 1934 wurde die Thaya bei Frain aufgestaut, seither schwillt der Fluss über viele Kilometer an, er ist breit – bei Frain ein Stausee. Tschechen lieben Urlaub am Strand, am Meer, eine Idee davon finden sie hier, wo die Thaya wegen ihrer neuen Tiefe besonders gut zum Schwimmen geeignet ist. Die zahlreichen Sommerhäuser, die seit der Zwischenkriegszeit errichtet wurden, unterscheiden sich architektonisch allein schon der Form nach sehr von den niederösterreichischen: Es sind kleine Häuser mit hohen, steilen Dächern. Die Tschechen nennen sie „Chata", was so viel wie Wochenendhaus oder Hütte bedeutet. Man könnte sie aufgrund ihrer Kleinheit mit „Schrebergartenhäusern" vergleichen, allerdings ohne Einfriedungen auf den knapp bemessenen Grundstücken. Sie stehen in Reihen entlang des Flussufers, jetzt auch vermehrt in den Wäldern entlang der Thaya, kaum zu sehen im kühlen Baumschatten der Sommerhitze.

Wie an der österreichischen Thaya bieten auch in Mähren die Orte an der wild-romantischen Thaya mit ihren großen, imposanten Burgen ein optisches Erlebnis mit historischem Ambiente.

### „Künstlerkolonie" in Liebnitz

Besonders originelle Sommerfrischler fanden sich in Liebnitz bei Raabs ein. Freunde und Kollegen, Lehrer aus Wien, suchten einen Ort, in den sie gemeinsam auf Sommerfrische fahren konnten. Einer von ihnen, Karl Polt, stammte aus Liebnitz und schlug diesen malerisch hoch über dem Abhang zur Thaya gelegenen Ort vor. Das pittoreske Dorf mit rund 40 kleinen Häusern beglückte die Gruppe, ein oftmaliges Wiederkommen war Programm. Der Lehrer Karl Kröner erwarb bereits vor 1901 das Haus neben der Kirche, sein „Schlösschen". 1906 kaufte Bürgerschullehrer Gottfried Luze das übernächste Haus. Und unweit von ihnen erstand der Lehrer Richard Rothe ein Häuschen. Dieses ließ er ausbauen und ein Zimmer, das sich als Maleratelier eignete, zubauen.

Richard Rothe war einer der bedeutendsten Kunstpädagogen des Landes. Sein Interesse galt der Kunstvermittlung an Kinder. Man sollte wegkommen vom üblichen Malen und Zeichnen nach Vorlagen, hingegen die schöpferische Kraft der Kinder wirken lassen. Bereits 1904 wurde ihm und einer kleinen Gruppe engagierter Lehrer versuchsweise das Zeichnen nach der Natur im Unterricht gestattet. Gemeinsam mit dem Maler und Kunstpädagogen Franz Cizek – dem geistigen Vater Rothes – und anderen gründete er 1914 die „Vereinigung Kunst und Schule" und brachte die gleichnamige Zeitschrift heraus. Sie sammelten sich im so genannten „NEST", um das Zeichnen nach der Natur zu pflegen und zu verbreiten. Heute wissen wir, dass dieses „Nest" ein Malernest in Liebnitz, im Haus Richard Rothes war. Hier veranstaltete er vorerst Malkurse für Freunde und Kollegen – sie alle wurden begeisterte Maler –, dann Malseminare mit internationaler Beteiligung, so bekannt waren seine Ideen und seine „schattenlose Malerei" mittlerweile geworden! Prof. Rothe – später Lehrbeauftragter an der

*Malen in der Sommerfrische:*
*Josef Luze: Liebnitz, um 1923,*
*Privatbesitz*

Akademie der bildenden Künste in Wien – hat sehr erfolgreich zahlreiche Bücher zum Thema Zeichen- und Malunterricht herausgebracht.

Ein anderer begeisterter Pädagoge und Sommerfrischler in Liebnitz war der sozialdemokratische stv. Unterrichtsminister Otto Glöckel, der Rothes Ideen unterstützte. Er bestellte ihn 1924 zum Leiter der Reformabteilung des österreichischen Unterrichtsministeriums, womit der Grundstein für die moderne bildnerische Erziehung gelegt wurde.

Viele Malerfreunde kamen ebenfalls jährlich hierher zur Sommerfrische, so auch die „Malerdynastie" Stoitzner, um hier zu malen. Josef Stoitzner (1884 Wien – 1951 Pinzgau) wurde Fachinspektor für Zeichenunterricht. Siegfried (1892 Wien – 1976 Krems) und Egon Stoitzner gingen später in die Wachau und malten dort bekannte Landschaften. Der 1889 in Wien geborene Otto Stoitzner verstarb 1963 in Weikertschlag, wo er prominenter Sommerfrischler war. Zahllose Bilder und Kunstwerke entstanden in Liebnitz jedenfalls bis etwa 1950. In den Häusern der Familien Luze und Kröner befinden sich noch die Werke der Väter und Großväter, die den Ort und seine umgebende Landschaft in Aquarell darstellen.

## Zwangsurlaub oder Hausarrest?

Ein in der Aufarbeitung der Geschichte des Ersten Weltkriegs noch wenig publizierter Sachverhalt sind die politisch angeordneten Internierungen von in Österreich lebenden Zivilisten aus den damals Krieg führenden Ländern. Zu Beginn des Ersten Weltkriegs wurden „feindliche Ausländer", vor allem Russen, Serben, Engländer und Franzosen, die in Österreich lebten und arbeiteten, als Zivilgefangene interniert. Grund für diese Maßnahmen zur staatlichen Sicherheit – übrigens in allen Krieg führenden Ländern – waren pauschale Verdächtigungen und die angenommene Kollaboration mit den jeweiligen Heimatländern, um gegen Österreich zu kämpfen.

Ein kleinerer Teil der Internierten, nämlich nachweislich harmlose Menschen – sie hatten bis dahin einen tadellosen Lebenswandel geführt –, die über entsprechende finanzielle Mittel verfügten, um ihren Aufenthalt selbst zu bezahlen, waren die so genannten Konfinierten. Sie konnten in Privathäusern Aufnahme finden. Das System der Konfinierungsstationen bestand bis zum Ende des Krieges. Dazu auserwählt waren kleinere Städte oder Märkte abseits wichtiger Bahnlinien im Landesinneren, wo die Menschen nicht in Lagern, sondern in Gasthöfen, Hotels oder in Privatzimmern untergebracht wurden. Im Gegensatz zur Internierung war die Konfinierung durch eine gewisse Bewegungsfreiheit der Betroffenen gekennzeichnet. Konfinierte mussten sich regelmäßig bei der Polizeibehörde melden, durften sich nicht in der Nähe von militärischen Einrichtungen oder Bahnhöfen etc. aufhalten. Innerhalb des Ortes selbst durften sie sich allerdings frei bewegen.

Neben zahlreichen weiteren Orten in Österreich wurden die Sommerfrischeorte an der Thaya, Drosendorf, Raabs, Karlstein, Weikertschlag und Waidhofen, für die Konfination auserwählt. Das hatte mehrere Gründe: Einerseits waren die Orte weit von Großstädten entfernt, dennoch gut per Bahn erreichbar, und sie verfügten über zahlreiche Quartiere zur Aufnahme dieser Menschen. Viele zogen – manchmal samt ihren Familienangehörigen – in die Sommerfrischequartiere der genannten Orte. Aufgrund ihrer relativen finanziellen Unabhängigkeit konnten die Konfinierten ihren Alltag vergleichsweise angenehm gestalten und die „Sommerfrische genießen". Sie konnten am städtischen Leben teilnehmen, sportliche und kulturelle Aktivitäten setzen, in Drosendorf etwa auch einige Stunden pro Tag das Strandbad benützen. Ihre Anwesenheit war für die Gastwirte und Vermieter jedenfalls eine willkommene Einnahmequelle während der gesamten Kriegszeit.

Das „Genießen" dieser Art von Sommerfrische war wohl nicht für alle so einfach. Man denke einerseits an die massiven Beschränkungen der freien Meinungsäußerung und rechtsstaatlicher Grundsätze, andererseits an die psychische Belastung als ziviler Kriegsgefangener in einem Land zu sein, in dem man leben und arbeiten wollte. Einige haben sicherlich „das Beste" aus der Situation gemacht: Engländer haben den „Internationalen Sport-Club" gegründet und in diesem Rahmen sportliche Aktivitäten und Unterhaltungen organisiert. Andere veranstalteten Theater- und Konzertaufführungen, Schachpartien etc. Zahlreiche Fotos der damals jungen Drosendorfer Fotografin Leopoldine Schrimpf zeugen davon. Zwei Engländer verliebten sich in Raabser Mädchen, heirateten diese und blieben gerne freiwillig auch nach dem Krieg.

In der wirtschaftlich schwierigen Zwischenkriegszeit versuchten die Gemeinden der Sommerfrischen durch zusätzliche Investitionen ihre Gäste zu halten, etwa durch die Erbauung neuer Bäder in den Kamp- und Thayagemeinden. Auch Privatinitiativen wie die Eröffnung von Kinos in Gars und Drosendorf sowie die Organisation unterschiedlicher Veranstaltungen dienten der Attraktivierung der Orte, um den Sommerfrische-Tourismus aufrechtzuerhalten.

Nach dem Wiederaufbau nach dem Zweiten Weltkrieg war Sommerfrische keine Attraktion mehr, die Menschen träumten von Fernreisen. Erst gegen Ende des vorigen Jahrhunderts kann man ein neues Interesse an diesen malerischen Orten mit ihren charakteristischen Ausprägungen erkennen. Seither wird von privater und öffentlicher Seite viel investiert, die Wiener strömen wieder zahlreich und gerne ins Waldviertel, mieten eine Sommerwohnung, ein Zimmer oder machen Urlaub am Bauernhof. Langsam werden auch die alten Bauernhöfe und die einst prächtigen Sommervillen renoviert, der alte Charme mit neuer Nutzung weist in die Zukunft. Die Qualitäten von Naherholungsgebieten werden jetzt wieder mehr und mehr geschätzt!

*Badeanlage Gars am Kamp mit Gertrudskirche und Burgruine im Hintergrund*

# Literatur und Quellen

### Über allen Wipfeln
Mella Waldstein

Bundesamt für Wald, Österr. Waldinventur 2000 – 2002: http://bfw.ac.at/i7/oewi.oewi0002 (2008)

Bundesministerium f. Land- und Forstwirtschaft (Hg.): *Nachhaltige Waldwirtschaft in Österreich*. Österreichischer Waldbericht 2008.

Alexander Demandt: *Der Baum in der Kulturgeschichte*. Köln 2002.

Österr. Forstverein (Hg.): *Österreichs Wald. Vom Urwald zur Waldwirtschaft*. 2. Auflage, 1994.

Gerhard Strohmeier: „Schöpfung, Verklärung, Distanznahme." In: Andrea Komlosy/Václav Bůžek/Franticek Svátek (Hg.): *Kulturen an der Grenze*. Waldviertel – Weinviertel – Südböhmen – Südmähren. Wien 1995.

### Adeliges Landleben und europäischer Geist
Friedrich Polleroß

Walter Brauneis/Wim van der Kallen: *Das Thayatal*. Landschaft – Geschichte – Kultur. St. Pölten 1983.

Otto Brunner: *Adeliges Landleben und europäischer Geist*. Leben und Werk Wolf Helmhards von Hohberg 1612–1688. Salzburg 1949.

Dehio Niederösterreich nördlich der Donau, Wien 1990.

Herbert Knittler/Gottfried Stangler/Renate Zedinger (Hg.): *Adel im Wandel*. Politik – Kultur – Konfession 1500–1700, Ausstellungskatalog Rosenburg. Wien 1990.

Hellmut Lorenz (Hg.): *Barock* (= Geschichte der bildenden Kunst in Österreich, Bd. 4). München/London/New York 1999.

Friedrich Polleroß: „Prager Gotik, Wiener Barock und Brünner Moderne. Kunst zwischen Zentren und Peripherien." In: Andrea Komlosy/Václav Bůžek/Franticek Svátek (Hg.): *Kulturen an der Grenze*. Waldviertel – Weinviertel – Südböhmen – Südmähren. Wien 1995.

Friedrich Polleroß (Hg.): *Reiselust & Kunstgenuss*. Barockes Böhmen, Mähren und Österreich. Petersberg 2004.

Wilhelm Georg Rizzi: „Franz Anton Pilgram, Der Baumeister der Grafen Khevenhüller." In: Elisabeth Vavra (Hg.): *Familie. Ideal und Realität*. Ausstellungskatalog Horn 1993, 350–362.

Mella Waldstein/Wilhelm-Christian Erasmus: *Burgen, Stifte und Schlösser* der Regionen Waldviertel, Donauraum, Südböhmen, Vysočina und Südmähren. Zwettl 2007.

### Vom Hausfleiß zum Hobbykurs
Franz Grieshofer

Nora Czapka: *„Bauernmöbel" aus dem niederösterreichischen Waldviertel*. Eine Bestandsaufnahme mit besonderer Berücksichtigung der politischen Bezirke Horn, Zwettl und Waidhofen an der Thaya (2 Bde.). Phil. Dipl.-Arb., Wien 1990.

Nora Czapka: *Waldviertler Heimat-Bilder. Studien zur Sachkultur vor 50 Jahren*. Katalog des Österreichischen Museums für Volkskunde. Wien 1993.

Elfriede Hanak: *Niederösterreich. Traditionelles Handwerk – Lebendige Volkskunst.* NÖ Bildungs- und Heimatwerk. Wien 1995.

Andrea Komlosy: „*Waldviertler Textilstraße*". *Reisen durch Geschichte und Gegenwart einer Region.* Wien 1994.

Alois Riegl: *Volkskunst. Hausfleiß und Hausindustrie.* Berlin 1894.

Margot Schindler: *Wegmüssen. Die Entsiedelung des Raumes Döllersheim (Niederösterreich) 1938–1942* (= Veröffentlichungen des Österreichischen Museums für Volkskunde, Bd. 23). Wien 1988.

## Zum Tånzn bin i gånga
Nicola Benz

Richard Bammer: *Niederösterreichische Volkstänze.* Hg. v. Niederösterreichische Arbeitsgemeinschaft für Volkstanz. Wien [1969].

Sissy Banner: „Auf Spurensuche auf dem Ybbsfeld. Protokoll der Feldforschung über den Landler aus Neustadtl/Donau." In: *Der fröhliche Kreis*, 48/4, Wien 1998, 17–25.

Sissy Banner: „Das Grundschema der Ybbsfelder Landler. Und deren Verbreitung im angrenzenden Mühl- und Waldviertel", Teil I. In: *Der fröhliche Kreis*, 49/2, Wien 1999, 6–7.

Nicola Benz: *Josef Wagner vulgo Fichtenbauer.* Ein Volkstanzmusikant aus Leidenschaft (= Musikerleben 4). Atzenbrugg 2008.

Ludwig Berghold/Walter Deutsch (Hg.): *Volkstänze aus Niederösterreich 1.* Mödling 1975.

Ludwig Berghold/Walter Deutsch (Hg.): *Volkstänze aus Niederösterreich 2.* Mödling 1988.

Marianne Bröcker: „Volkstanz." In: Sibylle Dahms (Hg.): *Tanz.* Kassel [u. a.] 2001, 188–218.

Bundesministerium für Land- und Forstwirtschaft, Umwelt und Wasserwirtschaft (Hg.): *50 Jahre Landjugend.* o.J.

Walter Deutsch/Harald Dreo/Gerlinde Haid/Karl Horak (Hg.): *Volksmusik in Österreich.* Wien 1984.

Dorli Draxler: „aufhOHRchen – Geschichte eines Festivals." In: Volkskultur Niederösterreich (Hg.): *Tradition in Bewegung.* Atzenbrugg 2006, 209–223.

„Der Eckerische." In: *Blätter für Volkstanzgruppen,* 4/5, Wien 1934, 25–26.

Bernhard Gamsjäger: „Vom Landesverband zur Volkskultur Niederösterreich – Kontinuitäten und Brüche." In: Volkskultur Niederösterreich (Hg.): *Tradition in Bewegung.* Atzenbrugg 2006, 19–186.

Wolfgang Geitner/Herbert Lager: „Die Landler des Ybbsfeldes." In: *Jahrbuch des Österreichischen Volksliedwerkes,* 14, Wien 1965, 118–125.

A. Graf: „Horn und Umgebung." In: *Blätter für Volkstanzgruppen,* 5/4, Wien 1935, 15.

Fritz Heftner: „LFW-Wertungstanzen in Niederösterreich." In: *Der Mitarbeiter. Mitteilungsblatt des ländlichen Fortbildungswerkes,* 32/10–12, Wien 1979, 6.

Otto Hief (Hg.): *Blätter für Volkstanzgruppen.* Wien 1931–1935.

Karl Magnus Klier: „Zwölf Fragen zur Sammlung von Volkstänzen." In: *Das deutsche Volkslied,* 33/5, Wien 1931, 78.

Karl Magnus Klier: „Zwölf Fragen zur Sammlung von Volkstänzen." In: *Blätter für Volkstanzgruppen,* 1/4, Wien 1931, 2–3.

Herbert Lager: „Boarischer aus dem Gesäuse." In: *Das deutsche Volkslied,* 32/5, Wien 1930, 67–86.

Herbert Lager: [Fürizwänger]. In: *Blätter für Volkstanzgruppen,* 2/3, Wien 1932, 16–17.

Lager, Herbert: „Zwei Volkstänze aus dem niederösterreichischen Waldviertel." In: *Das deutsche Volkslied*, 40/1–2, Wien 1938, 37–42.

Herbert Lager: „Neuere Tanzforschungen in Niederösterreich. Waldviertel", 1. Teil. In: *Jahrbuch des Österreichischen Volksliedwerkes*, 30, Wien 1981, 52–81.

Herbert Lager: „Die Volkstanzbewegung." In: Walter Deutsch/Harald Dreo/ Gerlinde Haid/Karl Horak (Hg.): *Volksmusik in Österreich*. Wien 1984, 71–88.

Herbert Lager: „Die Tanzlandschaften in Niederösterreich." In: *Jahrbuch des Österreichischen Volksliedwerkes,* 36/37, Wien 1987/88, 172–190.

Herbert Lager: „Kreuzpolkas und Neubayrischer im Niederösterreichischen." In: Maria Walcher/Michaela Brodl (Hg.): *Tanz und Überlieferung als Lebensform*. Eine Auswahl aus Schriften von Herbert Lager. Festschrift zum 80. Geburtstag. Wien 1990, 189–192.

Herbert Lager (Hg.): *Landler.* Waldviertel und Umland von Ybbs (= Schriftenreihe Volkstanz 4). Graz 1990.

Herbert Lager (Hg.): *Tänze aus dem Waldviertel* (= Schriftenreihe Volkstanz 5). Graz 1991.

Karl Lugmayr: „Über das Werden und Wachsen von Volkstanzgruppen in Niederösterreich." In: *Das deutsche Volkslied*, 33/7, Wien 1931, 108–110.

Karl Lugmayr: „Volkstanz-Fasching 1932 in Niederösterreich." In: *Blätter für Volkstanzgruppen*, 2/2, Wien 1932, 9–11.

Karl Lugmayr: „Vier Volkstanzschulen in Niederösterreich." In: *Blätter für Volkstanzgruppen*, 2/4, Wien 1932, 21–22.

Konrad Mautner (Hg.): *Alte Lieder und Weisen aus dem Steyermärkischen Salzkammergute*. Graz [1918].

Anton Pillgrab: „Der Nigltanz (Igltanz)." In: *Blätter für Volkstanzgruppen*, 4/6, Wien 1934, 33.

Anton Pillgrab: „Der Bärentanz." In: *Blätter für Volkstanzgruppen*, 5/1, Wien 1935, 1–2.

Herbert Rathner: „Volkstanzforschung in Österreich." In: *Jahrbuch des Österreichischen Volksliedwerkes*, 39/40, Wien 1990/91, 46–64.

*Richtlinien der Wertungstanzen* des LFW in Niederösterreich 9/1989.

*Richtlinien des Volkstanzwettbewerbs* der Landjugend NÖ „Auftânz". In: http://www.landjugend.at [24.8.2008].

*Rundschreiben* der Niederösterreichischen Landes-Landwirtschaftskammer vom 12.10.1979.

*Schaufenster Volkskultur.* Mitteilungen zur Volkskultur in Niederösterreich 1998/1b. Atzenbrugg 1998.

*Schaufenster Volkskultur*. Nachrichten zur Volkskultur in Niederösterreich. Atzenbrugg 2008.

Else Schmidt: „Die Zoder-Schule. Volkstanzforschung in Österreich im 20. Jahrhundert." In: Monik Fink/Rainer Gstrein (Hg.): *Gesellschafts- und Volkstanz in Österreich* (= Musicologica Austriaca 21). Wien 2002, 173–188.

Hans Schölm: „Ländler aus dem Waldviertel." In: *Blätter für Volkstanzgruppen*, 5/3, Wien 1935, 9–10.

Anni Stöger: „Der Siebenschritt aus Thunau." In: *Blätter für Volkstanzgruppen*, 5/3, Wien 1935, S. 9.

Anni Stöger: „Tanzhütte in Göpfritz, Niederösterreich." In: *Blätter für Volkstanzgruppen*, 5/5, Wien 1935, 17.

Anni Stöger: „Tanzhütte in Thunau bei Gars, Niederösterreich." In: *Blätter für Volkstanzgruppen*, 5/6, Wien 1935, 22.

Maria Streitberger: „Altenburger Volkslied- und Volkstanzgruppe." In: *Blätter für Volkstanzgruppen*, 5/3, Wien 1935, 11.

Maria Streitberger: „Zum Siebenschritt." In: *Blätter für Volkstanzgruppen*, 5/3, Wien 1935, 10.

„Tänze", aufgezeichnet und veröffentlicht von Herbert Lager. In: Maria Walcher/Michaela Brodl (Hg.): *Tanz und Überlieferung als Lebensform*. Eine Auswahl aus Schriften von Herbert Lager. Festschrift zum 80. Geburtstag. Wien 1990, 20–23.

Volkskultur Niederösterreich (Hg.): *taktvoll*. Volkstänze aus Niederösterreich. HeiVo, CD 52a-b AuMe. Atzenbrugg 2006.

Volkskultur Niederösterreich (Hg.): *Tradition in Bewegung*. Atzenbrugg 2006.

„Volkstanzpflege." In: *Das deutsche Volkslied*, 33/7, Wien 1931, 110.

Maria Walcher/Michaela Brodl (Hg.): *Tanz und Überlieferung als Lebensform*. Eine Auswahl aus Schriften von Herbert Lager. Festschrift zum 80. Geburtstag. Wien 1990.

*Waldviertler Volkstanzfest*. In: http://www.landjugend.at/netautor/napro4/appl/na_professional/index.php?id=2500% [29.8.2008].

Hans Wanko: „Der Volkstanz im niederösterreichischen Waldviertel." In: *Blätter für Volkstanzgruppen*, 4/5, Wien 1934, 27–28.

„Wechselpolka." In: *Blätter für Volkstanzgruppen*, 5/3, Wien 1935, 9.

Winfried Windbacher (Hg.): *Volkstänze aus Niederösterreich*. Die „Bammer-Mappe". Hg. im Auftrag der NÖ Arbeitsgemeinschaft für Volkstanz. Langenzersdorf, 2. Aufl. 2006.

Raimund Zoder (Hg.): „Wie zeichnet man Volkstänze auf?" In: *Zeitschrift des Vereins für Volkskunde*, 21, Berlin 1911, 382–388.

Raimund Zoder (Hg.): *Altösterreichische Volkstänze mit Beschreibung und Noten*. Erster Teil. Wien 1922.

Raimund Zoder (Hg.): *Altösterreichische Volkstänze mit Beschreibung und Noten*. Zweiter Teil. Wien 1928.

Raimund Zoder (Hg.): *Altösterreichische Volkstänze mit Beschreibung und Noten*. Dritter Teil. Wien 1932.

Raimund Zoder (Hg.): *Altösterreichische Volkstänze mit Beschreibung und Noten*. Vierter Teil. Wien 1934.

Raimund Zoder (Hg.): *Österreichische Volkstänze*. Erster Teil. Wien, Neue Ausgabe 1946.

Raimund Zoder (Hg.): *Österreichische Volkstänze*. Zweiter Teil. Wien, Neue Ausgabe 1955.

Raimund Zoder (Hg.): *Österreichische Volkstänze*. Dritter Teil. Wien, Neue Ausgabe 1955.

## Seismografische Schwingungen
Niklas Perzi

Franz Drach: *Armes Waldviertel*. Sechs Versuche zur Zeitgeschichte der Provinz. Weitra 2000.

Stefan Eminger/Ernst Langthaler (Hg.): *Niederösterreich im 20. Jahrhundert*. Band 1: Politik. Wien/Köln/Weimar 2008.

Herbert Knittler, *Wirtschaftsgeschichte des Waldviertels* (= Schriftenreihe des Waldviertler Heimatbundes 47). Horn/Waidhofen/Thaya 2006.

Andrea Komlosy: *An den Rand gedrängt*. Wirtschafts- und Sozialgeschichte des Oberen Waldviertels (= Österreichische Texte zur Gesellschaftskritik 34). Wien 1988.

Robert Kuriji: *Nationalsozialismus und Widerstand im Waldviertel*. Die politische Situation 1938–1945 (= Schriftenreihe des Waldviertler Heimatbundes 28). Krems/Horn 1987.

Niklas Perzi/Michal Stehlík (Hg.): *Verschwundene Lebenswelt – Vergessener Alltag*. Das 20. Jahrhundert im Spiegel einer mitteleuropäischen Region. Pomezí/Waidhofen a.d. Thaya 2001.

Friedrich Polleroß (Hg.): *1938 Davor-Danach*. Beiträge zur Zeitgeschichte des Waldviertels (= Schriftenreihe des Waldviertler Heimatbundes 30). Neupölla/Horn/Krems a.d. Donau 1988.

Friedrich Polleroß (Hg.): „*Die Erinnerung tut zu weh*". Jüdisches Leben und Antisemitismus im Waldviertel (= Schriftenreihe des Waldviertler Heimatbundes 37). Horn/Waidhofen a.d. Thaya 1996.

Willibald Rosner: *Der Truppenübungsplatz Allentsteig*. Region, Entstehung, Nutzung und Auswirkungen (= Studien und Forschungen aus dem Niederösterreichischen Institut für Landeskunde 17). Wien 1991.

Thomas Samhaber/Brigitte Temper-Samhaber, *Regionen sind auch nur Menschen*. 25 Erfahrungen auf dem Weg der österreichischen Regionalentwicklung. Öhling 2008.

Robert Streibel: *Februar in der Provinz*. Eine Spurensicherung zum 12. Februar 1934 in Niederösterreich. Grünbach 1994.

Thomas Winkelbauer (Hg.): *Kontakte und Konflikte. Böhmen, Mähren und Österreich*: Aspekte eines Jahrtausends gemeinsamer Geschichte (= Schriftenreihe des Waldviertler Heimatbundes 36). Horn/Waidhofen a.d. Thaya 1993.


### Der Faden reißt nicht ab
Andrea Komlosy

Margarete Grandner/Andrea Komlosy (Hg.): „Chinesische Seide, indische Kalikos, Maschinengarn aus Manchester. ‚Industrielle Revolution' aus globalhistorischer Perspektive." In: *Vom Weltgeist beseelt. Globalgeschichte 1700–1815*. Wien 2003, 103–134.

Andrea Komlosy: *Waldviertler Textilstraße. Reisen durch Geschichte und Gegenwart einer Region*. Waidhofen 1990; 2. verbesserte Aufl. Wien 1994.

„Die österreichische Baumwollindustrie im internationalen Wettbewerb." In: Leopoldine Hokr: *Schwechat – Groß-Siegharts – Waidhofen/Thaya*. Das Netzwerk der frühen niederösterreichischen Baumwollindustrie. Frankfurt am Main 2007.

„Spatial Division of Labour, Global Inter-Relations, and Imbalances in Regional Development." In: Lex Heerma van Voss/Els Hiemstra/Elise van Nederveen Meerkerk (Hg.): *A world history of textile workers, 1650–2000* (im Druck).


### „Verfertigt zu Gutenbrunn"
Erwin van Dijk

Andrea Komlosy: „Vom Kleinraum zur Peripherie. Entwicklungsphasen der wirtschaftlichen Abhängigkeit im 19. Jahrhundert." In: Herbert Knittler (Hg.): *Wirtschaftsgeschichte des Waldviertels* (=Schriftenreihe des Waldviertler Heimatbundes 47). Horn/Waidhofen a.d. Thaya 2006, 267ff.

Thomas Kühtreiber/Franz Pötscher, *Beiträge zur Ausstellung „Mildner, verfertigt zu Gutenbrunn"*, Gutenbrunn 2008.

Gustav E. Pazaurek/Eugen von Philippovich, *Gläser der Empire und Biedermeierzeit*. Braunschweig 1976.

Wolfgang Prager: „Prunkgläser im Museum." In: *Niederösterreichische Perspektiven*, Heft 2/1976, 28 f.

Wolfgang Prager: „Mildner fecit à Gutenbrunn." In: *Weltkunst*, 53 (1983) Nr. 21, 2933 f.

Walter Spiegl: *Die Herkunft der Zwischengoldgläser und Verbindungen zu Johann Joseph Mildner*. Online unter www.glas-forschung.info/pageone/pdf/zwigo.pdf, Version 8, 2002.

## Kultur auf Schiene
Otfried Knoll

Niederösterreichische Verkehrsorganisationsgesellschaft mbH (NÖVOG) (Hg.): *100 Jahre Waldviertler Schmalspurbahnen*, Gmünd – Steinbach-Großpertholz 1902 – 2002, Steinbach-Großpertholz – Groß Gerungs 1903 – 2003. Festschrift.

Verein Waldviertler Eisenbahnmuseum Sigmundsherberg (Hg.): *125 Jahre Kaiser Franz Josef-Bahn*. Horn/Wien 1995.

*Das Waldviertel*. Zeitschrift für Heimat- und Regionalkunde des Waldviertels und der Wachau, Heft 1/2005.

## Schmecken, riechen, Farbenrausch
Mella Waldstein

Kurt Kaindl/Hans Eichhorn/Peter Fischer-Ankern: *„abfischen"*. Salzburg 1997.

Mella Waldstein/Barbara Krobath: *Das Land der Stille.* Weitra 2001.

## „… die Gegend hier herum ist herrlich"
Wolfgang Krug

Abb. 1: Joseph Mössmer (1780–1845): „Rastenberg am kleinen Kamp", um 1810/11, Aquarell/Papier; Landesmuseum St. Pölten, Inv.-Nr. 1460/23; Scan: Kathrin Labuda

Abb. 2: Thomas Ender (1793–1875): „Würnsdorf am Ostrong", um 1830, Aquarell/Papier; Landesmuseum St. Pölten, Inv.-Nr. 2753; Scan: Kathrin Labuda

Abb. 3: Ludwig Halauska (1827–1882): „Gars am Kamp", 1882 (?), Öl/Papier/Karton; Landesmuseum St. Pölten, Inv.-Nr. 251; Foto: Peter Böttcher

Abb. 4: Eduard Zetsche (1844–1927): „Ruine Mollenburg im Weitental", um 1890/95, Öl/Leinen/Karton; Landesmuseum St. Pölten, Inv.-Nr. 734; Foto: Peter Böttcher

Abb. 5: Johann Hamza (1850–1927): „Die Kaiserstiege im Stift Altenburg", um 1890/95, Öl/Leinen; Landesmuseum St. Pölten, Inv.-Nr. 1248; Foto: Peter Böttcher

Abb. 6: Ferdinand Brunner (1870–1945): „Das Haus auf der Höhe", 1901, Öl/Holz; Landesmuseum St. Pölten, Inv.-Nr. A 283/86; Foto: Peter Böttcher

Abb. 7: Karl Friedrich Gsur (1871–1939): „Schloss Rosenburg am Kamp", 4. August 1909, Öl/Holz; Landesmuseum St. Pölten, Inv.-Nr. A 309/87; Foto: Peter Böttcher

Abb. 8: Carl Gödel (1870–1948): „Landschaft mit Burgruine Eibenstein an der Thaya", 1910, Öl/Leinen; Landesmuseum St. Pölten, Inv.-Nr. 2089; Foto: Peter Böttcher

Abb. 9: Karl Scholz (1879–1957): „Prozession in Mödring bei Horn", um 1910/12, Öl/Leinen/Karton; Landesmuseum St. Pölten, Inv.-Nr. 468; Foto: Peter Böttcher

Abb. 10: Thomas Leitner (1876–1948): „Altwaidhofen im Winter", 1921, Öl/Karton; Landesmuseum St. Pölten, Inv.-Nr. 3785; Foto: Peter Böttcher

Abb. 11:   Walther Gamerith (1903–1949): „Landschaft bei Eggenburg", um 1935, Öl/Leinen; Landesmuseum St. Pölten, Inv.-Nr. 8633; Foto: Peter Böttcher

Abb. 12:   Siegfried Stoitzner (1892–1976): „Oberndorf-Weikertschlag", 1941, Tempera/Malkarton; Landesmuseum St. Pölten, Inv.-Nr. 5822; Foto: Peter Böttcher

### Ein Viertel voller Kunst
Carl Aigner

Land*auf*. Künstler aus dem *Waldviertel*. Katalog des NÖ Landesmuseums, Neue Folge Nr. 304, (Ausstellung des NÖ Landesmuseums in der Galerie Schloss Ottenstein 1992). Wien 1992.

Volkskultur Niederösterreich (Hg.): *Mostviertel. Aus der Mitte heraus*. Atzenbrugg 2007.

Manfred Wagner (Hg.): *Niederösterreich und seine Künstler* (= Niederösterreich. Eine Kulturgeschichte von 1861 bis heute, Band 2). Wien/Köln/Weimar 2005.

Künstlerbiografien:

**Veronika Dirnhofer**
1967 in Horn, NÖ, geboren; 1987–1992 Akademie der bildenden Künste, Wien; Arbeitsstipendium des Bundesministeriums für Wissenschaft und Forschung; Würdigungspreis des Bundesministeriums für Wissenschaft und Forschung; seit 1993 Hochschulassistentin an der Akademie der bildenden Künste, Wien; 1996 Studienaufenthalt school of visual arts, New York; 2002 Gastprofessur an der Kunstuniversität Linz; 2002 Kulturförderpreis des Landes Vorarlberg; 2004 Anerkennungspreis Land Niederösterreich; 2006 Artist in Residence, Art Institute of Chicago.
Zahlreiche internationale und österreichische Ausstellungen und Ausstellungsbeteiligungen.
Lebt und arbeitet in Wien und Pyhra bei St. Pölten.

**Romana Fischer**
1981 in Krems an der Donau geboren; 2000–2005 Studium der Malerei bei Prof. Wolfgang Herzig an der Universität für angewandte Kunst Wien.
Seit 2002 verschiedene Ausstellungen in Österreich; Preis des Landes Niederösterreich für ihre Diplomarbeit „Das bin ich" 2005.
Lebt und arbeitet in Wien und Krems.

**Norbert Fleischmann**
1951 in Wien geboren; 1971–1973 Studium an der Hochschule für angewandte Kunst Wien; 1972–1975 an der Akademie der bildenden Künste, Wien; 1975 Diplom; 1982 Lehrauftrag (Akademie der bildenden Künste, Wien); lebt seit 1986 in Eisengraberamt; 1989–2008 im Vorstand der Galerie Stadtpark, Krems; seit 2000 sommer sonntag kunstraum eisengraberamt p.p.
Verschiedene österreichische und internationale Ausstellungen, Ausstellungsbeteiligungen, Publikationen sowie Anerkennungen und Preise, u.a. 1975 Abgangspreis der Akademie der bildenden Künste, Bundesministerium für Wissenschaft und Forschung; 1981 Anerkennungspreis der Niederösterreichischen Landesregierung; 1982 Theodor-Körner-Preis; 1984 Anerkennungspreis der Niederösterreichischen Landesregierung.
Lebt und arbeitet in Eisengraberamt, Waldviertel.

**Franz Grabmayr**
1927 in Pfaffenberg, Kärnten, geboren; 1954–1964 Studium an der Akademie der bildenden Künste in Wien bei Robin Christian Andersen; Lehrtätigkeit; seit 1962 freischaffender Künstler.

1964 bezieht Grabmayr im Oberen Waldviertel in Niederösterreich einen Trakt im leerstehenden Renaissanceschloss Rosenau; 1972 übersiedelt er in einen Bauernhof in Oberstrahlbach bei Zwettl, wo er bis 1993 lebt und arbeitet; 1981 entwickelt er das Konzept einer fahrenden Werkstatt.
Unzählige Ausstellungen und Ausstellungsbeteiligungen sowie zahlreiche Preise und Ehrungen, u.a. 1984 den Berufstitel Professor, 2008 den Kulturpreis des Landes Niederösterreich für Bildende Kunst.
Lebt und arbeitet im Waldviertel und in Wien.

**Karl Korab**
1937 in Falkenstein, NÖ, geboren; studierte er an der Akademie der bildenden Künste in Wien bei Sergius Pauser; diplomierte 1964. Die Begegnung mit den Wiener Phantasten war für die ersten Jahre als Künstler prägend; er eignet sich die Altmeistertechnik minutiös an.
Die Zeichnung und Malerei bestimmt bis heute sein höchst erfolgreiches künstlerisches Leben, das in den siebziger Jahren durch eine große internationale Karriere geprägt wurde.
Unzählige hochkarätige Ausstellungen im In- und Ausland demonstrieren dies eindringlich, ebenso die zahlreichen Preise und Auszeichnungen (bereits 1972 erhielt Korab den Kulturpreis des Landes Niederösterreich).
Seit 1980 lebt und arbeitet er in Sonndorf bei Maissau; seit dieser Zeit ist die Waldviertler und Weinviertler Landschaft zentrales Thema, das er in einer komplexen Collagetechnik realisiert.

**Maria Theresia Litschauer**
1950 im Waldviertel, NÖ, geboren. Studium der Philosophie, Psychologie und Kunstgeschichte an der Universität in Wien; Mitglied der Secession Wien; zahlreiche Stipendien, Preise und Auszeichnungen, u. a. Förderungspreis für Künstlerische Photographie des Landes Niederösterreich 1994; Preis der Stadt Wien für Bildende Kunst 2005.
Zahlreiche internationale und österreichische Ausstellungen und Ausstellungsbeteiligungen. Zahlreiche Publikationen im Schnittfeld von Kunst und Wissenschaft.
Lebt seit dem Studium in Wien.

Maria Theresia Litschauer, aus der Installation ~~land~~scapes_MALLS, 2001
Auflage Nr. 2 / 3, C-print (2008), Diasec, 112 x 150 cm

~~land~~scapes_MALLS

Gewidmete Fläche:
**640 ha**
Mittelwert Verkaufsfläche:
**100.000 m²**

W i r t s c h a f t
**Ziel 5b-Entwicklungsprojekte (1995–1999):**
€ 424 Mio Gesamtkosten
**25,5 %** (€ 108 Mio) Förderungen
**Ziel 2-Entwicklungsprojekte (2000–2006):**
€ 876 Mio Gesamtkosten
**37,7 %** (€ 330 Mio) Förderungen
**Aktive Betriebsstandorte (2000/1990):**
9.015
**+21,6 %** (+1.601)
**BIP pro Kopf (1995/1988):**
**76 %**/68,7 % (NÖ 84,6 %/82,6 %)
**Mittelwert jährliches Wachstum (1995/1988):**
**+6,7 %** (NÖ +5,5 %, Ö +5,2 %)
-3,0 % primärer Sektor
+6,3 % sekundärer Sektor
+8,4 % tertiärer Sektor

Arbeitsmarkt

**Beschäftigtenstruktur (2000):**
4,1% primärer Sektor
44,2% sekundärer Sektor
54,7% tertiärer Sektor
**Beschäftigte (2000/1995):**
59.641 (Ö-Anteil: 2%)
**+5,7%** (+3.224) (Ö +4,6%)
(+13,4% Dienstleistungen (Ö +11,9%),
−26,5% Textilindustrie (Ö −24,4%))
**Frauenanteil (2000):**
**40,9%** (24.417) (Ö 45,3%), davon
71,2% (17.378) Dienstleistungen (Ö 89,4%)
29% Teilzeitbeschäftigte (3% Männer)
**Pendler (2000):**
19.680
**31,3%** Anteil an wohnhaft Beschäftigten,
**32,8%** davon pendeln nach Wien
**Arbeitslose (2001/2000):**
5.575 (8.719 – Dez. 2001)
**+4,3%** (+229) (NÖ +7,1%, Ö +4,9%)
**+64,9%** (+3.433 zu Nov. 2001)
**+30,1%** (+2.018 zu Dez. 2000)
**Frauenanteil (2001/2000):**
**43,7%** (NÖ 42,6%, Ö 43,4%)
**Arbeitslosenquote (2001):**
**6,9%** (NÖ 6,2%, Ö 6,1%)
**10,7%** (Dez. 2001) (NÖ 8,7%, Ö 8,0%)

Die Daten (2001) beziehen sich auf das Waldviertel und zeigen einen 10-Jahresvergleich (Quellen: AK NÖ, AMS NÖ, BMLFUW, BMVIT, ECO plus, EVN, NÖ Landesregierung, NÖ Stadt- und Gemeindebauämter, NÖ Statistik, ÖIR, Statistik Austria)

**Arnulf Neuwirth**
1912 in Gablitz, NÖ, geboren; 1930–1937 Studium an der Akademie der bildenden Künste bei Karl Sterrer; 1937 erhielt er den „Paris-Preis" in Form eines Paris-Stipendiums 1937/38; 1939 zog er sich auf die Kanarischen Inseln zurück, um dem Kriegsdienst zu entgehen; 1942 wurde er gefasst, zum Kriegsdienst eingezogen und als Dolmetscher nach Dresden abkommandiert, wo er das Bombardement und die völlige Zerstörung der Stadt überlebte.
1945/46 im Dienste des Unterrichtsministeriums tätig; 1947 Mitbegründer des Art Club Wien; arbeitete in den Folgejahren als Kunst- und Filmkritiker; 1950 begann er an der Modeschule Hetzendorf Kunst zu unterrichten, 1954 entwickelte er seine bildnerische Collagetechnik. In diesen Jahren viele Auslandsreisen, u.a. nach Nord- und Südamerika; 1959 Kommissär der V. Biennale von São Paulo.
Unzählige Ausstellungen und Ausstellungsbeteiligungen, Publikationen sowie zahlreiche Ehrungen und Preise, u.a. 1968 den Kulturpreis für Bildende Kunst des Landes Niederösterreich, 1986 das Ehrenkreuz für Wissenschaft und Kunst I. Klasse der Republik Österreich, 2002 das Große Ehrenkreuz für Verdienste um das Land Niederösterreich.
1958 erwarb Neuwirth ein kleines Bauernhaus in Radschin im Waldviertel, wo er seit den sechziger Jahren ausschließlich lebt und arbeitet (im Winter seit vielen Jahren in Eggenburg).

**Franz Xaver Ölzant**
1934 in Oberzeiring, Stmk., geboren; Studium an der Universität für angewandte Kunst bei Hans Knesl; anschließend Studienfahrten des Archäologischen

Instituts Wien; 1965–1976 in den Werkstätten der Bundestheater im Arsenal, ab 1970 Leiter der Bildhauerabteilung; 1971 große Ausstellung in der Galerie Würthle; ab 1976 freischaffender Künstler in Pfaffenschlag im Waldviertel. 1986 Berufung an die Akademie der bildenden Künste Wien, Meisterschule für Kleinplastiken; 2001 Emeritierung.
Periodische Einzelausstellungen im In- und Ausland; zahlreiche Ehrungen und Preise, u.a. Würdigungspreis der Stadt Wien für Bildhauerei 1980; Würdigungspreis des Landes Steiermark für Bildende Kunst 1990; Kulturpreis des Landes Niederösterreich für Bildende Kunst 2004.
Seitdem lebt und arbeitet Ölzant wieder ausschließlich im Waldviertel, Pfaffenschlag.

**Erich Steininger**
1939 in Oberrabenthan, Waldviertel, NÖ, geboren; 1963–1970 Studium an der Akademie der bildenden Künste in Wien bei Max Melcher.
Seit 1989 leitet er das Dokumentationszentrum für Moderne Kunst Niederösterreich in St. Pölten.
Zahlreiche Preise und Auszeichnungen, u.a. 1979 Kulturförderungspreis der Stadt Wien; 1988 Kulturpreis des Landes Niederösterreich; 1991 1. Preis Biennale Kairo. Zahlreiche Ausstellungen und Ausstellungsbeteiligungen in Österreich.
Lebt und arbeitet in Oberrabenthan bei Zwettl und in Wien.

**Hermann Walenta**
1923 in Drosendorf, NÖ, geboren; besuchte die Berufsfachschule Hallstatt in der Holzbildhauerklasse; 1945–1948 studierte er an der Akademie der bildenden Künste in Wien bei Fritz Wotruba; seit 1949 als freischaffender Künstler tätig.
Seit den fünfziger Jahren zahlreiche, auch internationale Ausstellungstätigkeiten, bis Anfang der neunziger Jahre nimmt er an den wichtigsten europäischen Bildhauersymposien teil; er erhält zahlreiche Preise und Auszeichnungen, unter anderem 1977 den Kulturpreis des Landes Niederösterreich. Hermann Walenta hat sich auch immer wieder kunsttheoretisch in Essays zu seinem Selbstverständnis als Künstler geäußert.
Seit 1972 lebt und arbeitet er wieder im Waldviertel, Riegersburg.

**Erwin Wurm**
1954 in Bruck a.d. Mur, Stmk., geboren; 1974–1977 Studium der Kunstgeschichte und Germanistik, Universität Graz; 1977–1979 Studium der Kunst- und Werkerziehung (Bereich Bildhauerei) an der Hochschule für darstellende Kunst, Salzburg; 1979–1982 Studium Gestaltungslehre (Bereich Bildhauerei) an der Hochschule für angewandte Kunst, Wien (bei Prof. Bazon Brock); 1979–1982 Studium Gestaltungslehre an der Akademie der bildenden Künste, Wien; 1983 Sponsion, Magister artium; 1983 Assistentenstelle an der TU Wien, Institut für plastisches Gestalten; 1995 Gastprofessur an der Ecole des Beaux Arts, Paris (Bildhauerei); 1996/97 Gastprofessur an der Universität für industrielle und künstlerische Gestaltung (Klasse für Bildhauerei), Linz; 2002–2006 Professor der Abteilung Kunst und kommunikative Praxis am Institut für Kunst- und Kulturwissenschaften – Kunstpädagogik an der Universität für angewandte Kunst Wien; ab 2007 Professor des Institutes für Bildende Kunst und Mediale Kunst, Abteilung Bildhauerei und Multimedia an der Universität für angewandte Kunst Wien.
Zahlreiche internationale und österreichische Ausstellungen und Ausstellungsbeteiligungen.
Lebt und arbeitet in Wien und seit 2003 auch in Limberg bei Maissau.

## „Es war alles ganz anders"
Anna Souček

> Senta Baumgartner/Othmar Pruckner: *Die Gegend hier herum ist herrlich. Reisen zu Dichtern, Denkern, Malern und Musikern in Niederösterreich*. Wien 1996.

Robert Hamerling: *Die schönste Gegend der Erde.* Wien 1938.

Hans-Christian Heintschel: *100 Jahre Robert-Hamerling-Denkmal in Waidhofen an der Thaya:* 1893–1993. Waidhofen 1993.

Barbara Higgs (Hg.): *Literarische Reisen durch Niederösterreich.* Frankfurt am Main 1997.

Thomas Kracht: *Robert Hamerling: sein Leben – sein Denken zum Geist.* Dornach 1989.

Jörg Mauthe: *Demnächst oder Der Stein des Sisyphos.* Wien 1986.

Jörg Mauthe: *Nachdenkbuch für Österreicher, insbesondere für Austrophile, Austromasochisten, Austrophobe und andere Austriaken.* Wien 1987.

Robert Menasse: *Schubumkehr.* Salzburg/Wien 1995.

Christiane Singer: *Rastenberg – Geschichte einer Liebe.* Übers. aus dem Französischen von Wieland Grommes. München 1998.

Martin Wolfer: *Die Geschichte der Feste Peigarten – 600 Jahre Burgfriedensverleihung.* Wien 1985.

### Stille hören
Mella Waldstein

Lotte Ingrisch: *Eine Reise in das Zwielichtland.* Wien 2007.

Hans-Dieter Roser: *Franz von Suppé – Werk und Leben.* Wien 2007.

Friedrich Saathen: *Einem-Chronik.* Wien 1982.

### Lustgarten mit „Khreutern"
Eva Berger

(1) *Anschlag*, 25.4.1603, fol.2, Herr Grabner, Österreichisches Staatsarchiv, Hofkammerarchiv, Nö. Herrschaftsakten, R 50, Rosenburg, VoMB.

(2) Johann Ignaz Spindler von Wildenstein Verf.: *Urbar über die Herrschaft Rosenburg*, 1659, fol.11, Horn, Schlossarchiv Hoyos-Sprinzenstein, Rosenburg VI/4,13.

(3) *Urbar über die Herrschaft Rosenburg*, 1659, fol.2, Horn, Schlossarchiv Hoyos-Sprinzenstein, Rosenburg VI/4,13.

(4) *Urbar über die Herrschaft Rosenburg*, 1659, fol.11, Horn, Schlossarchiv Hoyos-Sprinzenstein, Rosenburg VI/4,13.

(5) Matthäus Merian d.Ä.: *Topographia Provinciarum Austriacarum* […]. Frankfurt am Main 1649, 1. Auflage, Anhang, 1656, 2. Aufl., Anhang, Caspar Merian, Topographia Windhagiana […], Frankfurt am Main 1656.

(6) Hyacinthus Marian Fidler: *Topographia Windhagiana aucta* […]. Wien 1673, Stich MM bei S. 46.

(7) Hyacinthus Marian Fidler: *Topographia Windhagiana aucta* […]. Wien 1673, Rosenburg: S. 46 ff., dazu: E. Bernleithner: „300 Jahre Topographia Windhagiana." In: *Unsere Heimat*, 27. Jg., 1956, S.183 ff.

(8) Hyacinthus Marian Fidler: *Topographia Windhagiana aucta* […]. Wien 1673, Zitat S. 50, Stich NN bei S. 48; die drei weiteren Vogelschauen sind die Stiche OO,PP,QQ bei S. 48.

(9) P. Albert F. Zenner, Traur-oder Leich-Predig: *Über den Zeitlichen Todt deß* […] Herrn Joachimi […] Herrn von und zu Windhaag […]. Linz 1678, o.S. (C 3).

(10) Anschlag, 1678, Horn, Schlossarchiv Hoyos-Sprinzenstein, Rosenburg VI/4, Besitzurkunden.

(11) G. Grüll: „Ein Mühlviertler Garten vor 250 Jahren." In: *Oberösterreichische Heimatblätter*, 3. Jg., 1949, 1. Heft, S. 56 ff., dazu S. 59.

(12) A. M. Sigmund: „Die Rettung der Rosenburg – Restauration und Umbau 1859–1875." In: *Unsere Heimat*, 63. Jg., 1992, 4. Heft, S. 313 ff., dazu S. 331, S. 335 ff.

(13) E. Berger: *Historische Gärten Österreichs*. Garten-und Parkanlagen von der Renaissance bis um 1930, 1. Bd. Wien/Köln/Weimar 2002, S. 507 ff., dort weitere Literaturhinweise zur Baugeschichte; zu den Rosengärten: http://www.burgen-austria.com/BurgDes Monats.asp?Artikel=Rosenburg (2.11.2008).

## Geselligkeit im Grünen
Bettina Nezval

Dorferneuerungsverein Stiefern (Hg.): Andere Zeiten, Jubiläumsbuch 1100 Jahre Stiefern. Stiefern 2003.

Johanna Garzuly-Machinek: *Liebnitz*, Zeitzeugin.

Erich Kerschbaumer: *Raabs in alten Ansichten*, Weitra o. J.

Reinhard Mundschütz: *Internierung im Waldviertel*, Die Internierungslager und -stationen der BH Waidhofen an der Thaya 1914–1918. Diss., Wien 2002.

Bettina Nezval: *Villen der Kaiserzeit, Sommerresidenzen in Baden*. Wien/Horn 2008.

Bettina Nezval: *Sommerfrische, Kaiserfest und Villenviertel*. Sonderausstellung 1993, Heft 6. Hg. vom Museumsverein Gars am Kamp.

Silvia Petrin/W. Rosner (Hg.): *Sommerfrische, Aspekte eines Phänomen* (= Studien und Forschungen aus dem niederösterreichischen Institut für Landeskunde, Bd. 20). Wien 1994.

Oskar Seber: *Vom Freihandzeichnen zur bildnerischen Erziehung*. Entwicklung und Veränderungen eines Unterrichtsfaches vor und nach 1945 (= Beiträge zur Geschichte der Bildnerischen Erziehung in Österreich). Wien 2001.

Mella Waldstein/Willi Erasmus: *Drosendorf. Großer Sommer an der Thaya*. Erinnerungen an die Sommerfrische. Weitra 1998.

## AutorInnen

**Carl Aigner**, Mag., geb. 1954 in Ried/OÖ, Studium der Geschichte, Germanistik, Kunstgeschichte und Publizistik; seit 1989 Lehrtätigkeiten an verschiedenen österreichischen Universitäten und an der Universität für angewandte Kunst Wien; 1991 Gründung der Kunstzeitschrift für Fotografie und Neue Medien EIKON, Wien; 1997–2003 Direktor Kunsthalle Krems; seit 2001 Direktor NÖ Landesmuseum; 2004 Ehrenkreuz für Wissenschaft und Kunst der Republik Österreich; 2005–2008 Präsident von ICOM-Österreich; zahlreiche Publikationen zur Fotografie, Kunst des 19. und 20. Jahrhunderts sowie zur Gegenwartskunst. Lebt und arbeitet in Niederösterreich und Wien.

**Ralph Andraschek-Holzer**, Mag. Dr. phil., geb. 1963 in Horn, leitet die Topographische Sammlung der Niederösterreichischen Landesbibliothek. Er unterhält eine rege Ausstellungs- und Publikationstätigkeit; Arbeitsschwerpunkte sind u.a. Topographische Ansichten und das historische Klosterwesen. Das wissenschaftliche Œuvre des in Wien lebenden Autors umfasst an die hundert Arbeiten.

**Nicola Benz,** M.A., studierte Volkskunde, Musikwissenschaft und Erziehungswissenschaften an der Albert-Ludwigs-Universität in Freiburg im Breisgau. Während ihres Studiums arbeitete sie sowohl im Deutschen Volksliedarchiv Freiburg im Breisgau als auch bei der Landesstelle für Volkskunde. 1998 bis 2003 war sie als wissenschaftliche Mitarbeiterin im Österreichischen Volksliedwerk und zwei Jahre bei der Volkskultur Niederösterreich tätig. Momentan ist sie als Bibliothekarin an der Konservatorium Wien Privatuniversität angestellt. Daneben arbeitet sie an ihrer Dissertation und hat derzeit einen Lehrauftrag am Institut für Europäische Ethnologie. Momentane Schwerpunkte ihrer Arbeit sind: Tanzforschung (regionale Tanzkultur, Ballkultur in Wien und Notation) und Musikforschung (regionale Musikkultur).

**Eva Berger**, Dr., geb. 1955 in Wien, Kunstgeschichts- und Geschichtsstudium in Wien und Hamburg. Seit 1984 Mitarbeit am Fachbereich Landschaftsplanung und Gartenkunst der Technischen Universität Wien am Projekt „Inventarisierung der historischen Gärten in Österreich" (veröffentlicht in drei Bänden 2002–2004: Historische Gärten Österreichs. Garten- und Parkanlagen von der Renaissance bis um 1930); seit 2001 habilitiert. Zahlreiche Veröffentlichungen zu historischen Gärten in Österreich.

**Walter Deutsch**, Prof. Dr., geb. 1923 in Bozen, Volksliedforscher, Gründer des Institutes für Volksmusikforschung an der Universität für Musik und darstellende Kunst, Wien. Er ist Autor und Herausgeber zahlreicher Werke, Schriften und Sendungen zur Volksmusik in Österreich. Zwischen 1992 und 1999 war Walter Deutsch Präsident des Österreichischen Volksliedwerkes, seit 1999 ist er dessen Ehrenpräsident. Herausgeber der vielbändigen Gesamtausgabe der Volksmusik in Österreich „Corpus Musicae Popularis Austriacae".

**Hendrik (Erwin) van Dijk**, geb. 1971 in Veenendaal (Niederlande), ab 1992 Studium der Geschichte an der Rijksuniversiteit Utrecht (Niederlande), 1999 Übersiedlung nach Österreich, seitdem tätig als Grafiker bei waltergrafik, 2007 Mitgründer und Obmann des Historischen Vereines Weinsbergerwald.

**Franz Grieshofer**, Dr., HR i.R. Hon.Prof., geb. 1940 in Bad Ischl, Studium der Volkskunde und Urgeschichte in Innsbruck und Wien. Promotion über „Das Schützenwesen im Salzkammergut". Mitarbeit am Österreichischen Volkskundeatlas, seit 1975 wissenschaftlicher Mitarbeiter im Österreichischen Museum für Volkskunde in Wien, daselbst von 1995 bis zur Pensionierung Ende 2005 Direktor des Museums in Wien und des Ethnographischen Museums Kittsee. Umfangreiche Ausstellungstätigkeit. Seit 1981 Lektor am Institut für Europäische Ethnologie. Vizepräsident im Verein für Volkskunde. Schriftenverzeichnis 1970–2000 in: Österreichische Zeitschrift für Volkskunde, LIV/103, 2000, 467–491; Ergänzung bis 2005 in: Franz Grieshofer, Der Weg als Ziel. Ausgewählte Schriften zur Volkskunde (1975–2005). Festgabe zum 65. Geburtstag. Verein für Volkskunde, Wien 2006, 461–463.

**Manfred Horvath,** geb. 1962 in Eisenstadt, Reportage-, Landschafts- und Portraitfotograf. Zahlreiche Fotoessays u.a. in NZZ, Merian, Spiegel und Buchpublikationen, u.a. Budapest (1993), Wien – Portrait einer Weltstadt (1998), Die Donau (1998), Neusiedler See – Natur- und Kulturlandschaft (2003), Istrien (2006). Lebt im Burgenland.

**Otfried Knoll,** Dipl.-Ing., geb. 1959 in Wien, Studium der Raumplanung und Raumordnung an der TU Wien.
Studienbegleitende Dienstverhältnisse bei mehreren Verkehrsunternehmen sowie Staatsprüfungen als Dampflok- und E-Lokführer. Er widmete sich zunächst der Attraktivierung der Lokalbahnen zu modernen und auch tourismusfreundlichen Unternehmungen: 1983–1994 u. a. auch als Betriebsleiter bei den Verkehrsbetrieben Stern & Hafferl in Oberösterreich, wo durch Umsetzung zahlreicher Reorganisationsprojekte auch auf Nebenstrecken neue Fahrgastschichten angesprochen werden konnten. Hierfür mehrere Auszeichnungen, u. a. mit dem Tourismus-Oscar der Stadt Gmunden. Seit 1995 bei der Niederösterreichischen Verkehrsorganisationsgesellschaft NÖVOG, zuerst als Projektleiter im Schienenbereich, u. a. für die Ausgliederung der Schneeberg-Zahnradbahn in eine Gesellschaft mit Landesbeteiligung und für die Verkehrsdiensteverträge mit den ÖBB. Er ist seit 1997 Geschäftsführer der NÖVOG, weiters Betriebsleiter des WIESEL-Schnellbussystems, Prüfungskommissär für Lokomotivführer und war 2004–2007 Aufsichtsrat der ÖBB Personenverkehr AG. Zahlreiche Veröffentlichungen und Vorträge. Bekannt geworden ist sein mehrfach unter Beweis gestellter Satz: „Die Nebenbahn ist keine Nebensache!"

**Andrea Komlosy,** Dr. phil., a.o. Univ. Prof., geb. 1957 in Wien, Studium der Geschichte und der Politikwissenschaften an der Universität Wien sowie am Institut für Höhere Studien. Ao. Universitätsprofessorin am Institut für Wirtschafts- und Sozialgeschichte der Universität Wien. Auslandsstudienaufenthalte in Brest, Paris, Honolulu.
Lehre und Vortragstätigkeit an zahlreichen in- und ausländischen Universitäten, in der LehrerInnenfortbildung sowie in der Erwachsenenbildung.
Andrea Komlosy arbeitet zu Fragen ungleicher regionaler Entwicklung im kleinräumigen und weltregionalen Maßstab. Die Referenzregionen reichen vom österreichisch-böhmischen Grenzgebiet über die Habsburgermonarchie und ihre Nachfolgestaaten bis zu Fragen der Ungleichheit in der Weltwirtschaft. Sie verbindet eine regionalhistorische Herangehensweise mit einer globalhistorischen Verknüpfung und Einbettung der Regionen in einen weltweiten Interaktionszusammenhang. Mitarbeit an zahlreichen Veranstaltungen sowie Museums-, Ausstellungs- und Tourismusprojekten.

**Thomas Kühtreiber,** Mag. Dr., geb. 1967 in Wien, Studium der Ur- und Frühgeschichte, Geschichte, Volkskunde und Erdwissenschaften an der Universität Wien. 1993–1996 Studienassistent von Falko Daim am Institut für Ur- und Frühgeschichte, Universität Wien. Seit 1997 wiss. Mitarbeiter am Institut für Realienkunde des Mittelalters und der frühen Neuzeit. Seit 1998 Koordinator und Mitautor der „NÖ Burgendatenbank", eines vom Land NÖ finanzierten Erfassungsprojekts aller niederösterreichischen Adelssitze des Mittelalters. Forschungsschwerpunkte: Archäologie des Mittelalters und der Neuzeit, Landschafts- und Umweltarchäologie mit dem Schwerpunkt „Burg und Landschaft – Adelige Raumgestaltung im Mittelalter".

**Wolfgang Krug,** Mag., geb. 1965 in Wien, Kunsthistoriker; seit 1998 Kustos der Kunstsammlung des Landes Niederösterreich/Niederösterreichisches Landesmuseum, St. Pölten. Kurator von Ausstellungen und Autor von Publikationen zur österreichischen Kunst des 19. und 20. Jahrhunderts mit Schwerpunkt Landschaftsentwicklung und Künstlermonographie.

**Bettina Nezval,** Dr., geb. in Wien. Die Kunsthistorikerin beschäftigt sich seit vielen Jahren mit historischer Architektur, insbesondere mit Bauten des 19. und 20. Jahrhunderts. 2008 erschien ihr Buch „Villen der Kaiserzeit – Sommerresidenzen in Baden" (zweite erweiterte Auflage). Dieses Standardwerk zur Villenarchitektur des 19. Jahrhunderts zeigt unterschiedliche Aspekte des Phänomens „Sommerfrische" auf, das sich in der Kurstadt besonders deutlich manifestiert. Außerdem bietet es eine umfassende Aufnahme des Bauschaffens des Historismus mit über 100 Baubeschreibungen der bedeutendsten Badener Villen. Im Kapitel „Positive Veränderungen" werden besondere Leistungen der Eigentümer, die seit Erscheinen der ersten Auflage vor 15 Jahren zu verzeichnen sind, hervorgehoben und neue Erkenntnisse kundgetan.

Mehrere Artikel zu den Themen Sommerfrische, Villen, Burgen und Schlösser der Gründerzeit sind von ihr in den vergangenen Jahren erschienen. Für die Ausstellung „Sommerfrische Kaiserfest Villenviertel" in Gars am Kamp 1993 erstellte sie das wissenschaftliche Konzept und verfasste den Ausstellungskatalog.

Hauptberuflich ist Bettina Nezval in der Architekturabteilung der Stadt Wien beschäftigt, wo sie vorwiegend für Altstadterhaltung – Ensembleschutz in Wien zuständig ist.

**Niklas Perzi**, Mag., geb. 1970 in Kautzen, Historiker und Publizist mit dem Schwerpunkt Österreich, Tschechoslowakei im 20. Jahrhundert. Dazu zahlreiche Veröffentlichungen, Ausstellungen, Aufsätze, Beiträge in Zeitschriften und Zeitungen. 1999 Anerkennungspreis des Landes Niederösterreich für Wissenschaft. Wiss. Leiter der Waldviertel Akademie in Waidhofen an der Thaya.

**Friedrich Polleroß**, Dr., geb. 1958 in Horn/Niederösterreich. Studium der Kunstgeschichte und Geschichte an Universität Wien, wissenschaftlicher Mitarbeiter und Lektor am Institut für Kunstgeschichte der Universität Wien, Vizepräsident des „Instituts für die Erforschung der Frühen Neuzeit" in Wien, Mitarbeiter bei internationalen Forschungsprojekten; Forschungsschwerpunkte und zahlreiche Publikationen zu Österreichischem Barock, habsburgischer Repräsentation, zum höfischen Porträt sowie zur Geschichte des Waldviertels.

**Franz Pötscher**, Mag., geboren 1967 in Steyr, Studium der Germanistik und Geschichte/Sozialkunde (LA) sowie der Skandinavistik an der Universität Wien. 2000 Gründung des „Büro für Museumskonzepte und -beratung" gemeinsam mit Mag. Susanne Hawlik. Seit 1996 Konzeption und Realisierung zahlreicher Ausstellungs- und Museumsprojekte, u. a. im Waldviertel. Mitarbeit an Projekten zur Geschichtsforschung sowie in der Waldviertler Heimatbund-Zeitschrift „Das Waldviertel".

**Conrad Seidl**, geb. 1958, ist Redakteur der Tageszeitung „Der Standard". Mit seinen Büchern, Kolumnen und Seminaren zum Thema Bier hat Conrad Seidl seinen Ruf als Bierpapst begründet und weite Leserkreise abseits seines Brotberufs erschlossen. Neben internationalen Auszeichnungen – unter anderem durch die Maisel-Brauerei als bester deutschsprachiger Bierjournalist 1993 und 1998 durch die North American Guild of Beer Writers für seine brautechnischen Berichte in „American Brewer" – wurden ihm viele Darstellungen in Fernsehen, Radio und Illustrierten gewidmet. Er ist ein gefragter Referent bei Bier-Dinners, Bierseminaren und Marketingfachtagungen.

**Anna Souček**, Mag., geb. in Wien, Studium der Kunstgeschichte sowie postgraduale Ausbildung als Kuratorin in London (Courtauld Institute bzw. Goldsmiths College). Mitarbeit an Ausstellungen im Künstlerhaus Wien („mega: manifeste der anmassung", „Stadt in Sicht – Neue Kunst aus Bratislava", „Niemandsland – Modelle für den öffentlichen Raum"). Mit dem forum experimentelle architektur Konzeption und Organisation diverser Projekte (Installationen im öffentlichen Raum, Symposien, Ausstellungen) seit 2002. Seit 2004 freie Ö1-Mitarbeiterin bei den Sendungen Leporello, Kulturjournal, Diagonal und Kunstradio.

**Franz Stürmer**, Dr., geb. 1959 in Mödling, studierte Geologie und Biologie; war langjähriger Leiter des Krahuletz-Museums in Eggenburg. Konzipiert Ausstellungen, Themenwege und Gartenanlagen und ist in der Erwachsenenbildung und Wissensvermittlung tätig. Den vielseitig interessierten „zuagroasten" Waldviertler faszinieren besonders die Zusammenhänge zwischen Natur, Geologie, Volkskunde und Geschichte. Darüber hinaus ist er liebevoller Vater, leidenschaftlicher Fotograf und Hobbygärtner sowie Obmann der Weinviertler Kräuterakademie.

**Armin Thurnher**, geb. in Bregenz, ist Chefredakteur der Wiener Stadtzeitung Falter. Er lebt und arbeitet in Wien und Oberhöflein.

**Mella Waldstein**, geb. 1964 in Paris, ist Autorin und Mitarbeiterin zahlreicher Magazine und Zeitungen. Sie lebt und arbeitet in Drosendorf a.d. Thaya.

**Helga Maria Wolf,** Dr. phil., geb. 1951 in Wien, studierte Europäische Ethnologie und Kunstgeschichte. Als langjährige Spartenleiterin im ORF gestaltete sie zahlreiche Radio- und Fernsehsendungen zu kulturhistorischen Themen. In bisher 17 Büchern beschäftigt sich die Autorin mit österreichischer Kultur, Geschichte und Bräuchen. Zuletzt erschienen: Das neue BrauchBuch, Österr. Kunst- und Kulturverlag, Wien (2000), Die Märkte Alt-Wiens, Amalthea Signum Verlag, Wien (2006), Spurensuche Wien, Sutton-Verlag, Erfurt (2007).

## Bildnachweis

Ferdinand Altmann: 79 (4), 84 (1),
Johannes Cizek / First Look: 205
Norbert Danner: 29
Veronika Dirnhofer: 187 (1)
Herbert Fida: 55
Romana Fischer: 188
Norbert Fleischmann: 187 (2)
Franz Grieshofer: 56 (6), 58, 59,
Helma Hamader: 163 (2)
Robert Herbst: 193 (1), 229 (1)
Manfred Horvath: 8/9, 14/15, 16, 17, 18, 19, 23, 26/27, 28, 31, 34, 35, 36/37, 38, 39, 40, 42, 44, 46, 48/49, 50, 51, 52, 88/89, 92, 96/97, 105, 107, 108/109, 113, 114, 118/119, 121, 124, 126, 128, 130/131, 135, 136, 138/139, 144, 145 (2), 151, 158/159, 160, 161, 162 (4), 166, 169, 171, 190/191, 196, 216/217, 218, 220, 224, 226/227, 229 (2), 230, 233, 237
Otfried Knoll: 146/147, 148, 149, 150, 152, 153, 154 (4), 155, 157
Karl Korab: 184
Barbara Krobath: 60
Helmut Lackinger: 76, 82, 83, 84 (1),
Thomas M. Laimgruber: 168
Marie Therese Litschauer: 180/181
Reinhard Mandl: 223
Martina Nowak: 87
Isolde Ohlbaum: 197
Friedrich Polleroß: 45, 47
Manfred Popp: 206
Franz Pötscher: 122 (6)
Dieter Scherbig: 86 (2)
Milan Škoch: 93
Franz Steininger: 54, 68, 69, 71, 72, 73, 74, 75
Franz Stürmer: 22, 24, 41, 98, 99, 100, 101, 102, 103 (4), 104,
Dorian Thurn-Valsassina: 195
Mella Waldstein: 110, 192, 198
Günter Witzmann: 70
Helga Maria Wolf: 91, 95
Erwin Wurm: 189

Arche Noah, Schiltern: 225
Archiv Fam. Loider: 228
Brauerei Schrems: 170
Diözesanarchiv St. Pölten: 120, 123 (2), 125
Gemeinde Traunstein: 127 (2),
Historischer Verein Weinsbergerwald: 140, 141, 142, 143
Niederösterreichisch Landesbibliothek, NÖLB: 208/209, 210, 211 (2), 212 (2), 213, 214 (2), 215 (2), 219
Niederösterreichisches Dokumentationszentrum, NÖDOK: 186
Niederösterreichisches Landesmuseum, NÖLM, Repro Kathrin Labuda: 174, 175 (1)
Niederösterreichisches Landesmuseum, NÖLM, Repro Peter Böttcher: 172/173, 175 (1), 176 (2), 177, 178 (4), 179, 182, 183, 185, 188 (1)
Kinsky'sche Forst- und Gutsverwaltung: 30 (2)
Management Riegersburg – Hardegg: 33
Marktgemeinde Gars 229 (1)
Musikverein Wien, Gottfried von Einem Stiftung: 201, 202 (3), 203
ÖNB: 193 (1), 194
Privatsammlung Josef Wagner: 66
Privatsammlung Luze: 235
Sprengelbuch Schönbach 67
Stadtmuseum Waidhofen an der Thaya (Andreas Biedermann): 133, 134 (2),
Volkskultur Niederösterreich: 62/63, 85(4), 90
Whisky Destillerie Roggenhof: 164 (2)
Zeitbrückemuseum Gars am Kamp: 199, 200

# Da bin ich daheim!

Das Waldviertel im ORF Niederösterreich

auf **Radio Niederösterreich**

in **NÖ-heute** täglich um 19.00 Uhr in ORF 2N

und im Internet auf **noe.ORF.at**

**ORF NÖ**
NIEDER-ÖSTERREICH

© FOTO: Waldviertel Tourismus/Reinhard Mandl

© ORF DESIGN

Niederösterreich hat sich zum viel beachteten Schauplatz für Kunst und Kultur entwickelt.

Schön, daran mitzuwirken.

**NV**

Die Niederösterreichische Versicherung

Niederösterreichische Versicherung AG, Neue Herrengasse 10, 3100 St. Pölten, www.noevers.at

# SCHON GEHÖRT?
## SCHON GELESEN!

Konzerte, Theater, Ausstellungen, Kino, Kabarett, Mega-Events, Künstler… Worüber man spricht in Ihrer Region und in Niederösterreich steht hier. Verlässlich und lesernah. **Jede Woche in 28 regionalen Ausgaben und in den landesweiten Niederösterreichischen Nachrichten.**

**NÖN**

wo sonst?

www.noen.at

markant | werbeagentur

**Damit nachhaltiges
Wirtschaften auch
morgen gesichert ist.**

**Heute mit Strategien für morgen.**

**Wir erzielen heute
verantwortungsbewusst
Ergebnisse.**

**Raiffeisen-Holding
Niederösterreich-Wien**

Aktiv, innovativ, flexibel und sicher – so steuert die Raiffeisen-Holding NÖ-Wien
ihre Netzwerkunternehmen. Auch unsere Beteiligungsunternehmen identifizieren
sich mit diesen Eigenschaften. Auf dieser Basis erzielen wir gemeinsam
Ergebnisse, die heute das nachhaltige Wirtschaften für morgen garantieren.

# „Natur im Garten" startet ins 10. Jahr

*Mensch, Natur und Kultur - diese enge Verbindung wird selten so gut spürbar wie in unseren Gärten.*

Landesrat
Mag. Wolfgang Sobotka

Mit „Natur im Garten" will das Land Niederösterreich deshalb auch im 10. Jahr der Aktion ein vielfältiges Beratungsservice bieten. Auf Initiative von Landesrat Wolfgang Sobotka gibt es zahlreiche Broschüren und Fachbücher. Die TV- Show „Natur im Garten" mit ORF – OÖ - Moderator Karl Ploberger machte „Natur im Garten" ebenso bekannt, wie die bisher 3 Universum Spielfilmdokumentationen. Den direkten Kontakt zu den Gartenbesitzern garantieren Kurse, Vorträge, Seminare, Messen, Veranstaltungen sowie die Beratung vor Ort und das NÖ Gartentelefon, das Angebote der Aktion an Interessierte weitergibt. Namhafte Expertinnen und Experten aus der Praxis unterstützen alle Eckpfeiler der Aktion, die Gärten als gemeinsamen Lebensraum für Mensch, Tier und Pflanze versteht. Eine eigens dafür gegründete Gartenplattform entwickelt und koordiniert gartentouristische Angebote der Schaugärten in Kooperation mit Gartenreise-Veranstaltern.

### Schau Gärten!

Über 7.300 Gartenplaketten zeichnen bislang naturnahes Gärtnern im Land Niederösterreich aus. Deren Besitzer haben sich zur Einhaltung der mittlerweile über die Landesgrenzen hinaus bekannten Kernkriterien der Aktion „Natur im Garten" entschlossen: Verzicht auf Torfprodukte, vermeiden von leichtlöslichen Mineraldüngern und Pflanzenschutz ohne chemisch-synthetische Spritzmittel.

Diese Gärten als lebendige Anschauungsobjekte sind für die Aktion „Natur im Garten" seit 2000 stetiger Begleiter. Mittlerweile gibt es auch über 125 Schaugärten in NÖ, die Lust auf naturnahes Gärtnern machen. Mit der Schaugartenkarte, kostenlos erhältlich beim NÖ Gartentelefon 02742/74333, finden Sie den Weg in dieses bunte und vielfältige Potpourri aus Gartenlust und Gartenkompetenz. Als ein Höhepunkt wurde DIE GARTEN TULLN 2008 eröffnet. Das neuartige Beratungszentrum und über 40 Mustergärten zeigen ab 4. April 2009 wieder unterschiedlichste Anregungen, Gärten ökologisch zu gestalten und zu pflegen. "die umweltberatung" sorgt in Tulln für individuelle Fachberatung und Seminare. Die Gartenlandschaft Niederösterreichs kann sich also sehen lassen, wie 2,8 Millionen Besucher eindrucksvoll bewiesen haben. Diese interessante Mischung verrät Einiges über „Natur im Garten". Anderes gilt es zu selbst zu entdecken - vielleicht auf einer Gartenreise durch Niederösterreich? Schauen Sie sich das an.

**Nähere Informationen:**
NÖ Gartentelefon 02742/74333
www.naturimgarten.at
www.diegaerten.at
www.diegartentulln.at

---

## DIE GARTEN TULLN

WWW.DIEGARTENTULLN.AT
APRIL - OKTOBER

**DAS GARTENERLEBNIS**
**4.4. – 26.10.2009**
WWW.DIEGARTENTULLN.AT

### Über 40 Gärten
**laden zum Entspannen und Genießen ein**, zum Lesen, zum Entdecken, zum Picknick.

### Bootstouren
**im Auwald** auf dem neuen Rundkurs im Kanu, Tretboot oder im Elektroboot.

### Spiel & Spaß
**Niederösterreichs größter Spielplatz** mit Piratenschiff, Blauwalen und Wasserspielen.

### Au(s)blicke
**über die Umgebung** bietet der einzigartige Baumwipfelweg auf 30 Metern Höhe.

**18. April – 1. November**

# NÖLANDESAUSSTELLUNG 09
## HORN.RAABS.TELČ.

## ÖSTERREICH.TSCHECHIEN.
### GETEILT GETRENNT VEREINT

www.noe-landesausstellung.at

# VOLKSKULTUR NIEDERÖSTERREICH
## bei Radio Niederösterreich

In Kooperation mit dem ORF Niederösterreich präsentiert die VOLKSKULTUR NIEDERÖSTERREICH drei Sendereihen bei Radio Niederösterreich.

**aufhOHRchen**
Volkskultur auf Radio Niederösterreich: Di, 20.00–21.00 Uhr

**Die Kremser Kamingespräche**
Jeweils am darauffolgenden Mi, 21.00–22.00 Uhr

**vielstimmig**
Die Chorszene Niederösterreich: Do, 20.00–20.30 Uhr, 14-tägig

# GALERIE DER REGIONEN

Erlesenes Kunsthandwerk und edle Geschenksideen
aus Europas Regionen

## VOLKSKULTUR EUROPA

GALERIE DER REGIONEN

Donaulände 56 | 3504 Krems-Stein
T. 0 2732 85015 | F. 02732 85015 27
galerie@volkskultureuropa.org | www.volkskultureuropa.org

Öffnungszeiten:
Mo-Mi, Fr 14.30-18.00 Uhr | Do 14.30-19.00 Uhr
Sa 10.00-12.00 Uhr und 13.00-17.00 Uhr

# WIR TRAGEN NIEDERÖSTERREICH

Eine Initiative von